DESCRIPTION
DES
PLANTES
DE
L'AMERIQUE.

DESCRIPTION
DES
PLANTES
DE
L'AMERIQUE.

AVEC LEURS FIGURES.

Par le R. P. CHARLES PLUMIER, Religieux Minime.

A PARIS,
DE L'IMPRIMERIE ROYALE.

M. DC. XCIII.

PREFACE.

LA Botanique est sans contredit une des parties de l'Histoire naturelle, des plus utiles, & des plus agreables. Cela est si connu aujourd'huy, que je ne m'arresteray pas à le prouver, ces deux avantages estant expliquez avec beaucoup d'étenduë dans un tres-grand nombre de livres qui traitent de l'Histoire des plantes. Je rapporteray seulement icy ce qui a donné lieu à la composition de cet ouvrage, & de quelle maniere, j'ay travaillé à l'execution du dessein qu'a toûjours eu le Roy d'augmenter les sciences pendant son Regne.

Je dois la premiere inclination que j'ay euë pour l'étude des plantes, aux curieuses demonstrations que le R. P. Philippe Sergeant, tres-habile Pharmacien, Religieux de nostre Ordre, de la Province de France, & M. François de Onuphriis Medecin Romain, firent dans nostre Couvent Royal de la Trinité du Mont à Rome. Je quittay deslors insensiblement l'étude des Mathematiques, qui avoit jusques à ce temps-là fait ma principale occupation, pour m'appliquer à la Botanique. L'obeïssance m'ayant rappellé dans ma Province, j'obtins de mes Superieurs la permission de parcourir les costes de Provence, & les Montagnes des Alpes, pour y decouvrir ce qu'il y a de plus curieux en matiere de plantes : j'avois mesme resolu de faire un nouveau *pinax*, ou recueil general des plantes, avec les figures, & j'en avois déja un nombre considerable de dessinées, lorsqu'herborisant le long des costes de Marseille, l'occasion se presenta de faire le voyage de l'Amerique. M. Begon, si connu des savans, qui trouve au milieu de ses grands emplois des momens à donner à l'Etude des sciences, estoit pour lors

PREFACE.

Intendant des Galeres à Marseille. Il souhaitoit pour satisfaire aux ordres du Roy, de trouver quelqu'un qui peûst faire le voyage de nos Isles Antilles (où il avoit esté Intendant) pour y faire la recherche de tout ce que la Nature y produit de plus rare & de plus curieux. Il en fit la proposition à M. Surian, fort capable, non seulement dans la connoissance des plantes, mais aussi dans les secrets de la chymie; & il luy donna en mesme temps commission de chercher quelqu'un qui fust en état de l'ayder dans l'execution de ce dessein. M. Surian m'en fit la proposition : j'y donnay les mains avec plaisir, & nous entreprismes quelque temps aprés le voyage par les ordres de Sa Majesté.

Nous avons tant de belles & fideles relations des Isles Antilles, qu'il est facile de juger que j'y trouvay abondamment dequoy satisfaire ma curiosité. J'y ay resté environ deux ans, en deux voyages que j'y ay faits, & pendant ce temps-là, j'y ay dessiné, & décrit prés de six cens plantes differentes, dont je donne une partie dans ce volume; & comme je sçavois par ma propre experience, qu'il est tres-difficile de bien connoistre une plante par des figures en petit, j'ay voulu les dessiner dans leur grandeur naturelle; si non en tout, au moins en partie. On sera peut-estre surpris que je n'en donne que le simple trait presque sans ombre, mais j'ay esté bien aise de les graver de maniere, qu'on y pust ajoûter le coloris plus facilement, comme nous voyons dans tous les ouvrages de Fuchsius, qui sont gravez de mesme à simple trait, & dont la plufpart sont enluminez. J'ay tasché de les décrire le plus succinctement qu'il m'a esté possible, sans pourtant rien omettre de ce qui est necessaire pour en expliquer toutes les particularitez. J'ay voulu aussi, pour la plus grande satisfation des curieux, les ranger sous des genres connus, & je leur ay donné des noms Latins convenans à leurs genres. J'ay pourtant esté obligé d'établir un nouveau genre pour quel-

PREFACE.

ques plantes particulieres, n'en trouvant point de ceux qui sont connus, sous lequel je pusse les ranger & je leur ay donné le nom de *Saururus*, à cause de leur ressemblance avec la queuë d'un lezard, car σαῦρος signifie *lezard*, & οὐρα signifie *queuë*: j'ay rangé ces dernieres plantes aprés les *Arum* & *Dracontium*, à cause de la conformité de leurs fruits. Enfin j'ay divisé ce volume en trois genres de plantes; le premier en *Fougeres*, *Hemionites*, *Polypodes*, *Langues-de-cerf* & *Capillaires*; le second en *Arum* & *Dracontium*, & en ce nouveau genre de *Saururus*, & le troisiéme en Periploques, c'est-à-dire, en plantes, qui montent en grimpant sur les arbres. Je ne pretends point oster aux Auteurs qui ont écrit avant moy des plantes de l'Amerique, la gloire qui leur est deuë. J'avouë que j'ay profité de leurs lumieres; mais comme la pluspart n'ont donné les noms de ces plantes, que dans le langage vulgaire de ce païs-là, ce qui fait que ceux qui ne les ont jamais veuës en nature ont beaucoup de peine à distinguer de quel genre elles sont, je crois que le Lecteur me sçaura quelque gré de les avoir reduites sous des genres, & sous des especes connuës dans la Botanique.

Il me reste à avertir le public, que s'il tire quelque plaisir de ce travail, il en a l'obligation à feu Monseigneur de Seignelay, Ministre & Secretaire d'Estat, & à Monseigneur de Pontchartrain, qui luy a succedé. Le premier m'obtint de la liberalité du Roy, de fournir aux frais de mes voyages, & le second a eû la bonté de m'honorer aussi de sa protection auprés de Sa Majesté, pour la graveûre, & pour l'impression de ce premier volume.

PREFACE.

AUTEURS
CITEZ DANS CE VOLUME.

GONZALES OVIEDO, della naturale & generale Historia d'elle Indie. Lib. VIII.

NARDUS ANTONIUS RECHUS, ex Francisco Hernandes, rerum medicarum novæ Hispaniæ.

CAROLUS CLUSIUS. Historia plantarum Exoticarum.

GUILLELMUS PISO. Historia naturalis Brasiliæ. Lib. IV.

GEORGIUS MARCGRAVIUS. Historia rerum naturalium Brasiliæ. Lib. I. II. III.

Le Reverend Pere JEAN BAPTISTE DU TERTRE de l'Ordre des FF. Prescheurs. Histoire generale des Antilles Tome II.

CHRISTOPHORUS ACOSTA. ex Hist. Lugd. Lib. XVIII.

G. BAUHINUS. pinax Theatri Botanici.

BREYNIUS. Centuria prima plantarum exoticarum.

PAULUS HERMANUS. paradisi Batavi prodromus.

MENTZELIUS. Pugillus rariorum plantarum.

Filix arborescens pinnulis dentatis.

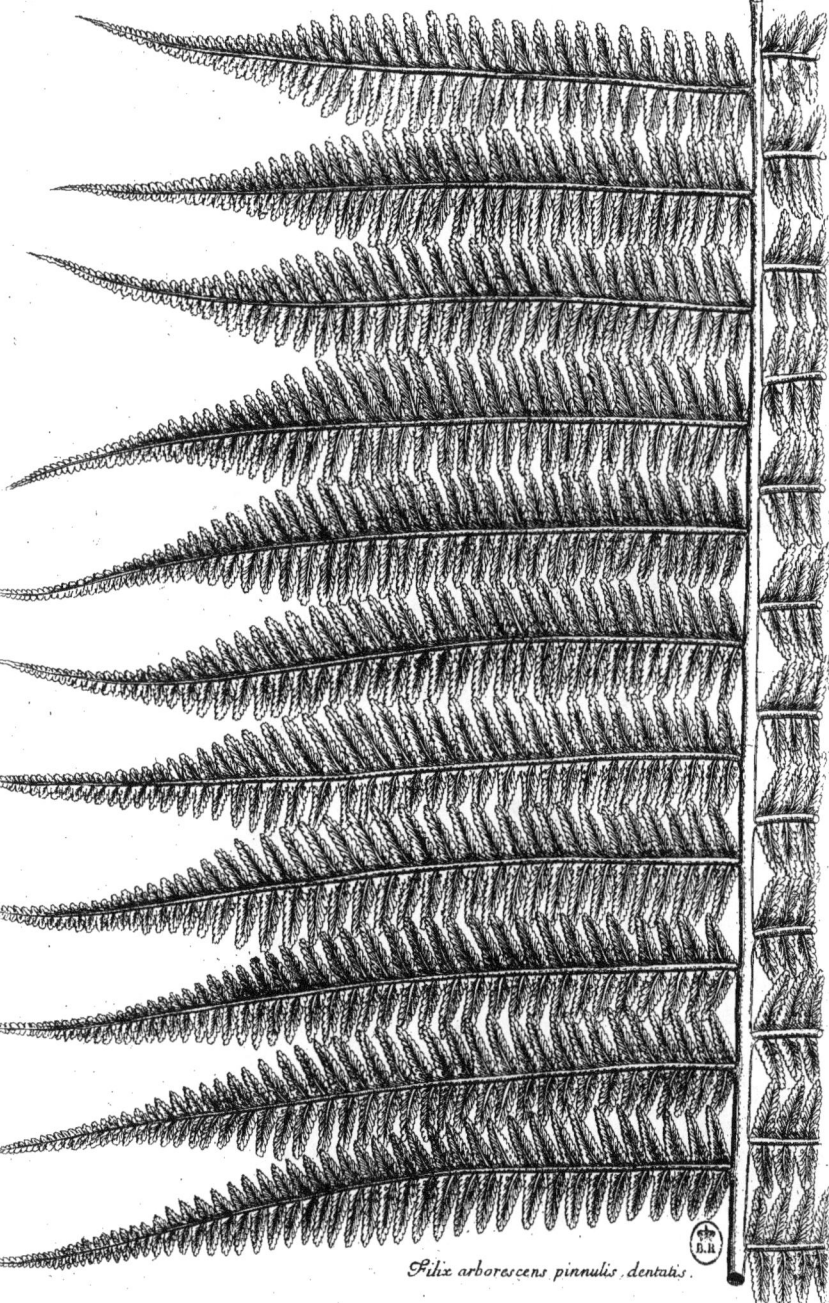

Filix arborescens pinnulis dentatis.

Fr. C. Plumier Mini. B.R.D

DESCRIPTION DES PLANTES DE L'AMERIQUE.

I. II.

Filix arborescens, pinnulis dentatis.
Fougere-arbre, à pinules dentelées.

ETTE plante ressemble par son port à un petit palmier : sa tige est droite & n'est garnie de branches qu'au sommet, où elles sont disposées en rond de la mesme façon que celles des palmiers. Cette tige a environ huit à dix pieds de hauteur & prés de demi-pied de diametre, d'égale grosseur depuis le bas jusques au bout, & couverte d'écailles membraneuses & grises, au dessous desquelles on trouve un fonds tané, parsemé de plusieurs petits trous assez profonds disposez en raiseau, & entremeslé des vestiges des anciennes branches, qui sont moins enfoncez.

Cette tige étant coupée en travers, on decouvre à la place de la moëlle une chair trés-blanche assez ferme, d'un goust douçastre, pleine d'un suc blanc & gluant, & entourée d'un lassis de veines noires, ondées, & dures comme du bois.

Au haut de cette tige, il y a environ douze branches étenduës en rond, qui dans leur commencement ont environ deux à trois pouces de grosseur, & vont s'amoindrissant jusques au bout:

A

elles sont longues d'environ dix pieds, lisses, plattes par dessus avec le dos arrondi, & teintes d'un vert qui tire sur le roux. Elles soustiennent de part & d'autre une trenteine de rameaux opposez alternativement, & rangez assez prés les uns des autres, de la grosseur d'une plume d'oye, & dont les plus longs sont environ de deux pieds.

Ces derniers rameaux sont encore garnis de part & d'autre de plusieurs costes opposées entr'elles alternativement, fort prés les unes des autres. Ces costes sont lisses, d'un vert assez gay, & leur longueur est à peu prés de sept à huit pouces : elles soustiennent de chaque costé des feüilles assez semblables à celles de la fougere masle de Mathiole, longües de sept à huit lignes, larges de deux dans leur naissance, & qui finissent par une pointe émoussée : leur bord est découpé par une creneleûre en dent de scie : leur couleur est d'un vert agréable, & leur dos est chargé d'un double rang de bossettes qui se reduisent en poussiere de couleur châtain foncé. J'ay observé autant que la veuë m'a peû permettre, qu'avant que ces bossettes soient réduites en poussiere, elles sont précedées par de trés-petites fleurs grises composées d'une seule feüille creuse comme une petite coupe hemispherique & pleine de quantité de trés-petits filaments gris.

Avant que les jeunes branches de cet arbre s'étendent en long, elles representent assez la volute d'un chapiteau Ionique, ou la crosse d'un Evêque : elles sont toutes couvertes de petites écailles pointuës, rousses & argentées dans leurs bords.

Il y a quantité de ces plantes dans la Martinique le long du ruisseau qui passe par le Fort S. Pierre, & dans les forests humides le long du chemin de la Cabsterre. J'en ay veu aussi en plusieurs endroits de l'Isle S. Domingue vers un quartier qu'on apelle le massacre proche le Port-de-paix.

C'est la plante que Gonzale Oviedo apelle *Alberi del Felce* (Arbre de la Fougere) dans l'Histoire des Indes, livre neuviéme, chapitre quatorziéme. Le R. P. du Tertre de l'ordre de S. Dominique en parle aussi dans son traité troisiéme des Antilles, chapitre premier, parag. troisiéme.

Je fis un jour abbattre quantité de ces plantes que je laissay secher, & les ayant fait brusler j'en tiray des cendres d'un goust fort acre & piquant, qui sans doute pourroient servir à faire du verre.

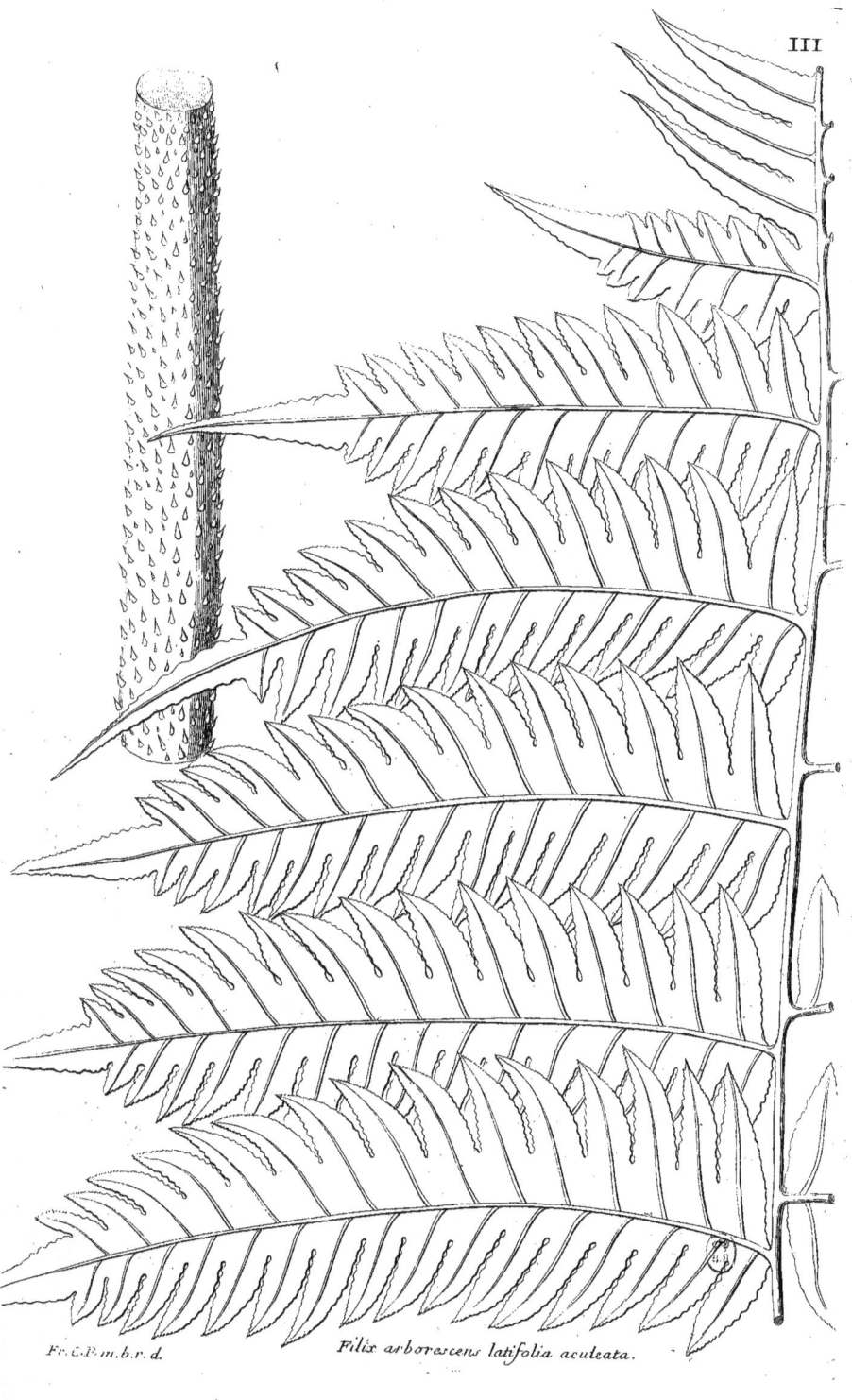

Filix arborescens latifolia aculeata.

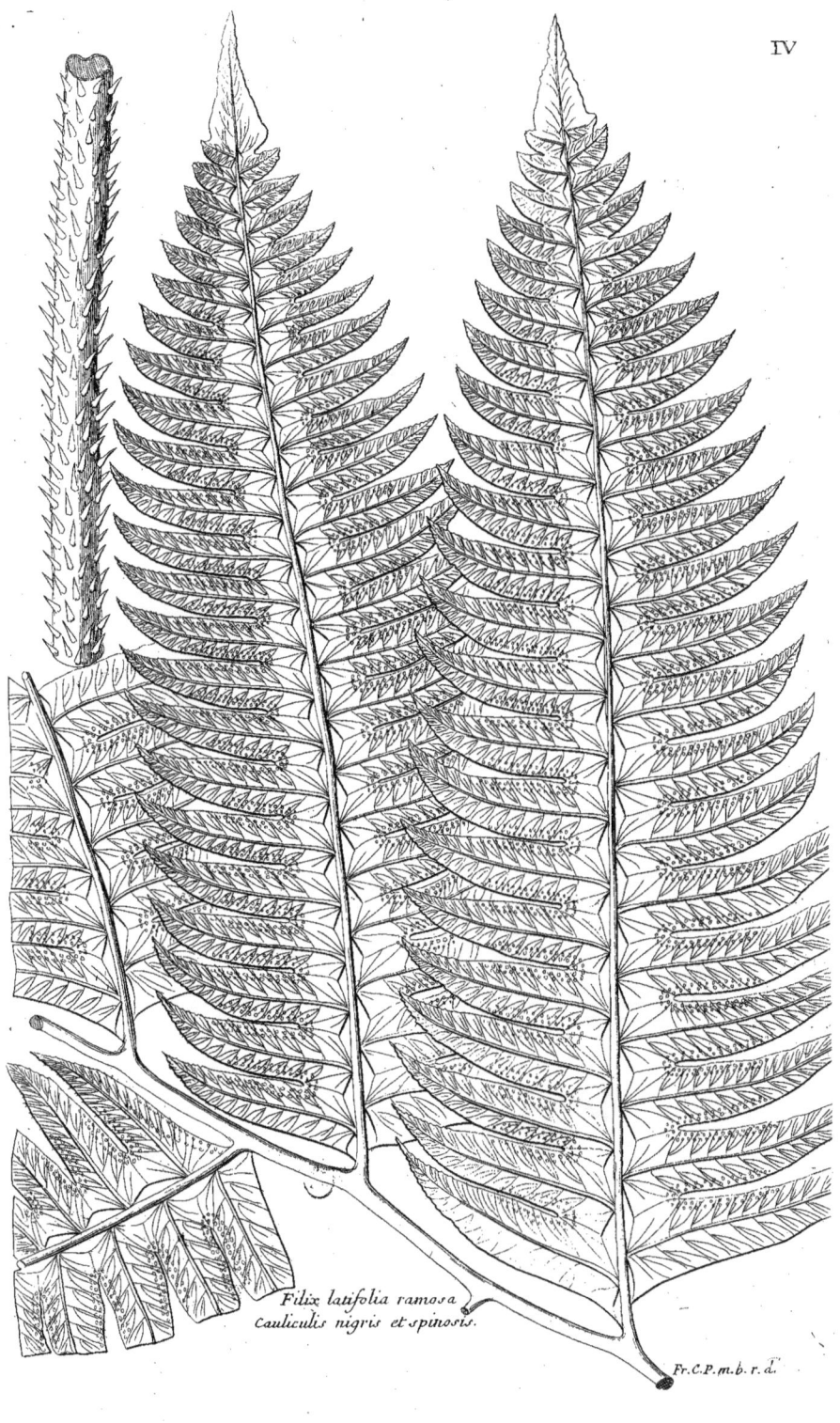

Filix latifolia ramosa
cauliculis nigris et spinosis.

III.

Filix arborescens, latifolia, aculeata.
Fougere arbre, espineuse, & à larges feüilles.

SEs racines sont cheveluës, noires, dispersées en gazon, & poussent quelquefois un tronc, & quelquefois des tiges qui forment une espece de buisson noir, fort épineux & épais comme le corps d'un homme.

Ces tiges ont dans leur naissance presque trois pouces de grosseur, & sont noires & fort épineuses: elles vont diminuant jusques à la hauteur d'un homme; & c'est à cette hauteur qu'elles se separent en trois branches: celle du milieu ne se divise plus, mais celles des costez se divisent un peu plus haut en deux autres qui avec celle du milieu forment une espece de fourche à cinq branches.

Ces branches poussent dans toute leur longueur des rameaux opposez alternativement, chargez de feüilles disposées de mesme maniere, dont les decoupûres ressemblent fort aux feüilles de la plante que Gaspard Bauhin apelle *Lonchitis aspera*. Ces feüilles sont membraneuses, lisses, vertes-brun, longues d'environ dix pouces sur trois de large, leur nerveûre parcourt toute la longueur de la feüille, distribuant des rameaux à chaque découpûre.

Je n'ay peû observer si elle a sur le dos la poussiere qu'on remarque ordinairement sur les plantes de la mesme espece. Il s'en trouve quantité dans les forests de la Martinique en allant à la Cabsterre, aprés avoir descendu le Morne de la Calebasse.

IV.

Filix latifolia, ramosa, cauliculis nigris & spinosis.
Grande fougere branchuë, noire & épineuse.

LEs racines de celle-cy sont fort toufuës, menuës & noirastres, d'où il sort quelques simples tiges fort droites, hautes d'environ quatre pieds & épaisses d'un pouce; rondes, mais tant soit peu canelées en devant, noires, luisantes & couvertes d'aiguillons roides, mais un peu plus longs que ceux de la précedente, fort pointus & noirs. Elles jettent deçà & delà, des branches opposées

A ij

alternativement, & celles-cy d'autres de mesme maniere, mais plus menuës & plus courtes & qui portent des feüilles de la mesme façon que la précedente, plus larges pourtant, & dentelées seulement aux extrémitez de leurs découpûres. Elles sont aussi un peu plus fermes, & d'un vert un peu chargé : elles ont par dessous une petite nervûre d'où sortent de petites costes qui se divisent en trois autres, entre lesquelles il y a deux rangs de petites bossettes poudreuses & tanées.

J'en ay trouvé en plusieurs endroits dans les forests de l'Isle S. Domingue.

V.

Filix latifolia, laciniata, & ad lacinias molliter aculeata.

Fougere à larges feüilles decoupées, garnie d'une pointe tendre aux découpûres.

Cette plante naist de la mesme façon & grandeur que la précedente, mais elle n'est point épineuse : ses feüilles sont plus déliées & d'un vert plus agréable. Les dentelûres de ses découpûres sont crenelées tout à l'entour mais fort legerement : il y a aussi dans le fonds de chaque découpûre une pointe fort tendre de mesme consistence que la feüille.

Je n'ay sçeu non plus observer sa poussiere, elle croît dans les forests humides de l'Isle S. Domingue.

VI.

Filix latifolia, nodosa.

Grande Fougere, noüeuse.

La principale racine de cette fougere est assez épaisse & ramassée : elle rampe comme celle de nostre polypode commun, mais elle est composée d'un double rang de nœuds les uns sur les autres, dont les superieurs sont creux comme de petites boëtes, à cause que les tiges qui en estoient sorties sont pourries. Ces racines sont accompagnées de quantité de fibres éparpillées, minces & cheveluës.

Il sort au bout de la principale racine quatre ou cinq tiges, qui ont environ quatre pieds de haut, épaisses de quatre lignes, un

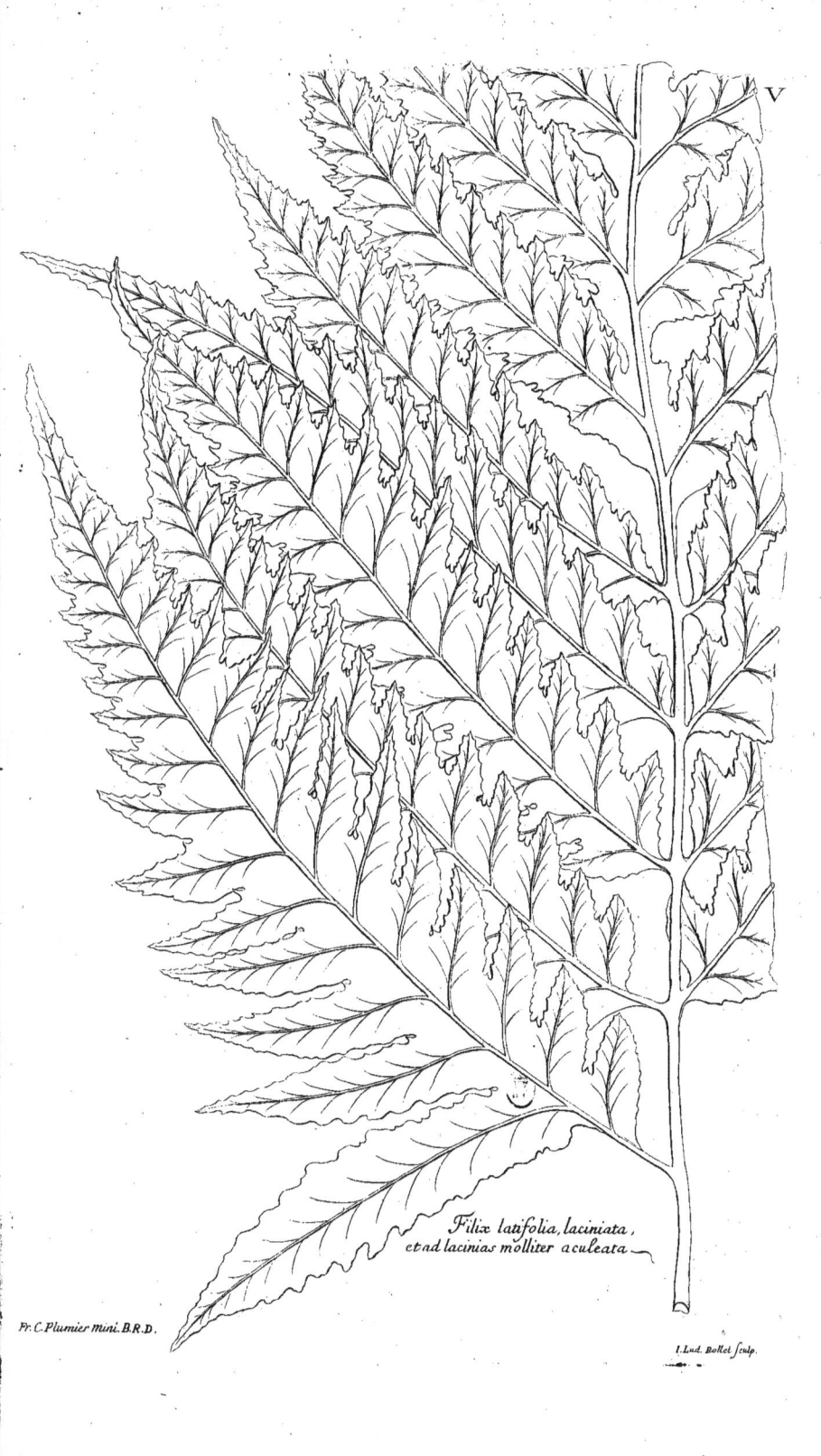

Filix latifolia, laciniata, et ad lacinias molliter aculeata.

Fr. C. Plumier mini. B.R.D. I. Lud. Bollet sculp.

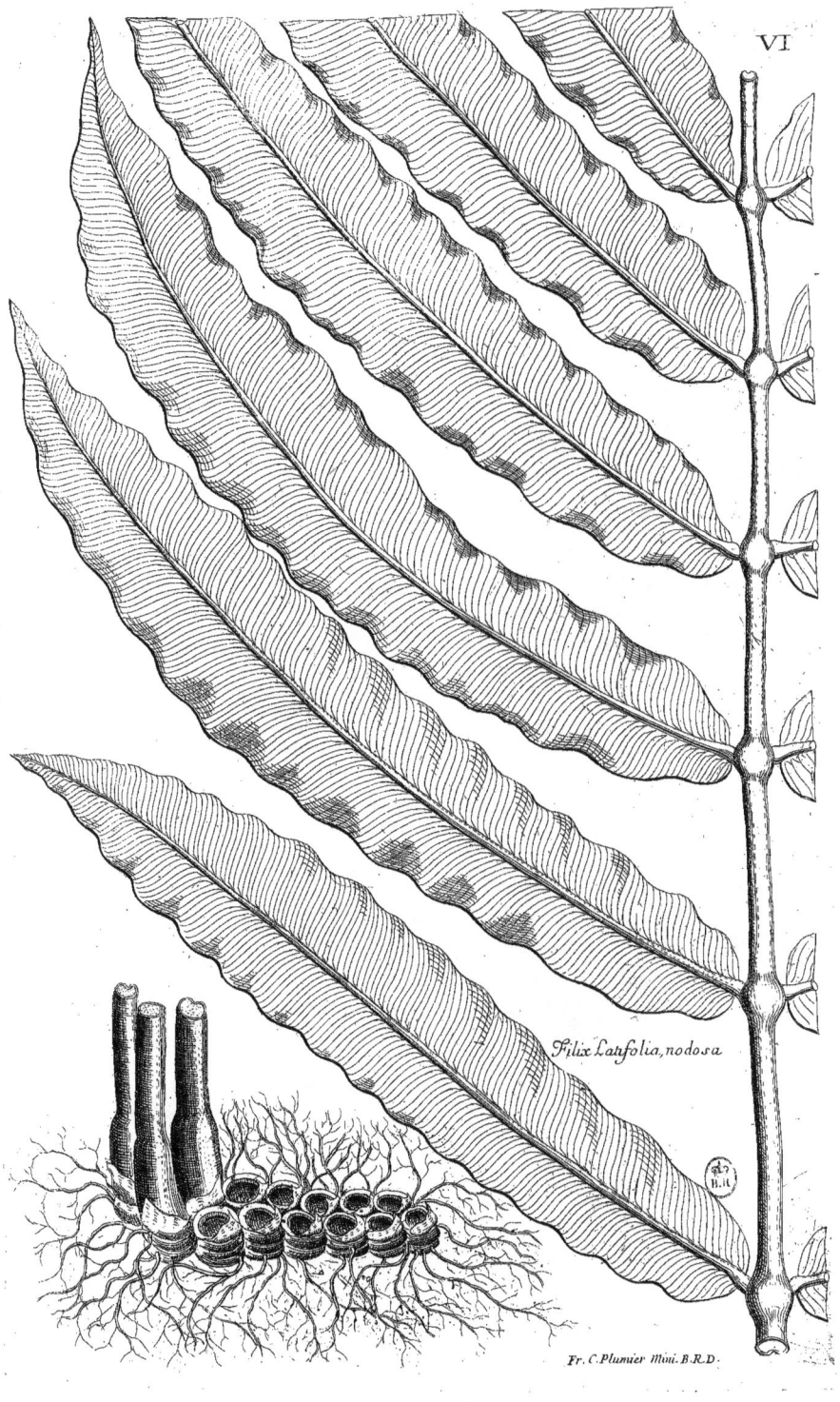

Filix Latifolia, nodosa

Fr. C. Plumier Mini. B.R.D.

Filix palustris aurea, folijs linguæ Cervinæ.

DES PLANTES DE L'AMERIQUE. 5

peu enflées par en bas. Elles s'arrondissent ensuite & leur devant est canelé d'un seul sillon : leur couleur est vert-brun, mais elles sont parsemées de quelques écailles noirastres. Ces tiges sont fortifiées depuis le milieu jusques au bout d'environ neuf à dix nœuds assez tumefiez, éloignez de deux à trois pouces les uns des autres. Deux feüilles oposées vis-à-vis sortent des costez de chaque nœud. Elles sont membraneuses, semblables aux feüilles de nos langues de cerf : mais un peu plus pointuës, d'environ dix pouces de long & d'un pouce & demi de large, ondées tout à l'entour, avec une nervûre qui s'étend depuis le commencement jusques au bout, & qui donne en travers de petites costes qui sont paralleles, & fort proches les unes des autres.

Je n'ay peû observer la poussiere qu'ont par derriere les autres plantes de mesme nature. J'en ay trouvé plusieurs dans un vallon proche un quartier qu'on apelle le Massacre vers le Port-de-paix dans l'Isle S. Domingue.

VII.

Filix palustris aurea, foliis linguæ cervinæ.

Fougere de marests, dorée, à feüilles de langue de cerf.

Elle a quantité de racines fibreuses & roussastres, qui jettent une touffe de tiges de neuf à dix pieds de long, presque aussi grosses que le petit doigt, d'un roux noirastre, polies & luisantes, rondes par derriere & creuses par devant. Elles ont de chaque costé une vintaine de feüilles opposées alternativement d'espace en espace, longues d'environ un pied & demy, & larges de prés de deux pouces : elles ont la figure d'une longue langue émoussée, mais tant soit peu pointuë au bout de la nervûre : leur pedicule est fort court, mais il s'étend tout le long de la feüille, & forme une nervûre assez élevée : elles sont membraneuses & solides comme du parchemin, unies & venées fort menu en façon d'un rets confondu. Elles sont d'un vert agréable, & quelques-unes de celles qui sont vers le bout de la tige sont couvertes par derriere d'une poussiere dorée.

Ces feüilles ont un goust fort aspre qui exprime assez de salive dans la bouche. On en voit beaucoup dans les lieux marescageux de la Martinique, sur tout au bord de la riviere du Fort Royal, ou celle que je fis brusler donna des cendres fort salées.

J'en ay remarqué aussi quantité dans l'Isle S. Domingue au

A iij

quartier de Leogane, le long de quelques ruisseaux : elle est tout-à-fait semblable à celle-cy, si ce n'est que les feüilles sont un peu plus longues, moins larges & la poussiere qui est sur le derriere est d'une couleur plus foncée. Les Caraïbes la nomment *Hamamaligra*.

Je crois que c'est la scolopendre dont parle le R. P. du Tertre dans son traité troisiéme des Antilles chap. 1. parag. 3.

VIII.

Filix latifolia, ad margines pulverulenta.

Grande Fougere, à bord poudreux.

CElle-cy naist de la mesme façon & dans les mesmes lieux marescageux que la Fougere décrite cy-dessus : les tiges ont presque la mesme grandeur, mais ses feüilles sont un peu plus étroites, plus pointuës, & posées plus prés vis-à-vis l'une de l'autre.

Les tiges sont rondes & un peu plus menuës qu'une plume à escrire, d'un vert-pasle tirant sur le brun : les plus longues feüilles ont presque deux pieds de long & prés d'un pouce & demy de large, fort pointuës dans leur bout, arrondies vers la tige, fermes comme du parchemin, unies par dessus & vert-pâles : elles sont accompagnées par dessous & en long d'une nervûre qui distribuë en travers quantité de petites costes paralleles & fort proche les unes des autres : elles sont garnies tout au tour d'une bordure poudreuse de couleur tané, & espaisse d'environ une ligne.

J'en ay trouvé souvent le long de quelques ruisseaux de Leogane, & du petit Goive dans l'Isle S. Domingue.

IX.

Filix latifolia, non ramosa nigris tuberculis pulverulenta.

Grande fougere non branchuë, parsemée de verruës noires.

CEtte plante a quantité de racines menuës comme des cheveux, longues, branchûës, noires & dispersées çà & là : il en sort plusieurs tiges hautes d'environ quatre pieds, & de deux à trois lignes de grosseur, rondes par derriere, creuses par devant, polies, luisantes & noires.

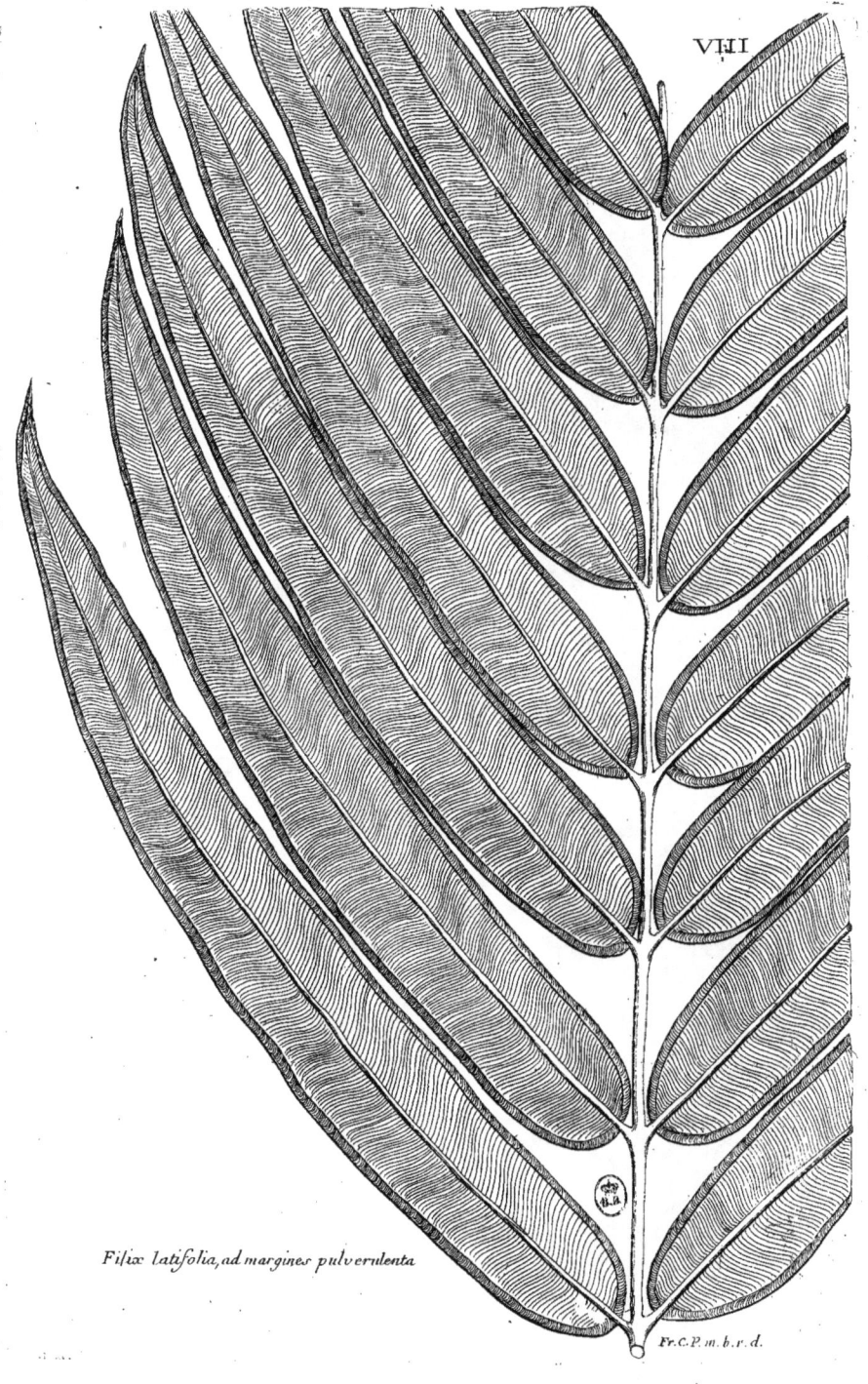

Filix latifolia, ad margines pulverulenta

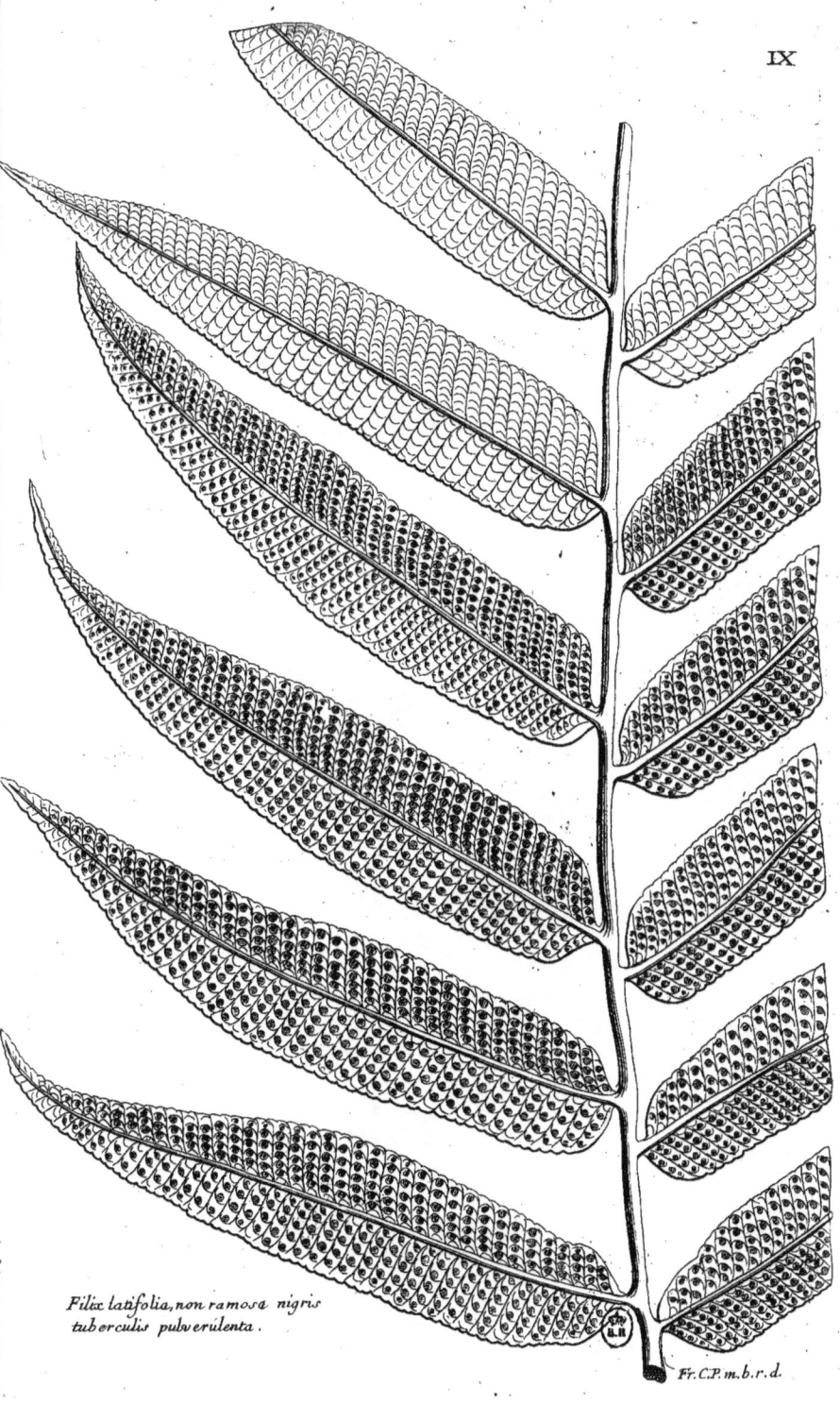

Filix latifolia, non ramosa nigris tuberculis pulverulenta.

Fr. C.P. m. b. r. d.

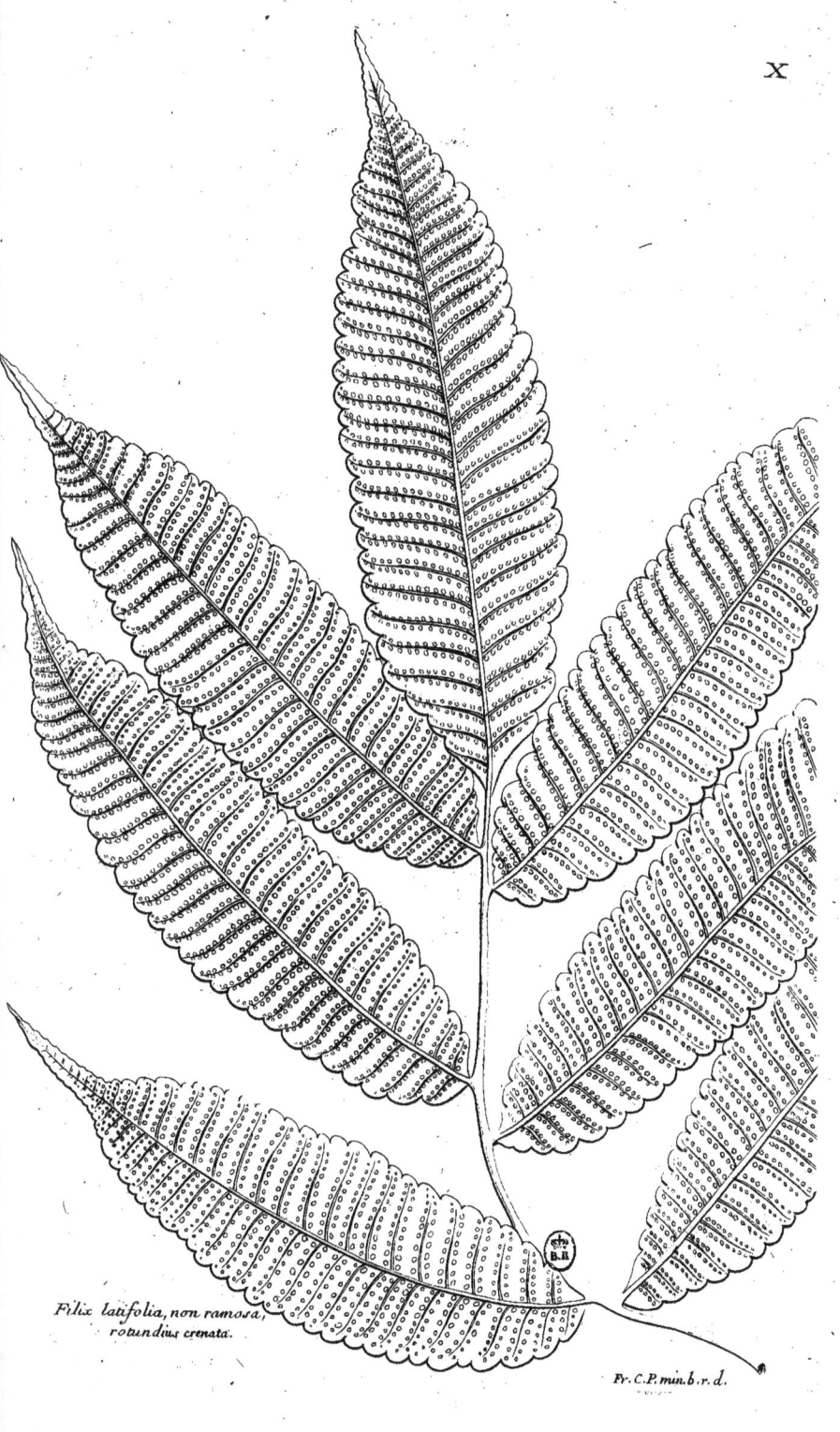

Filix latifolia, non ramosa, rotundius crenata.

XI

Filix non ramosa, Scolopendrioides.

Fr. C. Plumier Mini. Botan. Reg. delin.

Il y a deçà & delà de ces tiges neuf ou dix feüilles disposées alternativement, d'environ huit pouces de long, & d'un & demy de large, faites presque comme celles de nos langues de cerf, mais plus courtes & plus pointuës: elles sont de la consistence du vélin, découpées fort legerement tout au-tour par de petites dentelûres rondes: elles ont au-dessous une nervûre noire avec de petites costes en travers de mesme couleur, qui sont parallelles & assez proche l'une de l'autre, dans l'intervalle desquelles il y en a quantité d'autres petites qui sont courbées, dont l'entre-deux est rempli d'une bossette poudreuse & noirastre.

On trouve cette espece de fougere dans les bois de la Martinique en descendant du Morne de la Calebasse vers la Cabsterre.

X.

Filix latifolia, non ramosa, rotundiûs crenata.

Grande Fougere à simples jets, & à crenelûres arrondies.

Elle jette dés sa racine, qui est fort toufuë, quelques tiges d'environ trois pieds de haut, assez menuës, rondes, lisses & de couleur brune. Elles finissent par une feüille longue d'environ sept à huit pouces, & large presque de deux. Outre cette feüille il y en a encore trois ou quatre costé à chaque costé de la tige attachées alternativement & de la mesme grandeur à peu prés que la premiere: elles sont arrondies vers la tige, pointuës en leur extrémité, & découpées en leur bord par des dentelûres rondes & assez larges, lisses & d'un vert-brun par dessus; mais elles ont de petites nervûres presque paralleles éloignées l'une de l'autre de prés de trois lignes, entre lesquelles il y a deux rangs de petites bossettes poudreuses gris-de-fer.

J'en ay trouvé quelques plantes le long des ruisseaux de Leogane & du petit Goive dans l'Isle S. Domingue.

XI.

Filix non ramosa, scolopendrioïdes.

Fougere sans branches, à feüilles comme la scolopendre.

Elle a des racines fort longues, menuës, noires, enfoncées bien avant dans la terre, & qui en étant attachées ressemblent à un escheveau de fil noir. Il sort de ces racines sept ou huit feüilles d'un pied, & même de deux pieds de long ; une partie de ces feüilles se courbe vers la terre, & l'autre se releve : elles ont environ un pouce & demy de large : elles sont étroites en leurs extrémitez, & vont s'agrandissant vers le milieu : elles sont découpées presque de la façon de nostre *asplenium* ou *ceterach*, mais les découpûres en sont plus pointuës, excepté celles qui sont les plus proches du pedicule. Ces feüilles sont lisses par dessus & d'un vert un peu enfoncé, mais pasles par dessous & chargées à chaque d'enteleûre d'un double rang de petites bossettes, grisastres & poudreuses.

La grandeur de cette plante n'est pas déterminée, elle change suivant le terrain : j'en ay veu plusieurs dont les feüilles n'avoient pas plus de deux pieds de long, & d'autres qui en avoient plus de quatre & qui rampoient à terre. J'ay encore observé une particularité, qui est que des feüilles qui rampent à terre il sort du fond des découpûres de petites racines qui produisent une autre plante de mesme espece, & quelquefois une seule feüille.

Elle naist particulierement dans les forests humides, & le long des ruisseaux dans l'Isle S. Domingue, où je l'ay trouvée en divers quartiers.

XII.

Filix scandens, latifolia, serrata.

Grande Fougere montante, dentelée.

Elle pousse plusieurs tiges qui s'attachent sur les troncs des arbres par quantité de petites racines courtes, menuës & noirastres de mesme que celles du lierre. Les tiges sont plus menuës que le petit doigt, assez solides, souples, d'un roux foncé ou tané, & couvertes de petites écailles pointuës, membraneuses & roussastres : elles chargent quelquefois les arbres ou elles grimpent, & en cachent entierement le tronc. Ces mesmes tiges poussent des branches alternativement d'espace en espace, éloignées de trois à quatre pouces les unes des autres : ces branches ont quelquefois deux pieds de long ; elles sont rondes, pliables, unies & d'un vert-gris : elles portent des feüilles par paires jusques au bout : j'en ay compté quatorze ou quinze, mais celle qui termine la tige est impaire : elles ont depuis deux jusques à quatre pouces de long & plus d'un demi pouce de large ; leur figure aproche de celle

d'un

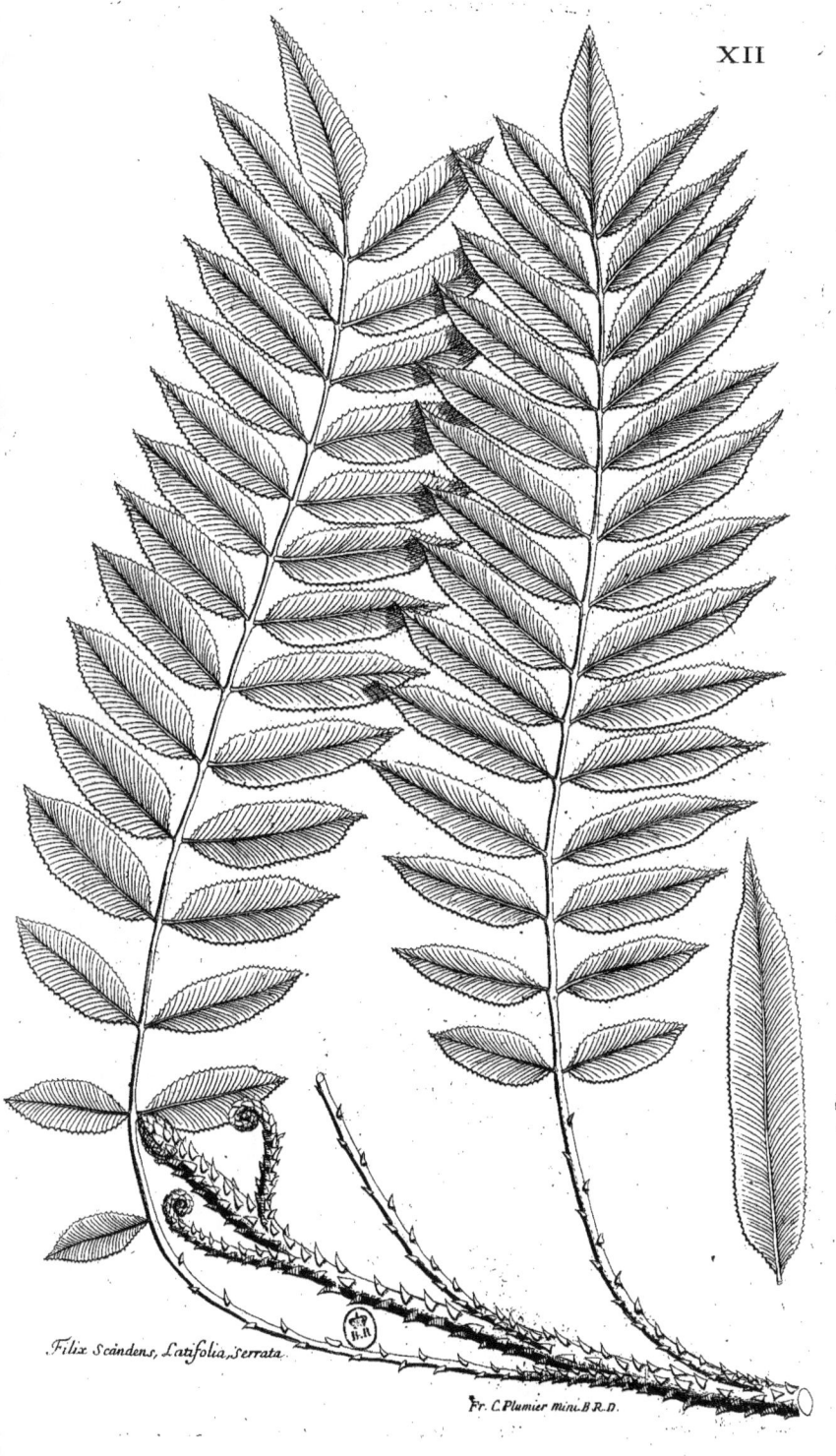

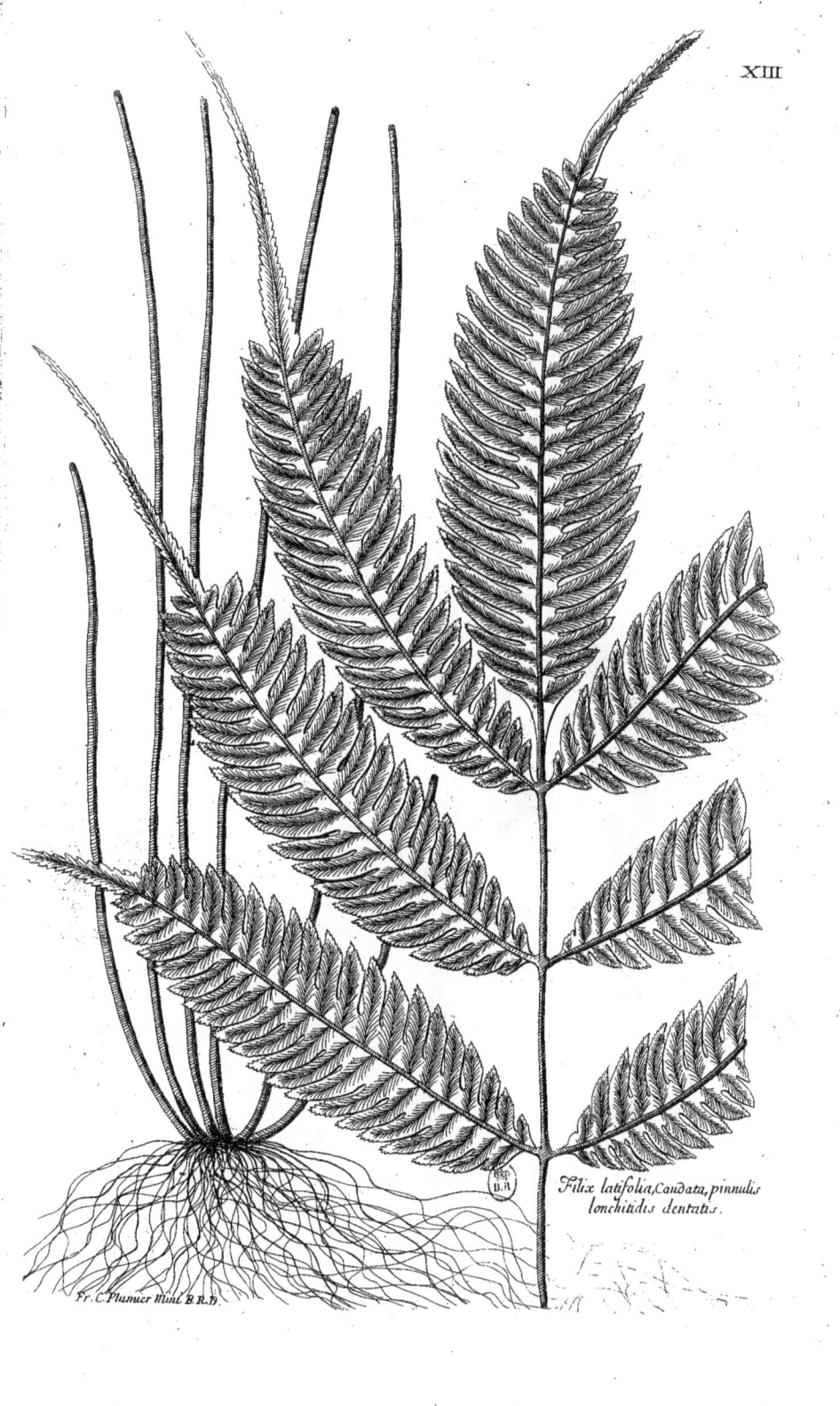

Filix latifolia, Caudata, pinnulis lonchitidis dentatis.

d'un parallelogramme, bien qu'elles soient pointuës par les deux bouts: leur bord est agréablement dentelé; elles sont membraneuses & fermes comme du vélin, d'un vert foncé par les deux costez, unies par dessus & un peu ridées au dessous par quantité de petites costes qui les traversent depuis la nervûre jusques au bord.

J'en ay trouvé souvent le long des ruisseaux dans les Isles de la Martinique & de S. Domingue, sans avoir peû observer leur semence.

XIII.

Filix latifolia, caudata, pinnulis lonchitidis dentatis.

Grande Fougere à longue queüe, à pinnules de lonchitis.

SA racine est composée de quantité de fibres noires, longues & fort menuës qui la rendent fort touffuë. Elle pousse en dehors quelques tiges menuës, longues d'environ deux pieds, unies & de couleur tané, creuses par devant & rondes par derriere; chacune de ces tiges soûtient trois ou quatre paires de feüilles longues de sept à huit pouces, larges de deux, terminées par une queüe étroite d'environ trois pouces de long. Ses découpûres ressemblent aussi à celles du *lonchitis aspera*, dont chacune a environ trois lignes de large. Leur vert est un peu passe & leur nervûre est une coste qui va d'un bout de la feüille à l'autre & distribuë en passant des rameaux à chaque découpûre, qui finissent par quantité de moindres qui s'étendent jusques sur les bords.

Chaque tige est terminée par une feüille semblable. Je n'ay peû observer leur poussiere: j'en ay trouvé quelques plantes le long d'un ruisseau au quartier du Fort Royal de la Martinique.

M. de Tournefort qui fait la démonstration des plantes dans le Jardin Royal à Paris, a apporté de Portugal une Fougere semblable à celle-cy, & dont la poussiere est attachée au bord des pinnules.

XIV.

Filix pinnulis lonchitidis obtusis, non dentatis, ad oras pulverulentis.

Fougere à pinnules de lonchitis, émoussées, poudreuses par le bord & sans dentelûres.

SEs racines sont fort menuës & toutes remplies d'autres plus petites d'un gris obscur, longues & éparpillées. Elles jettent cinq ou six pedicules de prés de deux pieds de haut, d'environ deux lignes d'épaisseur, rondes par derriere & canelées par devant, d'un brun fort pâle & blanchastre. Elles portent huit à neuf paires de feüilles à deux pouces de distance les unes des autres. Il n'y a que les deux plus basses qui soient branchuës, les autres sont simples; & les plus longues ont environ neuf pouces de long & deux pouces de large. Elles finissent en pointe & sont découpées presque jusques à la coste par des pinnules larges de trois lignes; leur pointe est émoussée & leur bord est poudreux tout au tour & grisastre. Leur couleur est d'un vert-pasle; elles sont unies & comme membraneuses.

J'en ay trouvé en plusieurs endroits des Isles de la Martinique & de S. Domingue.

XV.

Filix latifolia, non ramosa, foliis gladiformibus serratis.

Grande Fougere sans branches, à feüilles dentelées, & en façon de coûteau.

ELle pousse dés sa racine dix ou douze tiges d'une ligne d'épaisseur, presque quarrées, unies & d'un vert-brun, longues d'environ quatre pieds, qui depuis leur milieu ont deçà & delà dix-huit ou vingt feüilles rangées alternativement à la distance d'un bon pouce. Ces feüilles ont environ demy pied de long & un pouce de large avec une nervûre qui va depuis la tige jusques au bout: elles sont fort pointuës & faites presque comme un coûteau, leur consistence est membraneuse: elles sont d'un vert-brun par devant, ayant par derriere quantité de petites costes depuis la

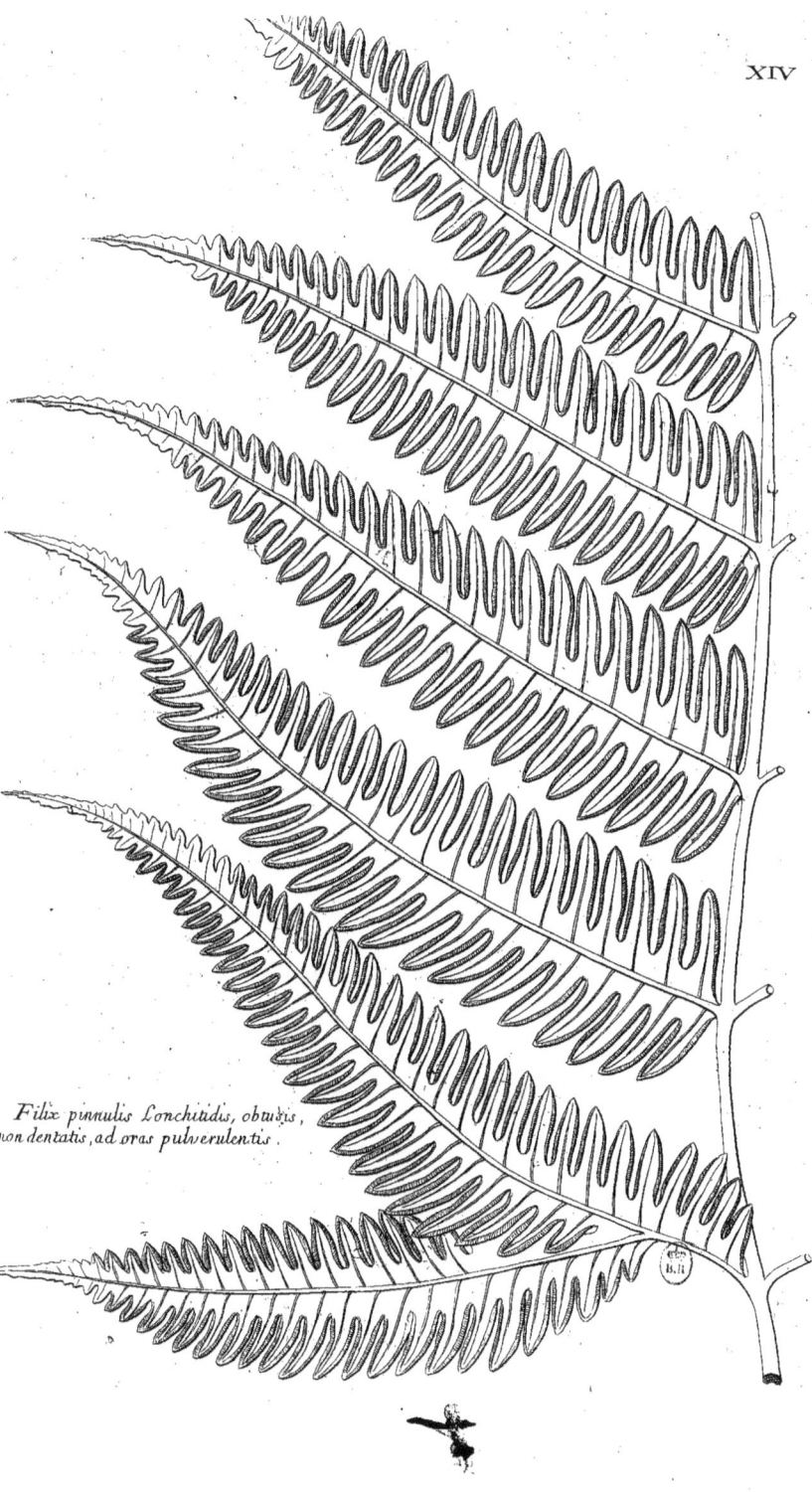

Filix pinnulis Lonchitidis, obtusis, non dentatis, ad oras pulverulentis.

XIV

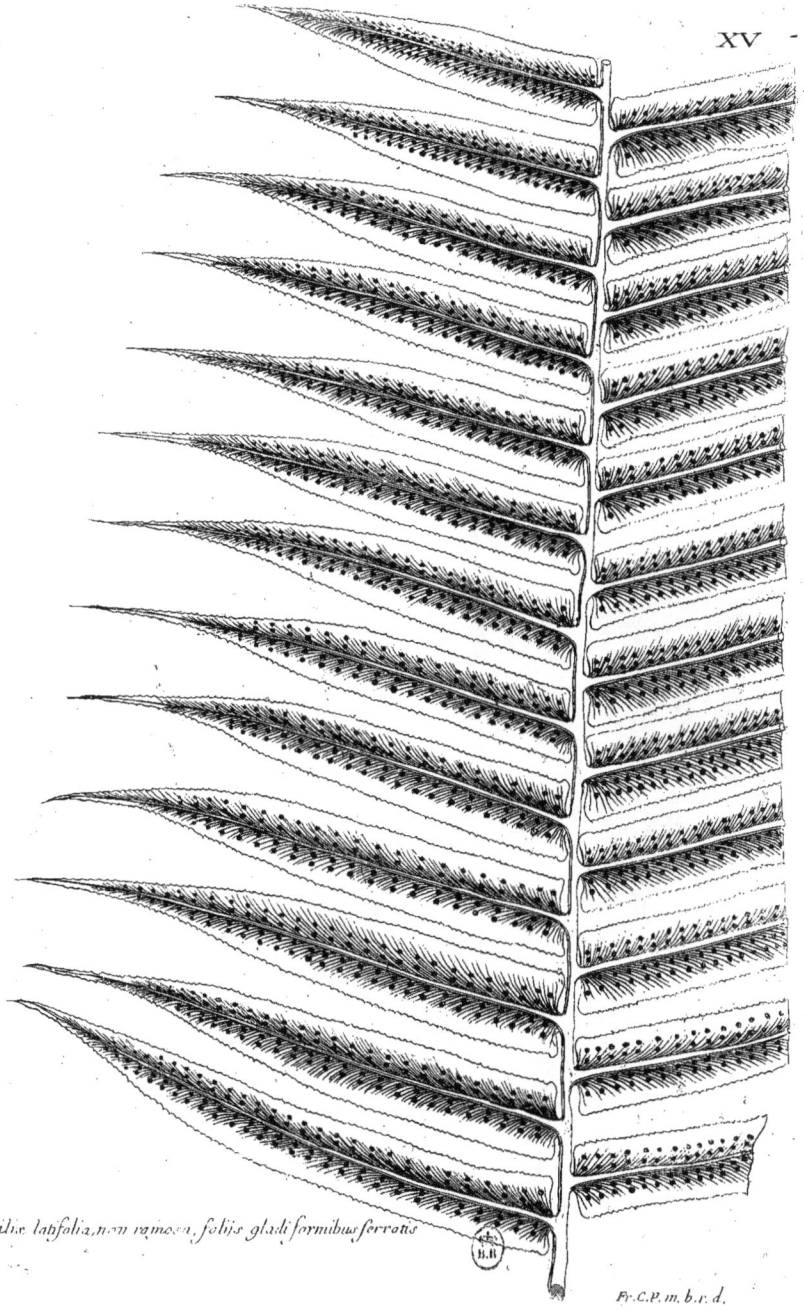

XV

Filix latifolia, non ramosa, folijs gladiformibus serratis

Fr. C.P. m. b. r. d.

XVI

Filix non ramosa, latius dentata major.

Fr. C. Plumier Minimus Botanicus Regius delineauit.

XVII

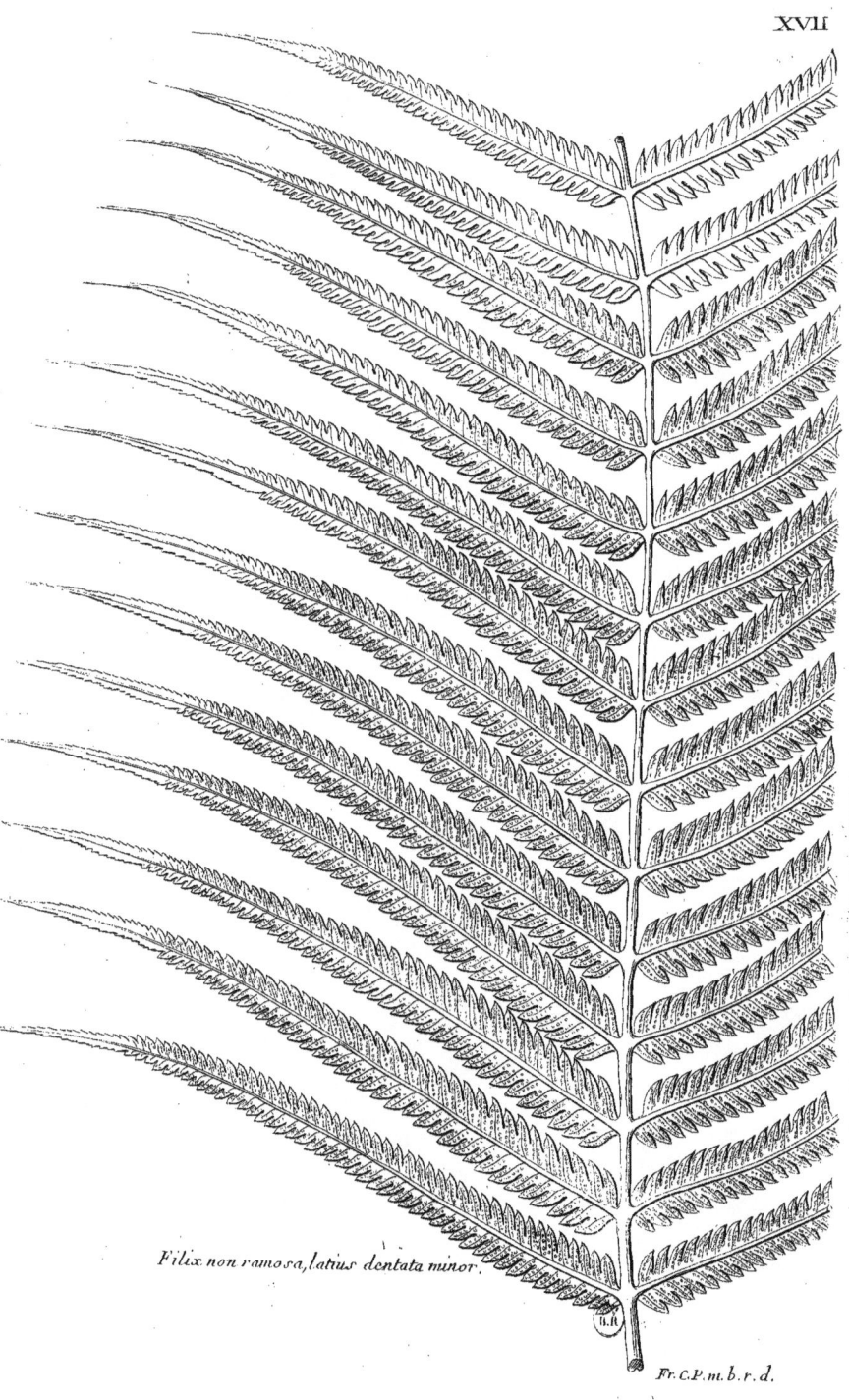

Filix non ramosa, latius dentata minor.

Fr. C.P. m. b. r. d.

DES PLANTES DE L'AMERIQUE.   11

nervûre jusques prés du bord qui est tant soit peu dentelé, avec un double rang de bossetes poudreuses & tanées, de chaque costé de la nervûre.

Elle naist le long des ruisseaux dans les forests de l'Isle S. Domingue.

XVI.

Filix non ramosa, latiùs dentata major.
Grande fougere sans branches, à larges dentelûres.

Cette plante a neuf ou dix tiges de quatre ou cinq pieds de hauteur qui sortent d'une racine fibreuse & noirastre : elles sont plus menuës qu'une plume à écrire, brunes, lisses, & presque quarrées : les feüilles qui viennent par paires au nombre de dix ou douze sont attachées deçà & delà de ces tiges d'espace en espace d'environ deux pouces de distance. Elles ont prés de dix pouces de long & un pouce de large : elles sont de consistence de parchemin, mais pourtant assez fragiles & d'un vert fort pasle : elles sont pointuës & leur bord est tout entaillé par des découpûres aiguës, larges & enfoncées presque jusques au milieu de la feüille. Il y a une nervûre depuis la tige qui court tout le long de la fueille jusques au bout, & depuis cette nervûre il y en a d'autres qui vont chacune jusques à la pointe des dentelûres, & d'autres aussi qui vont de cette mesme nervûre jusques à l'enfoncement des dentelûres. Depuis la deuxiéme nervûre, il y a quantité de petites costes qui traversent jusques à la troisiéme, & parmi ces costes il y a un double rang de verruës poudreuses & grisastres, qui vont depuis la principale nervûre jusques au bout de chaque découpûre.

XVII.

Il s'en trouve en divers endroits de l'Isle S. Domingue, où l'on en voit de deux sortes de cette mesme espece, à sçavoir la premiere cy-devant décrite, & un autre seconde fort semblable en tout à cette premiere, mais beaucoup plus petite.

Elles naissent toutes deux le long des ruisseaux & dans les forests humides de la mesme Isle S. Domingue.

B ij

XVIII.

Filix non ramosa, longissimis, angustis & ad basim auriculatis foliis.

Fougere sans branches, à feüilles trés-longues, étroites, & oreillées à la base.

SA racine est toute chevelüe & noirâtre, de laquelle il sort neuf ou dix tiges grosses d'environ deux lignes, brunes, unies, rondes par derriere, sillonées par devant & hautes d'environ quatre à cinq pieds.

Ces tiges ont plusieurs feüilles vert-pasles assez prés les unes des autres, & opposées en façon des dents d'un peigne : elles ont demi-pied de long, & sont tout au plus larges de trois lignes : elles finissent en pointe fort aiguë, mais leur commencement s'élargit & represente en quelque façon le lobe exterieur de l'oreille. Elles ont une coste relevée par dessous qui en distribuë plusieurs autres plus petites, qui vont de travers jusques au bord, qui est tout couvert d'une bordure poudreuse, grisâtre & un peu relevée.

Il s'en trouve quantité le long des ruisseaux de l'Isle S. Domingue vers le Port-de-paix.

XIX.

Filix altera longissimis, angustis, & ad basim foliosis foliis.

Autre Fougere à feüilles trés-longues, étroites & refeüilluës.

CElle-cy est trés-semblable à la précedente : elle n'en differe qu'en ce que ses feüilles sont un peu plus étroites ; & au lieu que les autres ont les apendices de la base faites comme le lobe de l'oreille, celle-cy les a beaucoup plus longues & plus étroites, en sorte qu'elles ressemblent à deux petites feüilles dont l'une regarde en haut & l'autre en bas. Elle a aussi les bords couverts d'un cordon poudreux comme la precedente & naist dans les mesmes endroits.

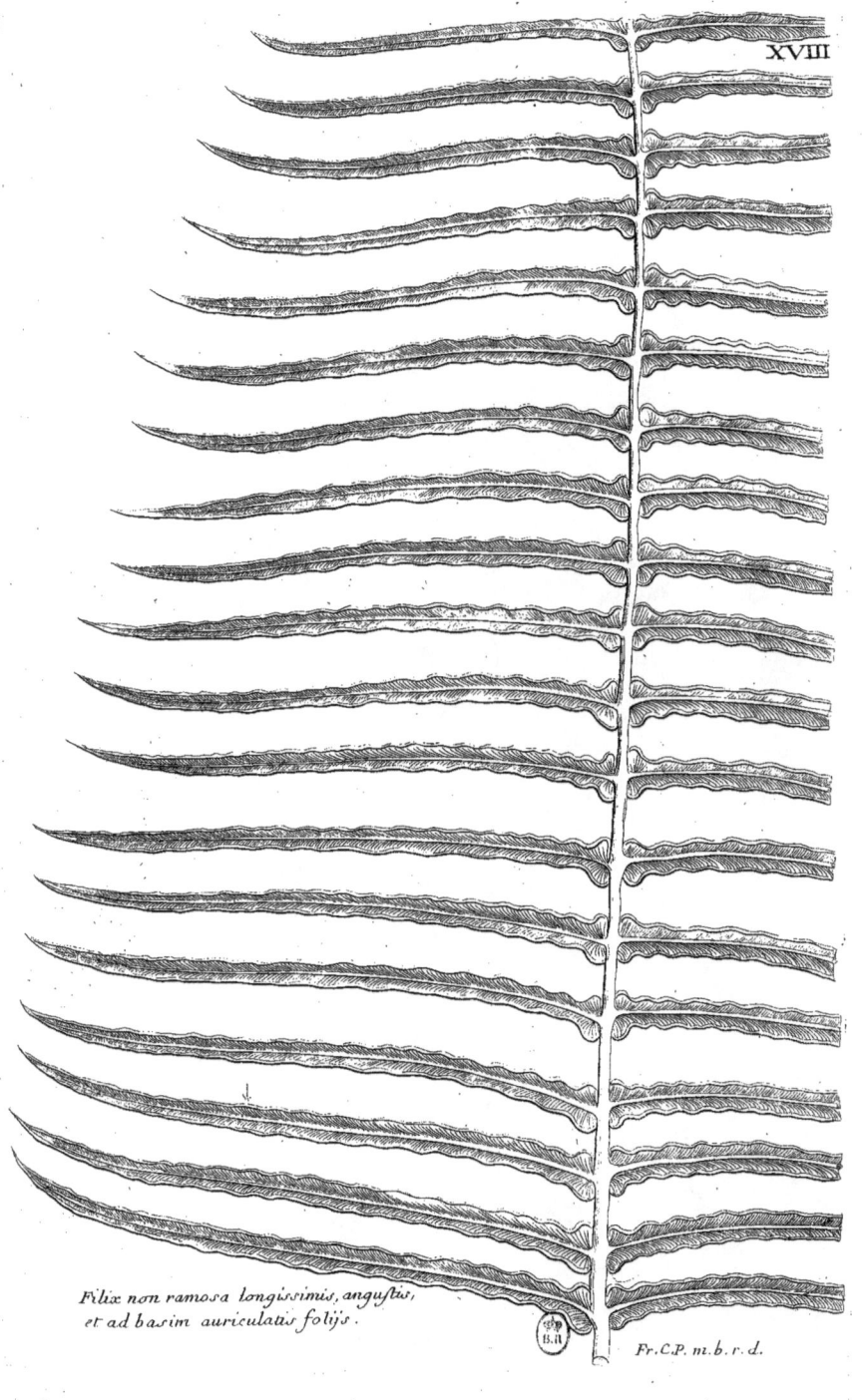

Filix non ramosa longissimis, angustis, et ad basim auriculatis folijs.

Fr. C.P. m.b.r.d.

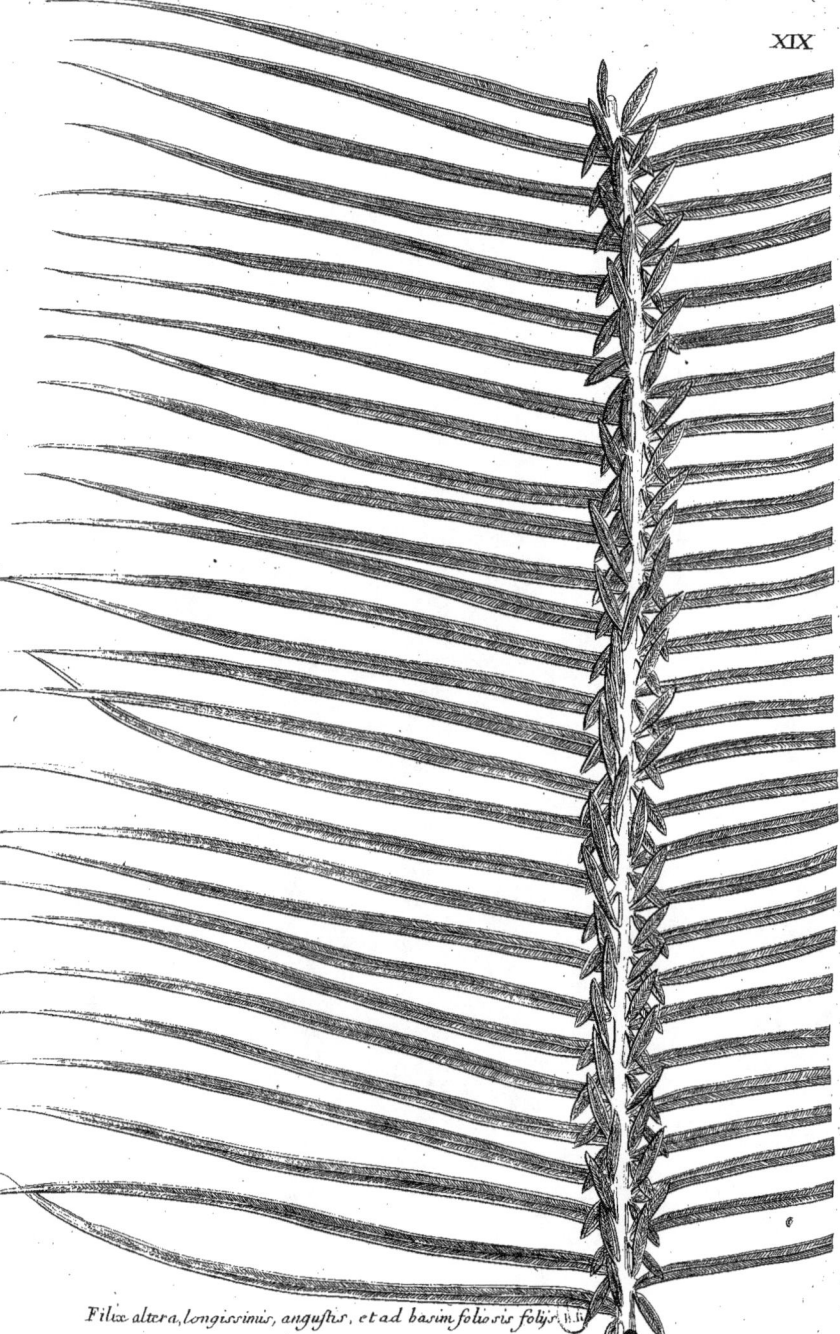

Filix altera, longissimis, angustis, et ad basim foliosis folijs.

Fr. C. P. m. b. r. d.

X X.

Filix furcata, pinnulis longiusculis, non dentatis.

Fougere fourchuë, à longues pinnules non dentelées.

CEtte espece de fougere est fort rare : je n'en ay jamais trouvé que dans un seul endroit, sçavoir dans la Martinique vers le Morne de la Calebasse en descendant au quartier de la Cabsterre.

Sa racine est toute fibreuse & noirastre qui ne jette tout au plus que deux ou trois tiges roussastres tirant sur le noir, rondes, de deux lignes de grosseur, longues d'environ deux pieds & couvertes de quelques écailles fort petites & fort minces, d'un roux un peu moins chargé que celuy de la tige.

Ces tiges se fourchent en deux branches longues d'environ un pouce & assés éloignées l'une de l'autre. Chacune de ces branches se separe aussi en deux autres branches environ deux fois plus longues que les premieres : enfin ces dernieres se fourchent encore en deux autres longues d'environ cinq à six pouces, mais qui ne sont pas si écartées que les premieres. Outre ces deux branches situées au bout de chaque tige, il y en a encore deux autres quasi vers le milieu de la tige opposées l'une à l'autre qui se divisent aussi en d'autres branches de la mesme façon que les superieures.

Toutes ces branches sont garnies de feüilles découpées jusques à la coste principale : les plus longues découpûres qui se trouvent vers le milieu, ont environ un pouce de long, & prés de deux lignes de large : leur longueur diminuë à mesure qu'elles aprochent de l'extremité des branches : leur arrangement peut estre fort bien comparé à celuy des dents d'un peigne ou des feüilles de l'if, en Latin *Taxus*.

Je n'ay peû remarquer leur semence, ni de quelle façon elles la portent.

XXI.

Filix ramosa, pinnulis rostratis.

Fougere branchuë, à pinnules en bec.

SA racine est toute cheveluë & noirastre, qui produit dés le commencement un amas de plusieurs tiges seches parmy lesquelles il en sort sept ou huit autres grosses d'environ une ligne, rondes, unies & roussastres, hautes de trois à quatre pieds, branchuës deçà & delà alternativement, & presque de deux en deux pouces.

Les plus longues de ces branches ont quasi un pied de long & portent des feüilles d'un pouce & demy de long, disposées de mesme maniere que les branches, & éloignées de l'une à l'autre de prés de neuf lignes; elles ont bien six lignes de large, & sont découpées tout à l'entour par des aislerons presque jusques à la nervûre. Ces aislerons ont deux lignes de large, ils sont pointus comme le bec d'un oiseau & tant soit peu crochus; elles sont unies par dessus & d'un vert clair, mais par dessous elles sont d'un vert un peu enfoncé, & raïées par de petites costes traversieres.

J'en ay trouvé souvent en divers endroits de l'Isle S. Domingue.

XXII.

Filix ramosa, pinnulis longiusculis partim auriculatis.

Fougere branchuë à longues pinnules, quelques-unes à oreillon.

ON prendroit d'abord cette fougere pour la fougere femelle de Mathiole assez connuë en France; mais elle est beaucoup plus branchuë & plus étenduë : sa racine est toute cheveluë & brune, elle pousse sept ou huit tiges de prés de deux lignes d'épaisseur, fort lisses & roux-châtain, qui jettent çà & là de longues branches presque vis-à-vis les unes des autres, qui en poussent d'autres, & celles-cy encore d'autres de même couleur, tirant pourtant tant soit peu sur le verd. Les plus longues de ces secondes branches ont environ un pied de long, & les dernieres sont beaucoup plus courtes, s'amoindrissant à mesure qu'elles aprochent de l'extrémité des secondes. Ces mêmes dernieres sont ter-

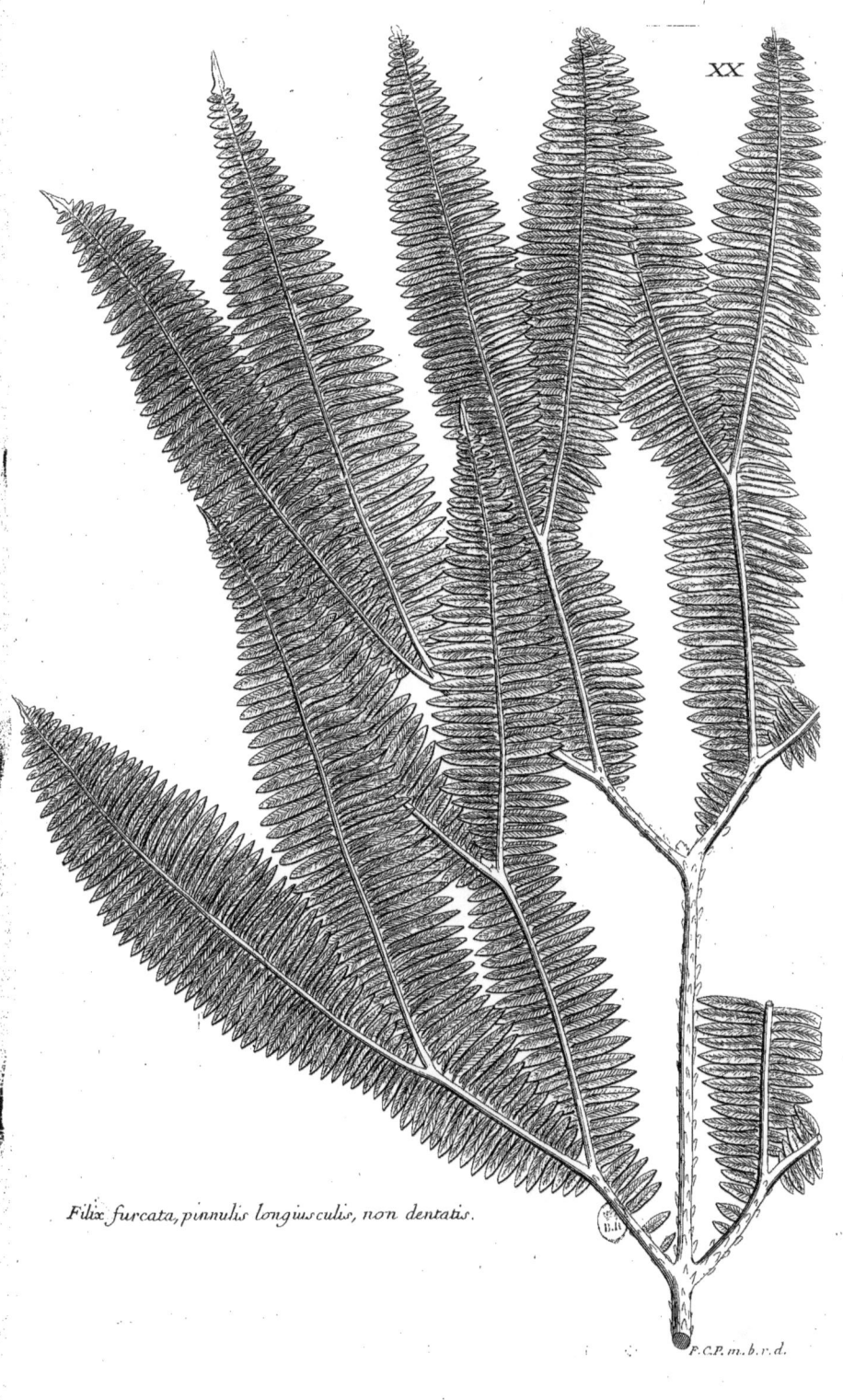

Filix furcata, pinnulis longiusculis, non dentatis.

XXI

Filix ramosa, pinnulis rostratis.

Fr. C. P. m. b. r. d.

Filix ramosa pinnulis longiusculis, partim auriculatis.

Fr. C. P. m. b. r. d.

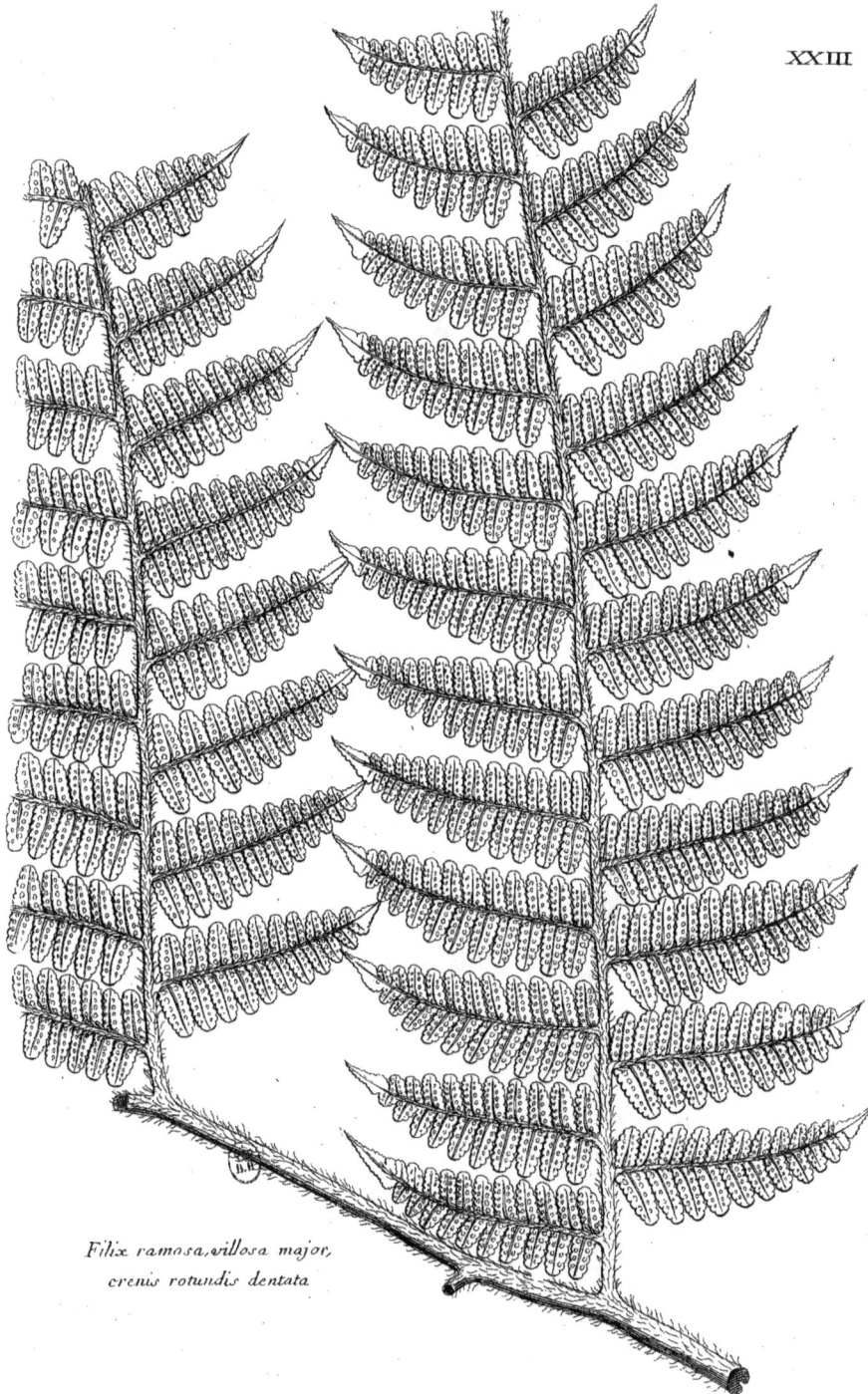

XXIII

Filix ramosa, villosa major, crenis rotundis dentata

Fr. C. P. m. b. r. d.

minées par une pinnule, longue & étroite, & ont de part & d'autre alternativement & assez prés, des pinnules aussi fort étroites, dont les plus longues ont un peu plus d'un pouce: leur largeur est presque d'une ligne & demie, & leur pointe est tant soit peu émoussée. Il y a aussi d'autres pinnules aux commencemens des plus longues, mais beaucoup plus courtes & en façon de petits aislerons: elles ont toutes le bord replié en dedans, comme les feüilles du rosmarin vulgaire, en Latin *rosmarinus hortensis*; le dessus lisse & vert blanchastre, & le dessous tout raïé de quantité de petites costes traversieres.

Je n'ay peû observer leur semence, & je n'en ay trouvé que dans deux endroits, sçavoir le long du Tapion proche le petit Goive de l'Isle S. Domingue, & sur le coupeau de l'Isle de la Tourtuë dans la parroisse de Mirebalai.

XXIII.
Filix ramosa villosa, major, crenis rotundis dentata.
Fougere branchuë & veluë, à dentelûres arrondies.

Cette espece de fougere devient fort grande, quand elle naist dans des lieux humides le long des ruisseaux. Ses racines sont toutes chevelües comme la pluspart de celles des autres fougeres: elles sont grisastres & poussent cinq ou six tiges tanées d'environ quatre pieds de haut, grosses de deux lignes, rondes mais sillonées par devant: elles poussent aussi de chaque costé alternativement & par des espaces inegaux des branches d'environ un pied & demy de long, qui portent dans leur longueur deçà & delà & alternativement des feüilles d'environ deux pouces & demy de long, qui diminuent insensiblement jusques au bout, & elles finissent en pointe & sont decoupées jusques à la nervûre principale par des pinnules de trois lignes de large, arrondies par le bout & incisées tout à l'entour par des crenelûres assez rondes: elles sont lisses & d'un beau vert par dessus, mais pasles par dessous & chargées d'un double rang de petites verruës poudreuses & noirastres.

Toute la plante est parsemée de quelques poils fort menus, tortus & roussastres. Je n'en ay veû que dans deux endroits de l'Isle S. Domingue, sçavoir le long d'un ruisseau proche le Massacre vers le Port-de-paix, & vers le Tapion du petit Goive.

XXIV.
Filix villosa minor, pinnulis profundè dentatis.
Petite Fougere veluë, à longues dentelûres.

CElle-cy est beaucoup plus petite que la precedente : sa racine est faite de mesme & naist aussi dans les lieux humides : elle n'a pas plus de deux pieds de haut, ses tiges sont fort menuës, rondes & noires, couvertes de quantité de petits poils noirastres & tortus.

Environ à la troisiéme partie des pedicules elles ont deçà & delà des feüilles étenduës en façon d'aisles & opposées les unes aux autres, distantes d'environ un pouce & demy. La plus grande a prés de quatre pouces de long, & un pouce & demy de large : la nervûre est aussi toute veluë comme la tige : elles finissent toutes en pointe, & sont découpées jusques à la nervûre, chaque decoupûre ayant environ trois lignes de large : leur nervûre est petite & leurs bords sont découpez par des crenelûres assez profondes & pointuës. Il y a par derriere de chacune de ces crenelûres une petite bossette poudreuse & roussastre : elles sont unies & d'un vert gay par devant, membraneuses mais fort minces.

C'est une plante assez rare : je l'ay trouvée le long du mesme ruisseau comme la precedente.

XXV. A.
Filix pinnulis cristatis.
Fougere à pinnules crestées.

CEtte plante a plusieurs petites racines fibreuses, grisastres de deux ou trois pouces de long, & écartées deçà & delà dans la terre. Il en sort quatre ou cinq tiges fort menuës, rondes, d'un vert sale, & d'environ un pied de haut : elles ont depuis le milieu jusques au bout de part & d'autre des feüilles étenduës alternativement, en sorte que le bord de la superieure touche celuy de l'inferieure. La plus longue de ces feüilles a prés de deux pouces de long, & neuf à dix lignes de large : elles sont émoussées & dentelées au bout : elles sont aussi découpées par des aisserons jusques à la nervûre : ces aisserons ont prés de quatre lignes de large,

&

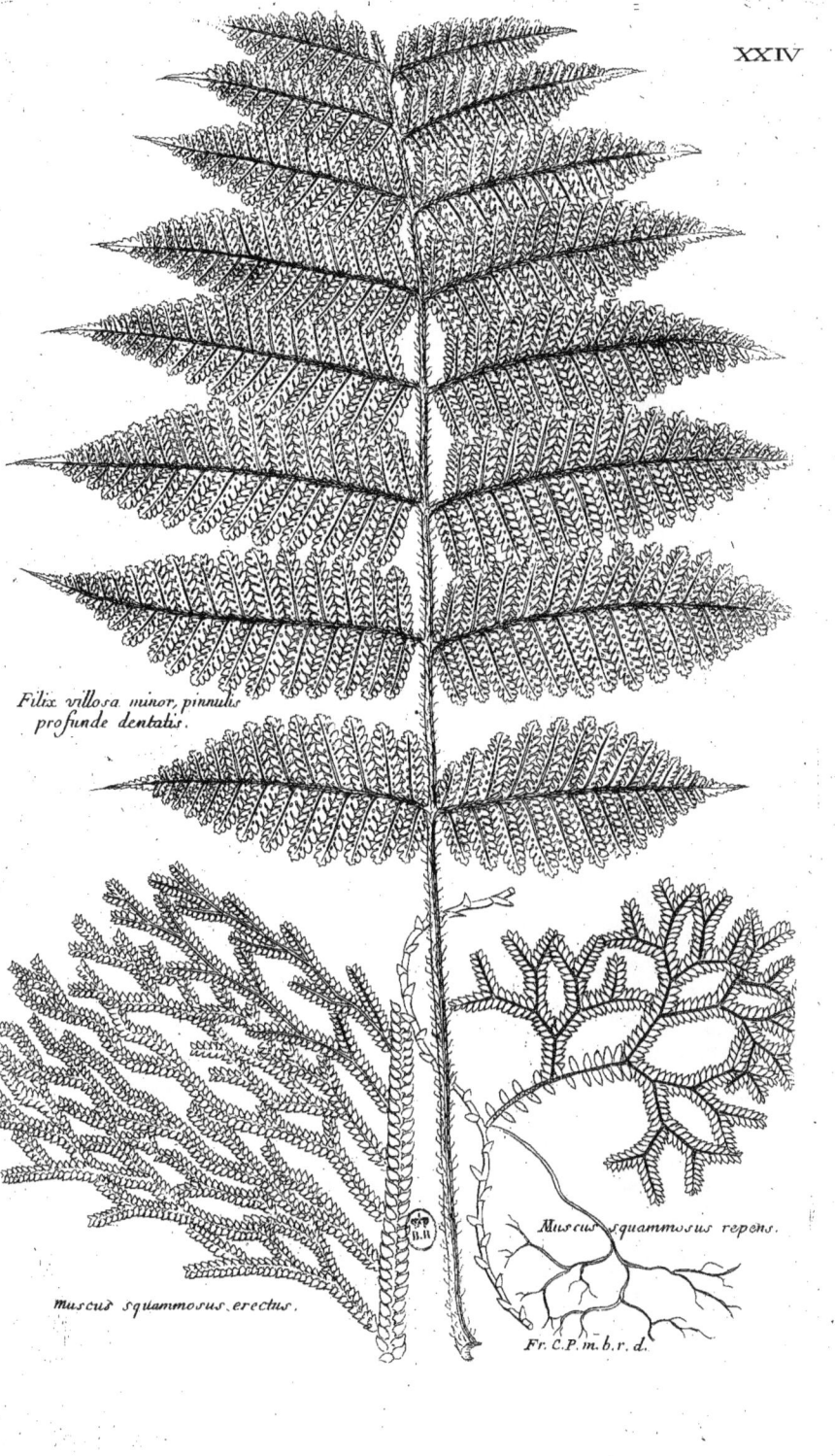

Filix villosa minor, pinnulis profunde dentatis.

muscus squammosus erectus.

Muscus squammosus repens.

Fr. C.P. m.b.r.d.

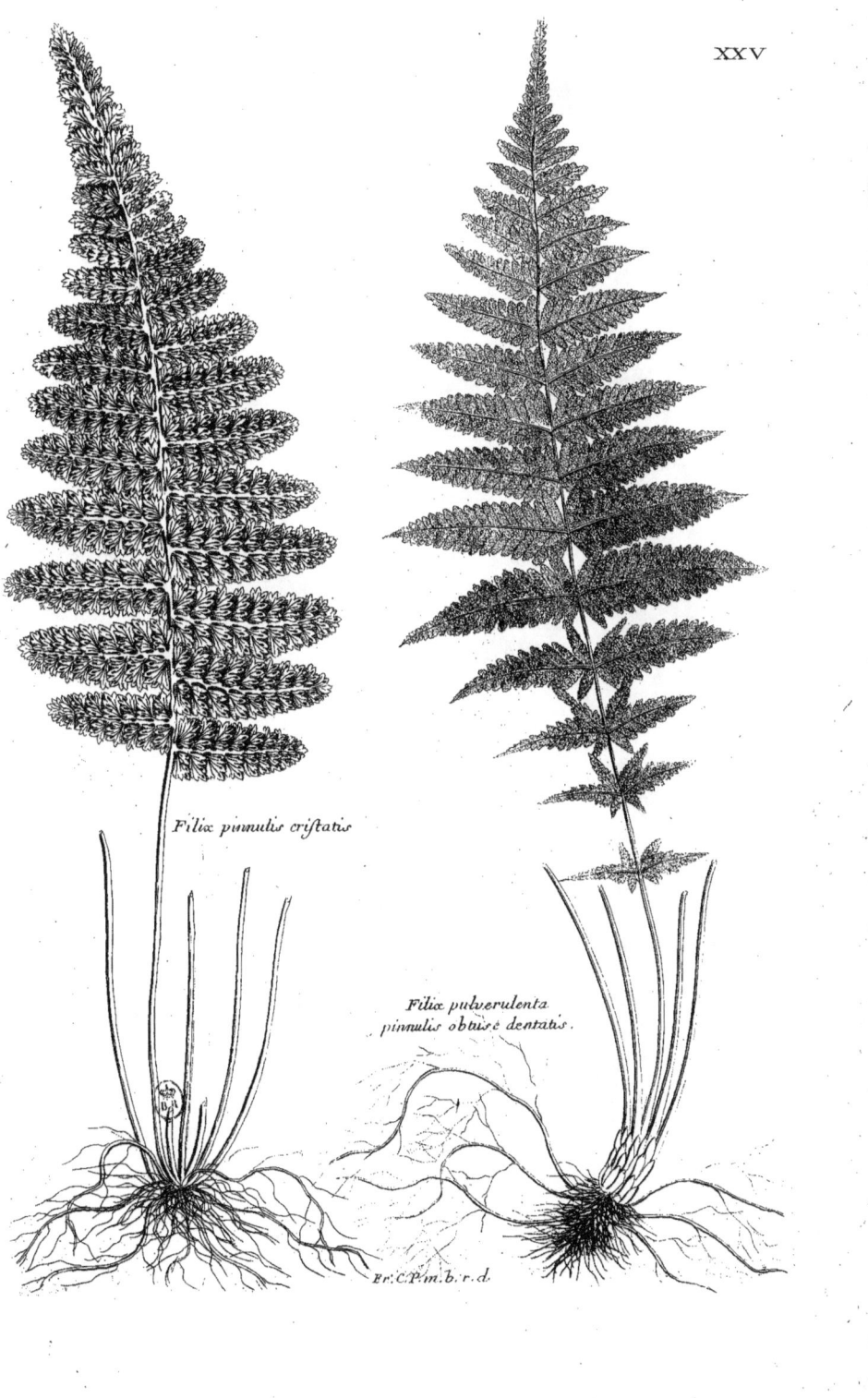

Filix pinnulis cristatis

Filix pulverulenta pinnulis obtuse dentatis.

& sont dentelées tout à l'entour, excepté vers l'endroit qui regarde la principale tige, en sorte qu'ils ressemblent fort à de petites crestes.

Les feüilles deviennent toûjours plus courtes à mesure qu'elles aprochent de l'extremité de la tige: elles sont d'un vert foncé, lisses par devant & chargées par derriere de quelques petites éminences poudreuses non pas rondes comme aux autres, mais ovales & pointuës par les deux bouts & d'un roux fort tané.

Je n'en ay trouvé que dans un endroit de l'Isle S. Domingue, le long d'un ruisseau, vers un quartier qu'on apelle le Moustique, environ à dix lieües du Port-de-paix.

XXV. B.
Filix pulverulenta, pinnulis obtusè dentatis.
Fougere poudreuse, à dentelûres émoussées.

LE corps de sa racine n'est composé que de quelques restes des tiges pourries accompagnées de plusieurs racines fibreuses, longues & éparses çà & là, de couleur brune comme tout le corps de la racine, d'où il sort quatre ou cinq tiges fort menuës, rondes, vert-brun, & d'environ un peu plus d'un pied de haut: elles ont de chaque costé seize ou dix-huit feüilles assez proche & vis-à-vis les unes des autres: celles du milieu ont environ deux pouces de long sur six ou sept lignes de large, mais celles qui regardent l'extrémité & la racine deviennent plus courtes à mesure qu'elles s'en approchent: les unes & les autres sont découpées presque jusques à la nervûre & ces découpûres sont fort étroites, émoussées par le bout, & dentelées tout au tour: chaque feüille a deux découpûres plus longues en son commencement, qui sont comme deux petites feüilles dont l'une regarde en bas & l'autre en haut: elles sont lisses d'un vert-gris. Leur dessous est tout couvert d'une poussiere fort menuë & tanée.

C'est une fougere fort rare que je n'ay trouvée que dans quelques forests écartées de l'Isle S. Domingue.

XXVI.
Lonchitis hirsuta, florida.
Lonchitis veluë, & fleurissante.

SA racine est touffuë & cheveluë, elle pousse sept ou huit pedicules deliez d'environ un pied de hauteur, fort cassants, creusez par devant, arrondis sur le dos, verdastres & couverts de poils courts & bruns: ils soûtiennent depuis leur milieu dix ou douze feüilles quelquefois oposées vis-à-vis, & d'autrefois alternativement, elles vont toûjours diminuant jusques au bout: les plus basses ont environ un pouce & demy de long, sur environ demi-pouce de large: elles sont crenelées tout à l'entour avec de petites costes par dessus: leur couleur est d'un vert-gay, mais elles sont garnies de part & d'autre de poils blanchastres: pour ce qui est de leur figure, elles sont semblables à celles du *lonchitis* ordinaire, c'est à dire qu'elles aprochent d'un demy cœur.

Le pedicule fournit à la base des premieres feüilles deux autres pedicules plus deliez & comme jumeaux, qui s'élevent à la hauteur de demi-pied: ils sont velus, sillonez, & portent chacun une grape pyramidale d'environ deux pouces de long, chargée de plusieurs autres petites grapes, comme celles à peu prés de *l'osmunda regalis*. elles sont vertes dans le commencement, mais elles deviennent brunes dans la suite.

Je n'ay jamais trouvé cette plante qu'une fois & dans un seul endroit de la Martinique, sçavoir en montant le Morne, quand on va de la grande Anse d'Arlet à celle du Diamant, un peu aprés l'habitation de M. l'Orange.

XXVII.
Lonchitis glabra, major.
Grande lonchitis, lisse.

SA racine ressemble à du gazon fort touffu, qui pousse plusieurs fibres grisastres, & plusieurs tiges d'environ deux pieds de long, épaisses de deux lignes, de couleur vert-brun, lisses, rondes par le dos, & un peu canelées par le devant, garnies de plusieurs feüilles depuis le tiers en haut, qui est terminé par une

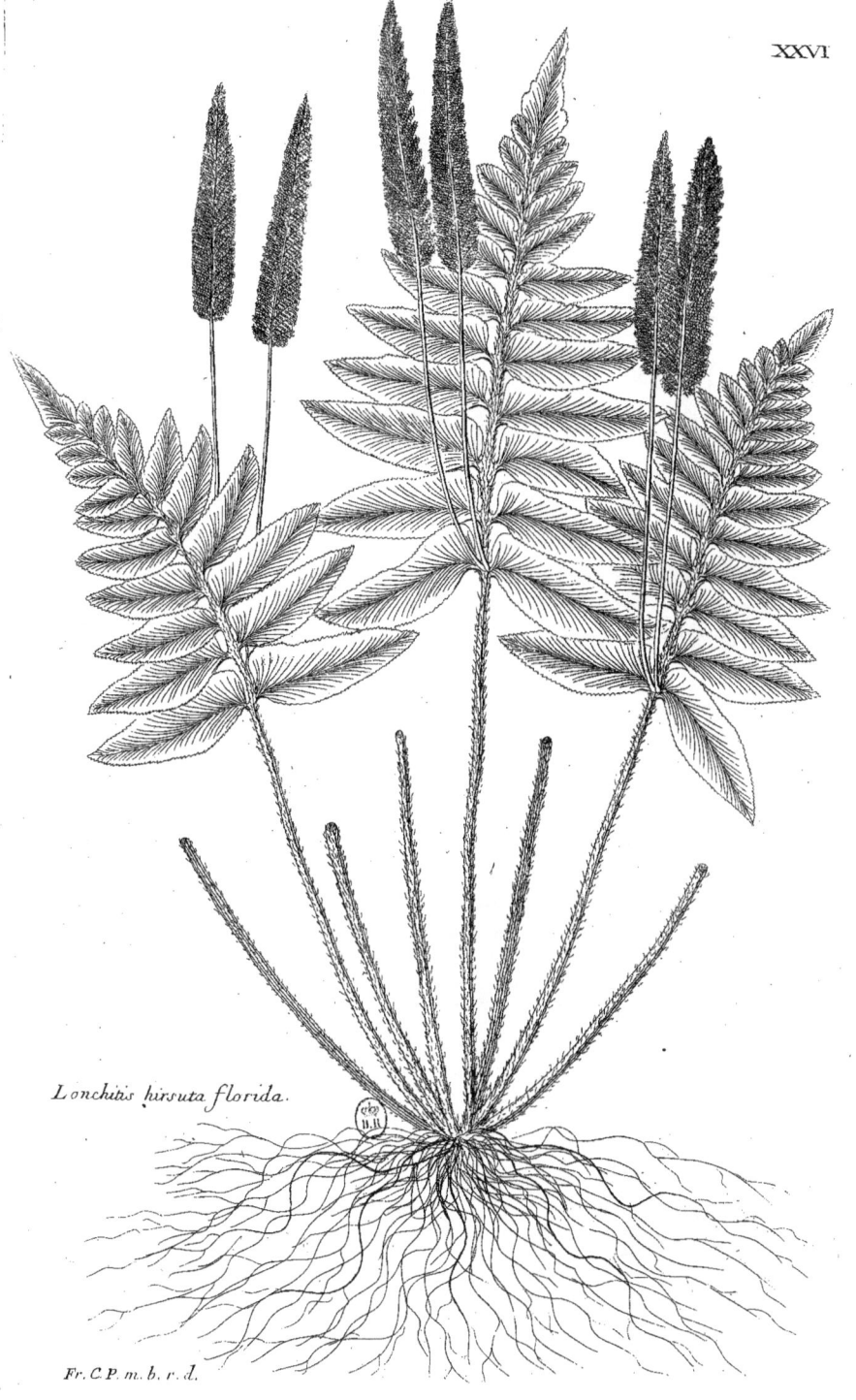

Lonchitis hirsuta florida.
Fr. C P. m. b. r. d.

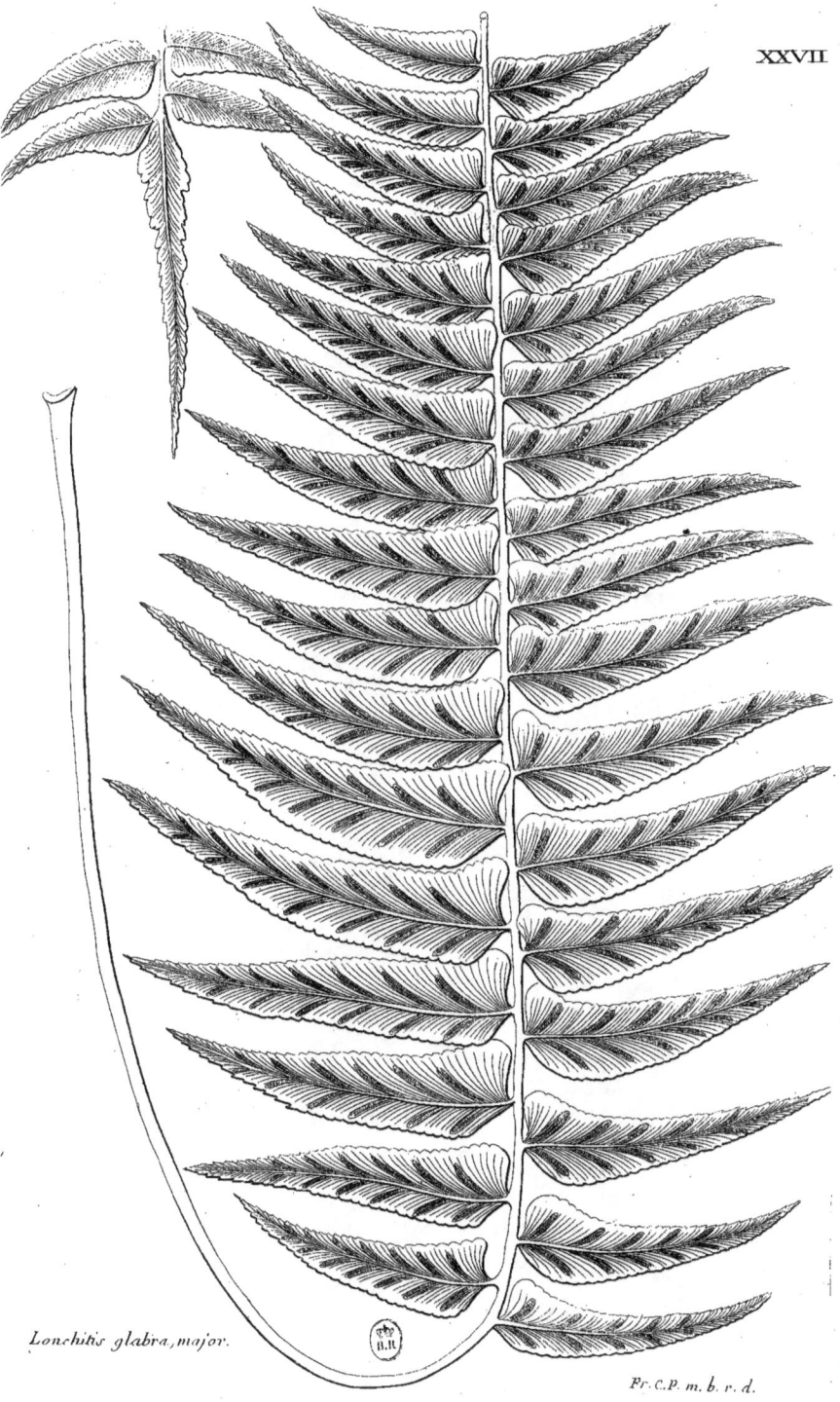

Lonchitis glabra, major.

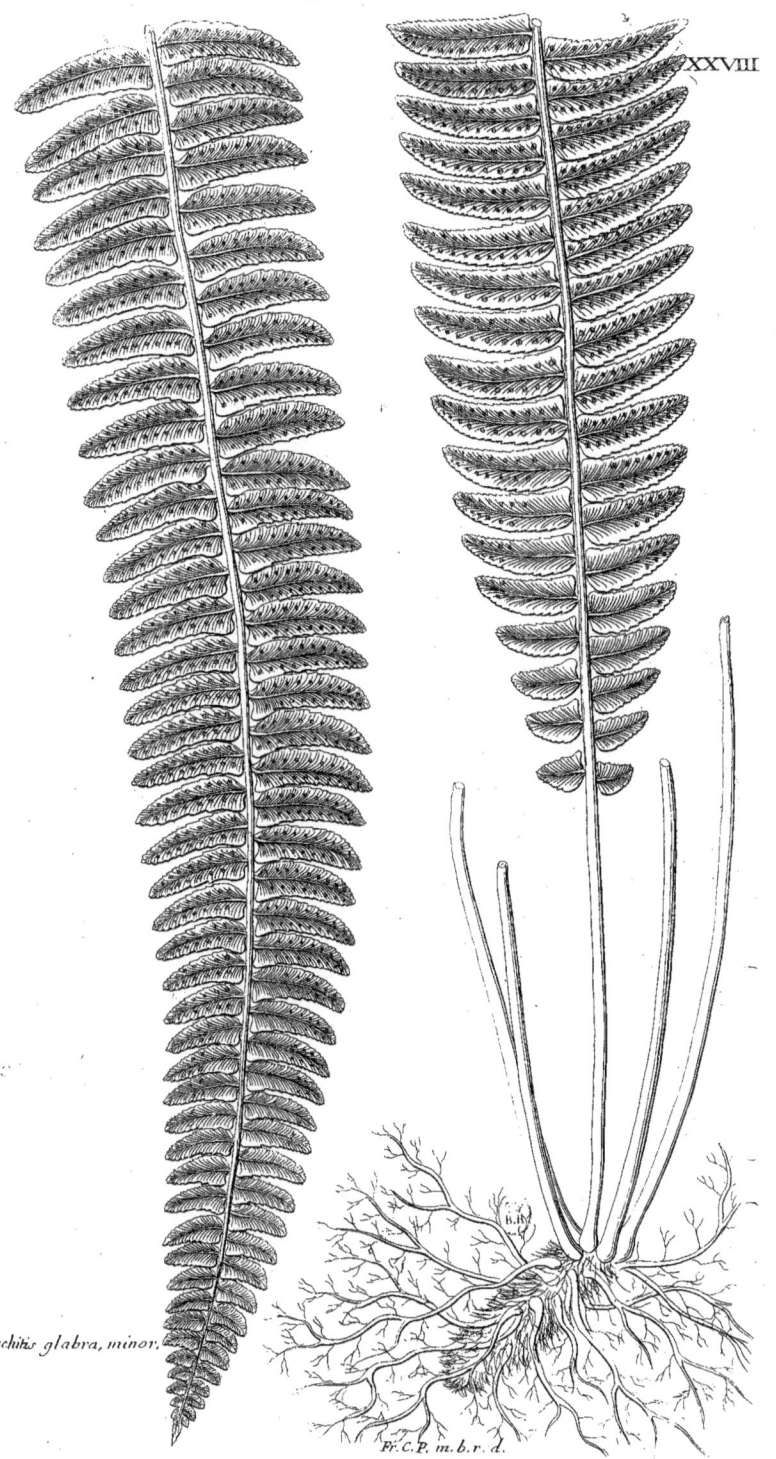

Lonchitis glabra, minor.

feüille étroite, pointuë de prés de trois pouces de long : elles sont posées deçà & delà alternativement & fort prés les unes des autres : leur figure ressemble à une petite faux : les plus longues ont environ quatre pouces de long, & un pouce de large vers la base : elles sont fort pointuës & découpées tout à l'entour par des dentelûres rondes : leur base a le costé superieur arrondi, & qui avance comme une oreillette, mais l'interieur est taillé obliquement : il y a une nervûre principale qui s'étend depuis le commencement jusques au bout de la feüille, & qui fournit des filets de part & d'autre : leur dessus est uni & d'un beau vert, mais le dessous est pasle & tant soit peu ridé par plusieurs petites nervûres avec une rangée deçà & delà de quelques vermisseaux poudreux, fort étroits, attachez à la feüille, longs d'environ six à sept lignes, de couleur tané obscur.

J'en ay trouvé souvent dans nos Antilles dans les forests & le long des ruisseaux.

XXVIII.
Lonchitis glabra, minor.
Petite lonchitis, lisse.

SA principale racine est presque aussi longue & aussi grosse que le doigt, tirant sur le tané par dehors, charnuë comme le polypode & verdastre en dedans : elle produit quantité de fibres cheveluës assez longues & de mesme couleur.

Il en sort quelques tiges unies & rondes de couleur tané obscur, d'environ deux pieds de long, de la grosseur d'une ligne, garnies de part & d'autre au dessus d'un demi-pied de la racine, de feüilles fort proches les unes des autres, posées alternativement & étenduës en forme d'aislerons : elles ont la figure d'une petite faux émoussée par le bout, longues d'environ un pouce & demy, & larges de quatre lignes, tant soit peu dentelées à l'entour, & particulierement vers le bout. Le dessus est lisse & d'un vert un peu chargé, mais au dessous il y a une nervûre courbe qui va tout le long, & se divise en de petits filets jusques au bord : outre cela il y a un rang deçà & delà de la nervûre, de petites bossettes rondes, poudreuses & tanées.

Il s'en trouve dans les mesmes lieux, & elle est mesme plus frequente que la precedente.

XXIX. a.
Lonchitis auriculata & serrata.
Lonchitis dentelée, & oreillée.

SA racine est de mesme que celles des precedentes & pousse ses tiges de mesme façon, longues d'environ un pied & demy : elles ne sont pas trop grosses, mais elles sont rondes & pasles, & soûtiennent environ demi-pied par dessus la racine une vintaine de feüilles deçà & delà fort prés les unes des autres & rangées alternativement : elles ont environ deux pouces & demy de long, & ont presque la mesme forme que celles de la premiere, mais elles sont un peu plus courtes : elles sont fort pointuës & sont decoupées dans le bord par des crenelûres émoussées fenduës au bout par deux petites dentelûres : leur base a une oreillette dans sa partie superieure, qui est coupée en creste de coq, & leur dos est garni d'un double rang de petites verruës poudreuses & tanées.

J'en ay trouvé en quelques forests de l'Isle S. Domingue.

XXIX. b.
Lonchitis juxta nervum pulverulenta.
Lonchitis poudreuse le long de la nervûre.

SA racine est fort touffuë & fibreuse : les tiges n'ont pas plus d'un pied & demy de long, ses feüilles commencent presque au tiers des tiges, assez proche & vis-à-vis l'une de l'autre : les deux plus basses sont plus courtes que la troisiéme, qui est ordinairement la plus longue de toutes, ayant environ prés de trois pouces de long, & demy pouce de large : les autres vont diminuant jusques au bout de la tige, qui finit par une feüille un peu plus étroite & plus pointuë : la principale nervûre ou coste de ces feüilles est accompagnée deçà & delà d'une bordure fort étroite poudreuse & tanée : elles ont la mesme figure que celles de la precedente, excepté que la base est arrondie, plus large, & comme en forme de cœur : elles sont un peu rudes par dessous à cause de plusieurs petites costes qui vont obliquement depuis la principale nervûre jusques au bord qui est ondé par une fort petite dentelure.

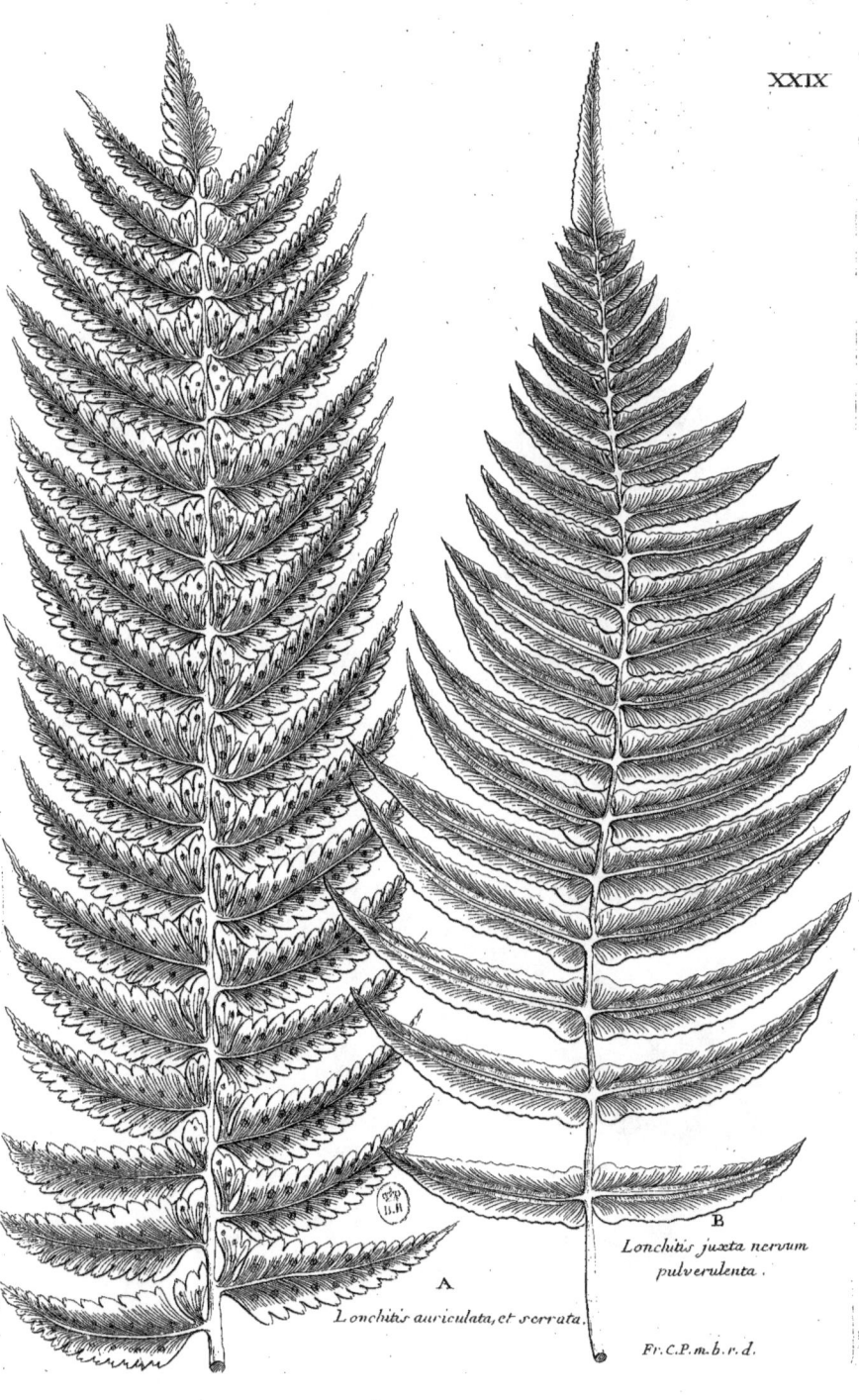

A
Lonchitis auriculata, et serrata.

B
Lonchitis juxta nervum pulverulenta.

Fr. C. P. m. b. r. d.

XXIX

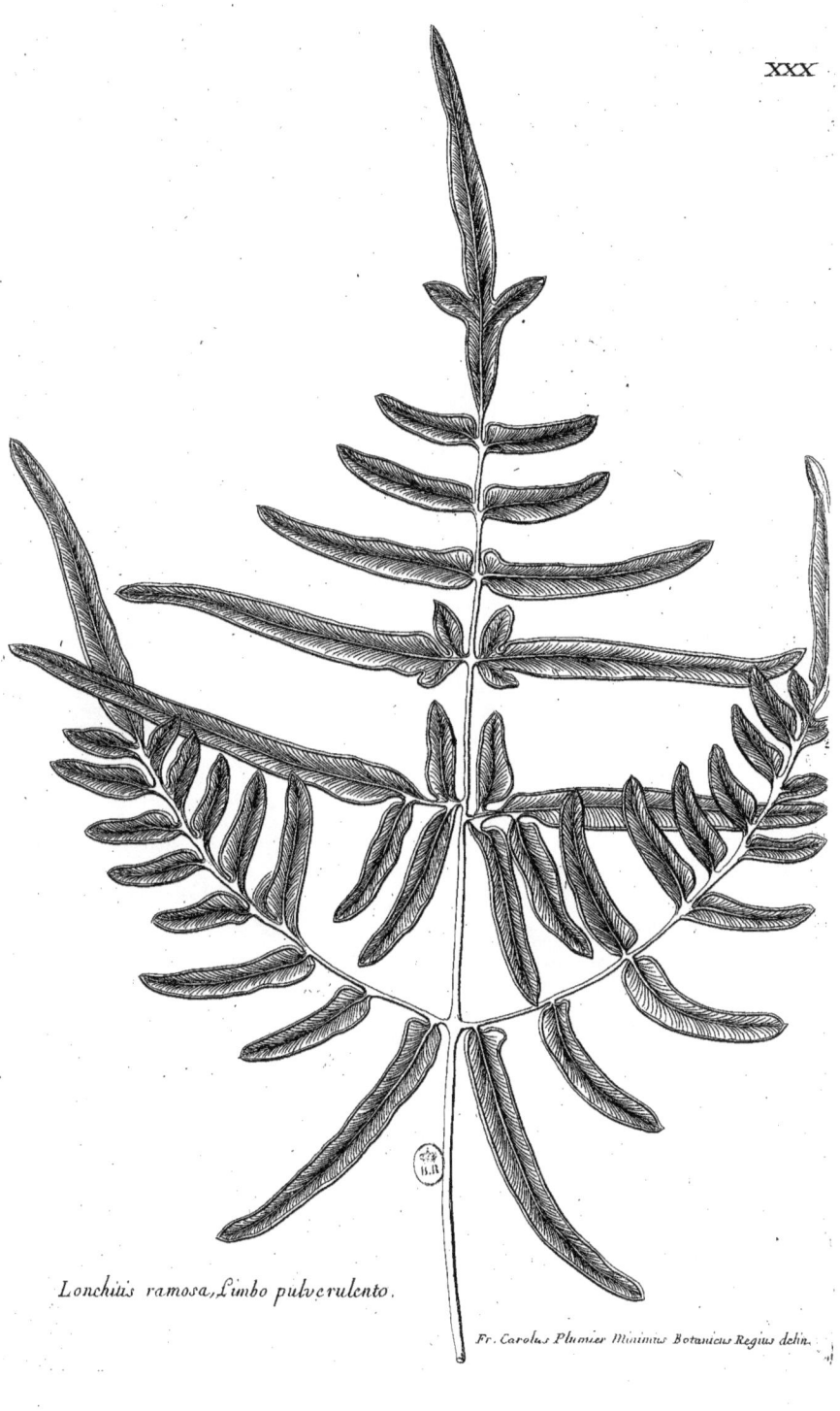

Lonchitis ramosa, Limbo pulverulento.

Fr. Carolus Plumier Minimus Botanicus Regius delin.

J'en ay trouvé souvent dans les mesmes endroits.

XXX.
Lonchitis ramosa, limbo pulverulento.
Lonchitis branchuë, à bord poudreux.

SA racine ressemble à une touffe de cheveux noirastres, d'où il sort quelques pedicules fort minces d'un vert-passe, d'environ demi-pied de long : chaque pedicule se termine en trois rameaux, ceux des costez sont plus courts que ceux du milieu : ils sont oposez vis-à-vis l'un de l'autre, découpez jusques à la coste en feüillages taillez en faux & disposez alternativement, dont les deux premiers qui sont à la naissance de chaque rameau pendent en bas, & n'en ont aucun oposé de l'autre costé. La feüille qui finit ces rameaux a prés de trois pouces de long & quatre lignes de large : & la principale de celles qui regardent en bas, qui est la plus proche du principal pedicule, est presque aussi longue & aussi large, les autres diminuënt à mesure qu'elles aprochent du bout.

Le rameau du milieu soûtient cinq ou six feüilles dont les plus basses qui sont tres-longues, sont découpées à leur base en trois feüillages, deux en bas & un seul relevé en haut, celles qui suivent n'ont qu'une oreille pointuë de part & d'autre : les autres n'en ont qu'une seule dans la partie superieure qui est arrondie. Enfin la derniere feüille qui termine le rameau, est pointuë dans son extrémité, & garnie environ un pouce par dessus sa base de deux oreilles assez longues & émoussées : les plus longues de ces feüilles ont prés de quatre pouces de long, & quatre à cinq lignes de large, & celle qui finit le rameau a environ trois à quatre pouces, & aussi quatre à cinq lignes de large ; celle-cy est pointuë, mais les autres sont un peu émoussées : leur consistence est membraneuse, fort lisse & d'un beau vert par devant, mais un peu ridées en derriere par quantité de petites costes qui les traversent : elles ont tout à l'entour une petite bordure poudreuse de couleur tané, tirant pourtant sur le gris.

Il s'en trouve dans les forests, & le long de quelques ruisseaux de l'Isle S. Domingue, mais rarement.

XXXI.
Hemionitis maxima, quinque-folia.
Grande hemionite à cinq feüilles.

ELle pousse dés sa racine qui est toute cheveluë & noire, cinq à six tiges d'environ trois pieds de haut, & grosses d'environ deux lignes, rondes, mais un peu canelées au devant & d'un vert sale: chaque tige finit par une feüille d'environ un pied de long, étroite en son commencement, pointuë par le bout, & large d'un demi-pied dans son milieu. Par dessous celle-cy, il y en a quatre autres attachées deux à deux, & vis-à-vis, un peu plus étroites & un peu plus pointuës que la superieure: les deux plus basses ont du costé interieur de la base une petite oreille ronde; elles sont ondées à l'entour, mais assez legerement: leur consistence est comme du velin fort delié vert-pasle; elles ont au dessous une nervûre qui va tout le long d'un bout à l'autre, & qui distribuë quantité de costes fort delicates obliques & paralleles, qui s'étendent jusques sur le bord où elles se recourbent un peu: ces costes sont traversées par d'autres plus fines, ondées & courbées.

Quand les feüilles de cette plante commencent à pousser, elles ressemblent fort bien à la crosse d'un Evesque, & sont couvertes d'une poussiere tres-menuë & fort noire, qui tombe quand elles prennent leur grandeur ordinaire.

Il s'en trouve souvent dans les forests sombres & humides. J'en ay trouvé quantité, particulierement le long d'un ruisseau proche le Massacre vers le Port-de-paix, dans l'Isle S. Domingue.

XXXII.
Hemionitis maxima, trifolia.
Grande hemionite à trois feüilles.

SEs racines sont aussi toutes cheveluës & noires: il en sort six ou sept pedicules fort menus, lisses, noirs & luisants, comme ceux de nos capillaires, de la hauteur d'environ demi-pied. Ils portent ordinairement trois feüilles: celle du milieu où la supe-

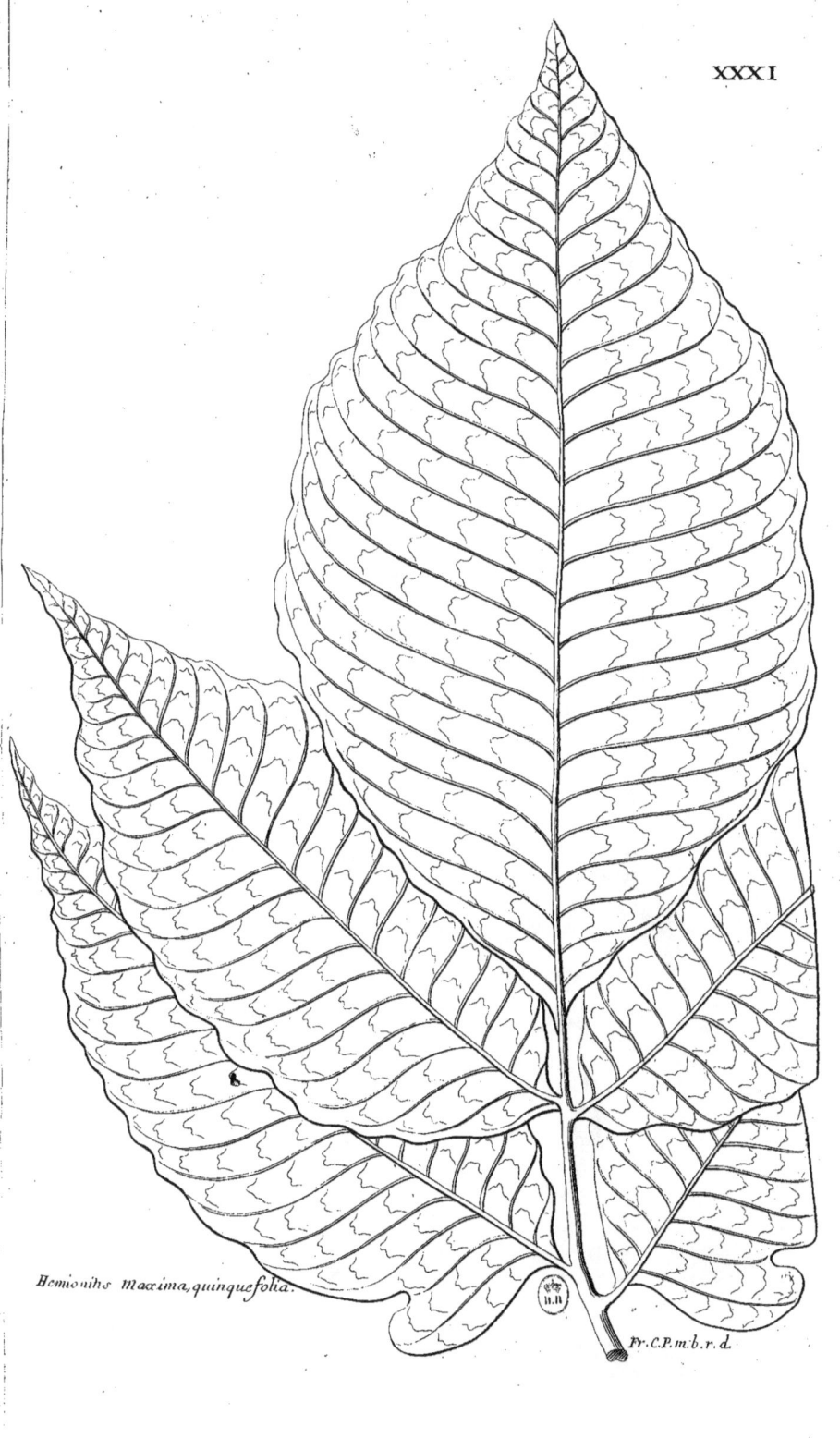

Hemionitis Maxima, quinquefolia.

XXXII

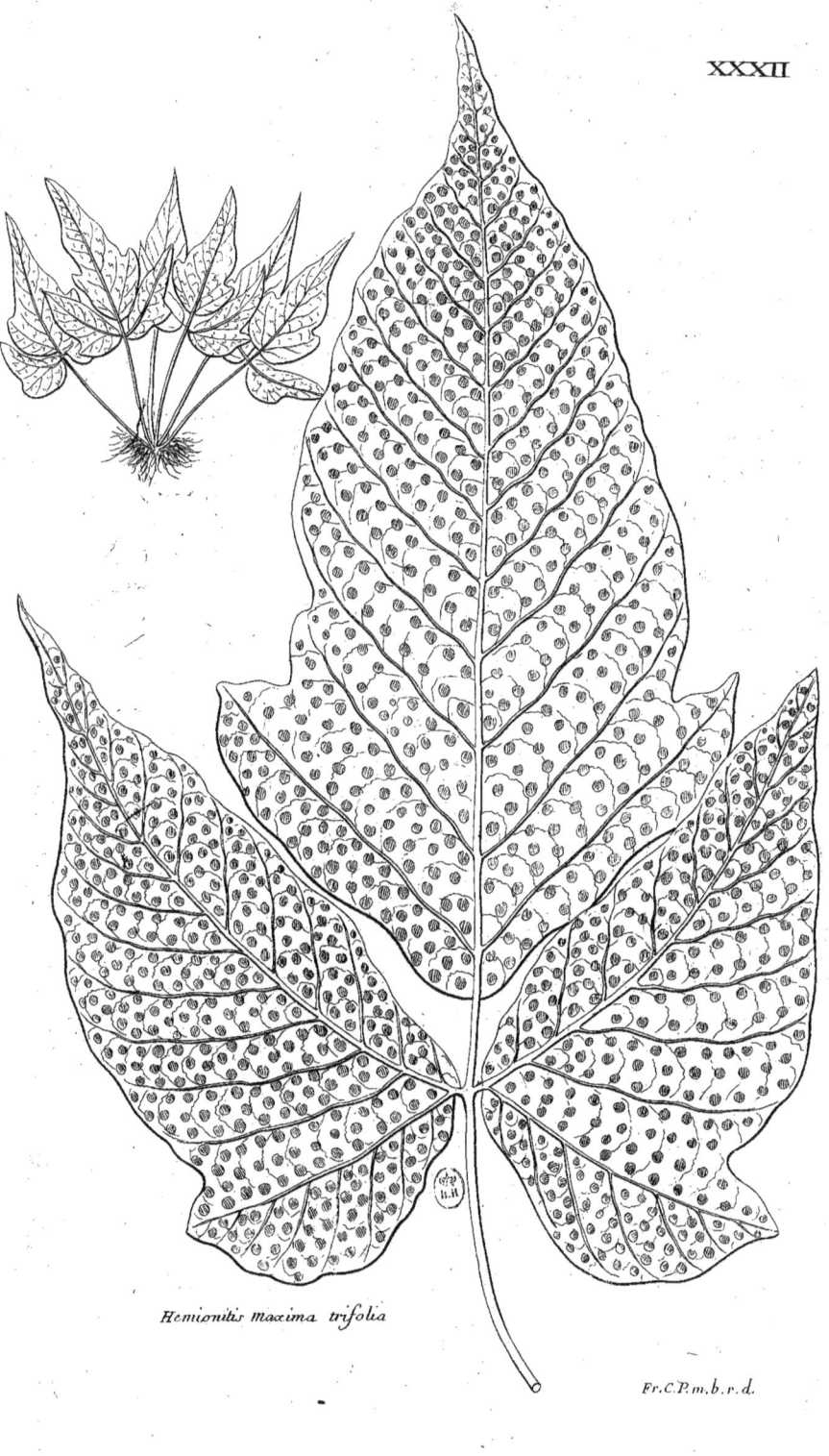

Hemionitis Maxima trifolia

Fr. C.P. m. b. r. d.

XXXIII

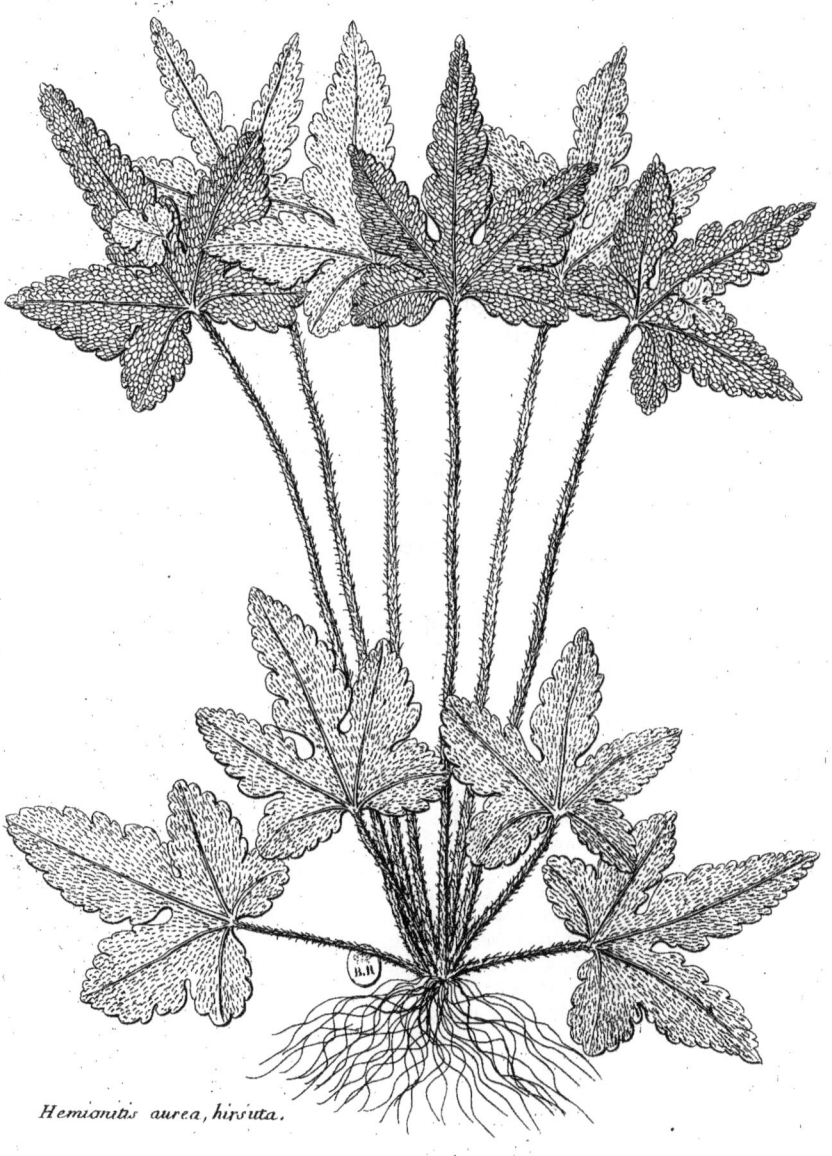

Hemionitis aurea, hirsuta.

Fr. C.P. m. b. r. d.

plus jeunes pouſſent quelquefois au commencement de quelqu'une de leur découpûre, une fort petite feüille de meſme conſiſtence, & de meſme façon que les autres, mais découpée en trefle : les unes & les autres ſont auſſi crenelées à l'entour.

J'ay trouvé cette plante ſur les rochers des foreſts humides de la Martinique, particulierement dans le chemin qui eſt entre l'Anſe à l'Aſne, & la grande Anſe d'Arlet plus prés de celle-cy.

XXXIV.
Hemionitis profundè laciniata, ad oras pulverulenta.
Hemionite fort découpée, bordée de pouſſiere.

SA racine n'eſt formée que de quantité de fibres noires & menuës comme des cheveux de trois à quatre pouces de long, il en ſort ſept ou huit pédicules de diverſe grandeur, fort deliez, droits, ronds & noirs, liſſes & luiſans : les vieux ſont toûjours les plus courts, & ont tout au-plus quatre pouces de long, mais les jeunes qui naiſſent au milieu des autres, ont environ huit à neuf pouces.

Chaque pedicule ſoûtient une feüille diviſée en trois : les plus grandes ſont découpées juſques au bout du pedicule, & ont environ quatre à cinq pouces d'étenduë : ces découpûres des coſtez ſont encore découpées en deux fort profondement, & ſont diviſées en quelque maniere comme celles du polypode ; celle du milieu eſt découpée de meſme, mais regulierement, & les unes & les autres finiſſent toûjours en pointe : elles ſont toutes liſſes par deſſus & teintes d'un fort beau vert, mais elles ont au deſſous une bordure tout à l'entour d'une pouſſiere fort menuë tané-obſcur, leur nervûre eſt fort noire & luiſante, & le vert un peu paſle.

Les moindres feüilles n'ont point de bordure, leur découpûres ſont auſſi plus grandes & moins profondes : elles ſont toutes de conſiſtence de vélin.

Je n'ay trouvé cette plante que dans un ſeul endroit de l'Iſle la Tortuë, vers la vallée en deſcendant de l'habitation du ſieur la Franchiſe à la Mer. Quand je la trouvay, ſes feüilles étoient toutes recourbées en dedans comme les ſerres d'un oiſeau de proye, à cauſe de la ſechereſſe, mais elles reprirent bien-toſt leur verdure & leur étenduë naturelle, dés que je les eû miſes tremper dans de l'eau.

Polypodium

Hemionitis profunde Laciniata, ad oras pulverulenta.

Fr. C. Plumier Min. B.R.D.

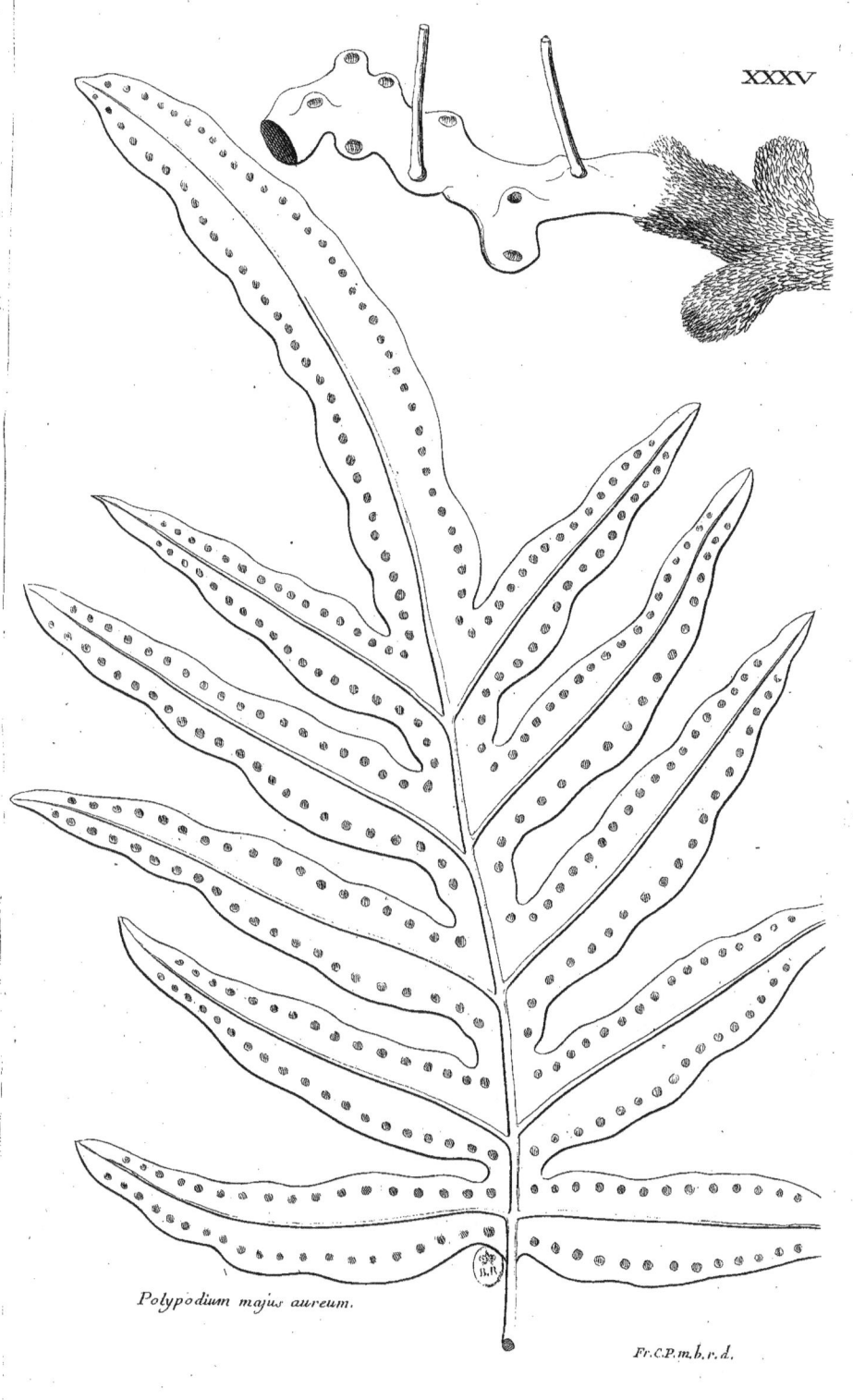

Polypodium majus aureum.

XXXV

Fr. C. P. m. b. r. d.

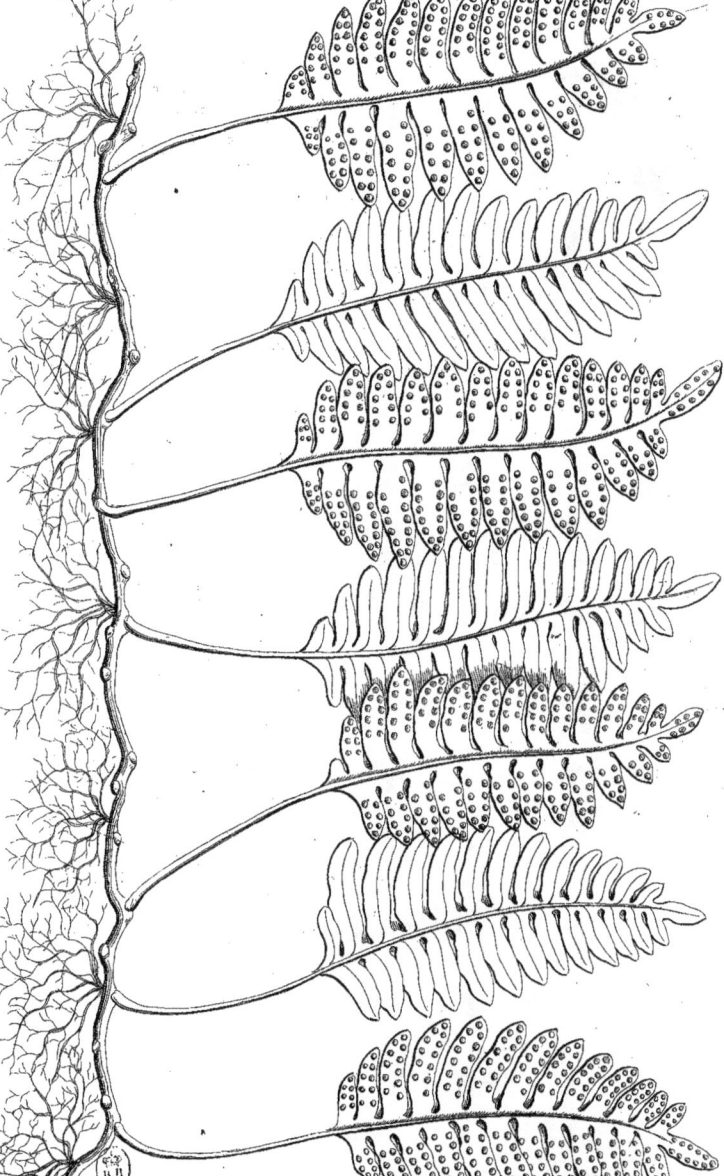

Polypodium radice tenui et repente.

Fr. C. Plumier Min. B.R.D.

XXXV.
Polypodium majus aureum.
Grand Polypode doré.

SA racine a prés d'un pouce d'épaisseur, & quelquefois un pied de long, elle est ronde, fort noueüse, branchuë, charnuë, & verdastre en dedans, mais elle est toute couverte de tres-petites écailles dorées avec des trous au milieu des nœuds, qui ne sont autres que les lieux des tiges passées.

Elle pousse quelques feüilles d'environ un pied de long, dont le pedicule qui s'allonge en coste est presque aussi long : elles sont fenduës deçà & delà par sept ou huit découpûres fort profondes, ayant un pouce de large & trois ou quatre de long, un peu écartées les unes des autres, & pointuës au bout : on remarque par dessous un double rang de verruës poudreuses, & dorées, tout le long de la nervûre des découpûres.

On en trouve quantité dans la Martinique sur les troncs des grands arbres : c'est peut-estre le *filix Indica polypodii facie*, la fougere des Indes ressemblant au polypode de Mentzelius.

XXXVI.
Polypodium radice tenui, & repente.
Polypode à racine menuë, traçante.

LA racine de ce polypode n'a pas plus d'une ligne d'épaisseur : elle est ronde & noueüse, & s'étend bien au long à la façon du chien-dent : elle se plaist beaucoup ou sur les roches couvertes de mousse, ou sur les troncs des arbres pourris, elle est toute couverte d'une poussiere noirastre, & jette quantité de petites racines fort menuës à l'endroit de ses nœuds.

Elle pousse tout le long, des feüilles faites presque comme celles de nostre polypode commun, & de mesme grandeur ; elles sont lisses & d'un beau vert par dessus un peu chargé pourtant, mais toutes couvertes par dessous d'une poussiere comme dorée, semblable à celle de nostre *asplenium* ou *ceterach*, avec un double rang de petites verruës poudreuses & noirastres.

J'en ay trouvé souvent dans l'Isle S. Domingue, particulierement vers le Port-de-paix.

D

XXXVII.
Polypodium nigrum, tenuiùs sectum.
Polypode noir, fort-découpé.

LA racine est longue, & grosse comme le doigt, noire par dehors, & fort chevelue, avec un double rang de nœuds, qui sont fort prés les uns des autres, & creux comme de petites écuelles d'ou sortoient les vieilles feüilles.

Elle pousse trois ou quatre feüilles d'environ deux pieds de long & deux pouces de large, découpées jusques à la coste qui est ronde, lisse, & noire : ces découpûres sont opposées alternativement : elles se touchent, & sont larges ordinairement de trois lignes, finissant par une pointe émoussée : celles qui sont aux extrémitez sont plus courtes que les autres : elles sont d'un beau vert, & lisses par dessus, & un peu plus foncées par dessous avec un double rang de petites bossettes poudreuses, rondes & noires.

Cette plante aime les lieux frais : on en trouve souvent dans nos Antilles : quelque temps aprés qu'on l'a cuillie, ses feüilles se replient toutes en dedans, & se desarticulent fort-facilement, en sorte qu'elles tombent toutes laissant la tige nuë.

XXXVIII.
Polypodium foliis linguæ cervinæ majus.
Grand Polypode à feüilles de langue de cerf.

CEtte plante s'attache particulierement contre les troncs des vieux arbres de la mesme façon que nostre polypode d'Europe, & sa racine luy ressemble aussi : c'est à dire qu'elle est grosse comme le doigt, & longue de cinq à six pouces, solide & verte en dedans, mais noueüse par dehors, noirastre & accompagnée de quantité de fibres : ces nœuds sont un peu élevez & creux, & ne sont que le reste des vieilles tiges pourries.

Elle pousse six à sept feüilles longues de deux à trois pieds, pointuës dans leurs extremitez, étroites dans leur naissance, & larges dans leur cours, d'environ un pouce & demy, lisses & d'un beau vert par devant : leur pedicule qui est fort court, s'allonge en nervûre lisse & luisante, qui distribuë de tous

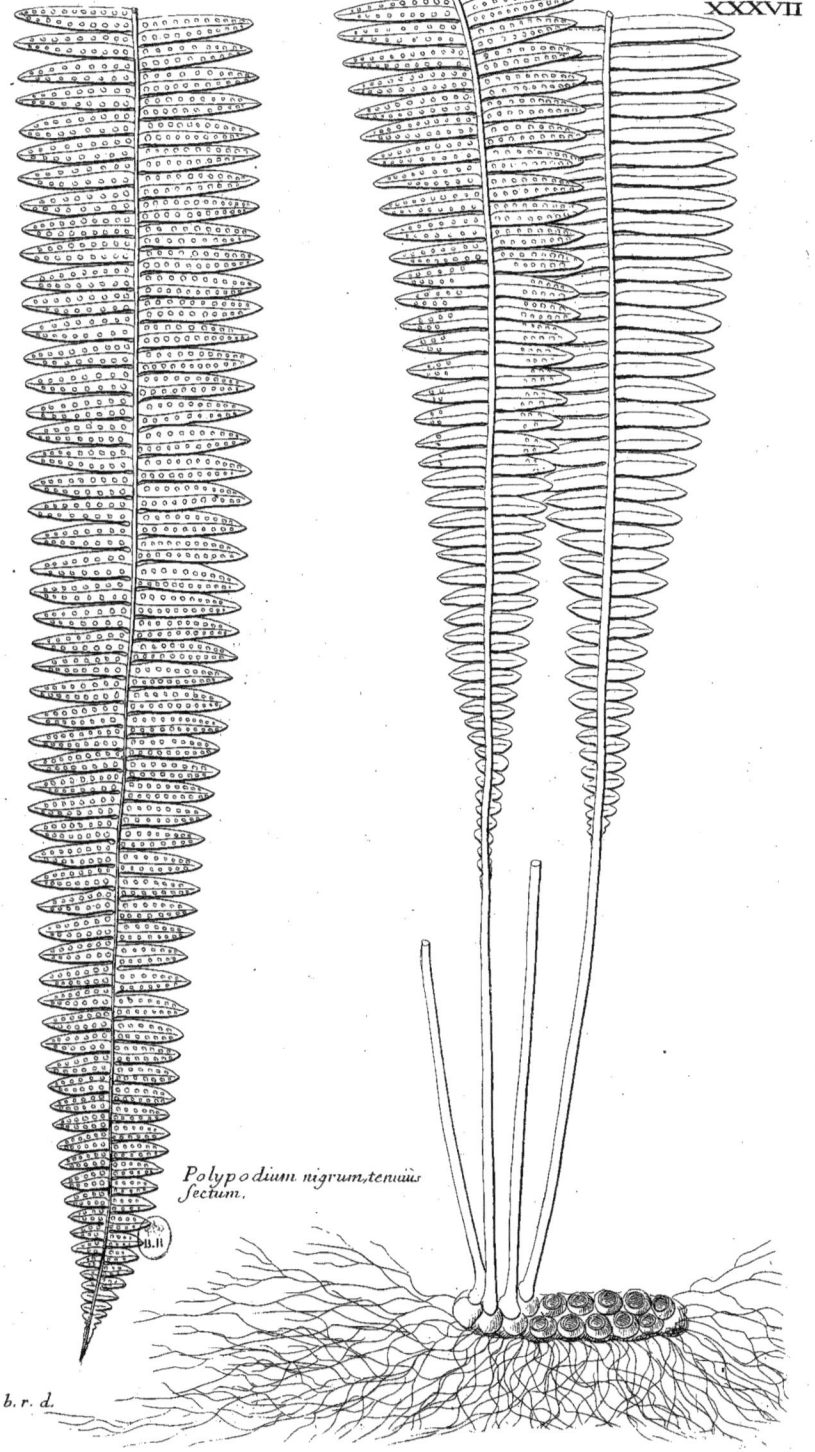

Polypodium nigrum, tenuius sectum.

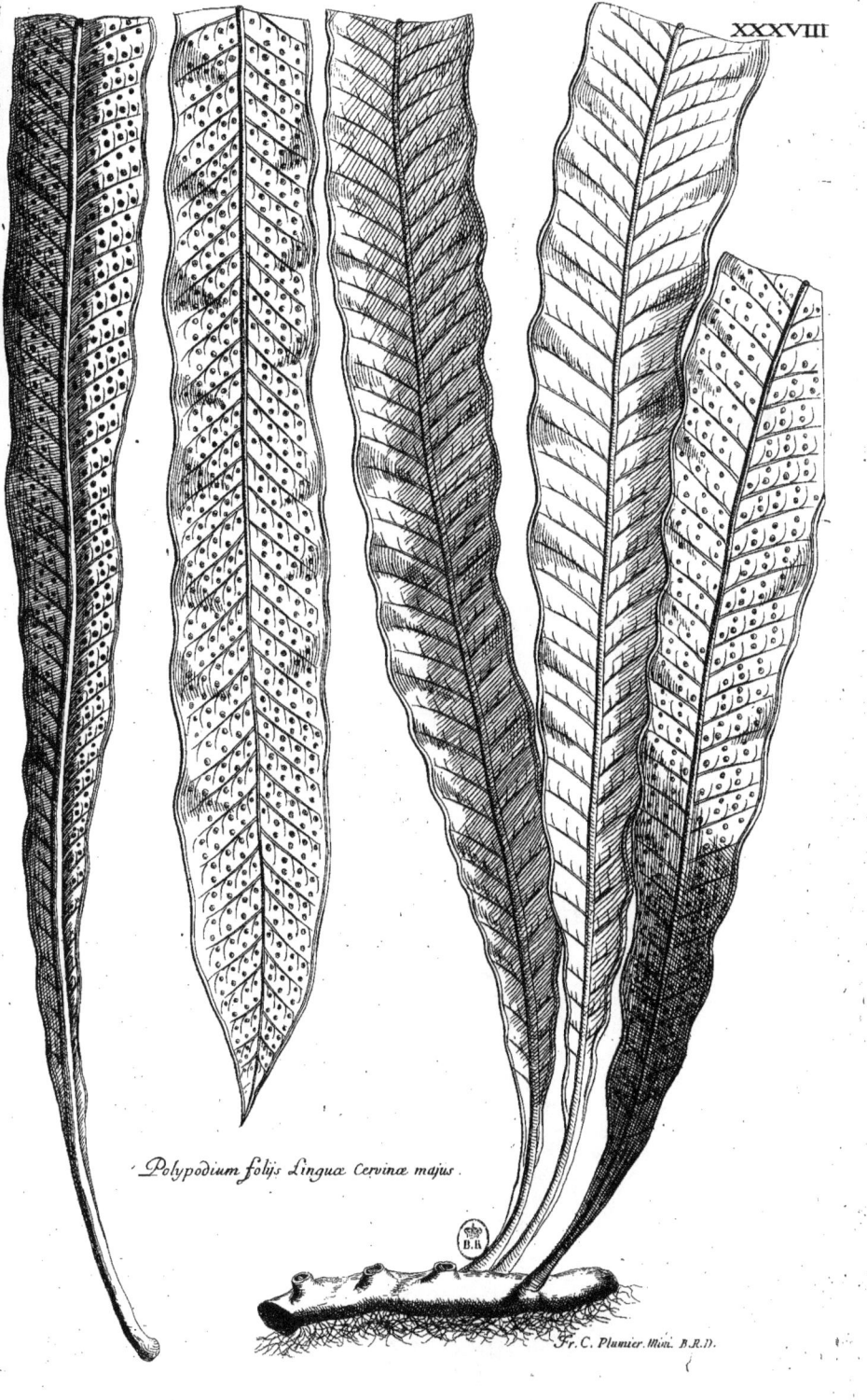

XXXVIII

Polypodium folijs Linguæ Cervinæ majus.

Fr. C. Plumier. Min. B.R.D.

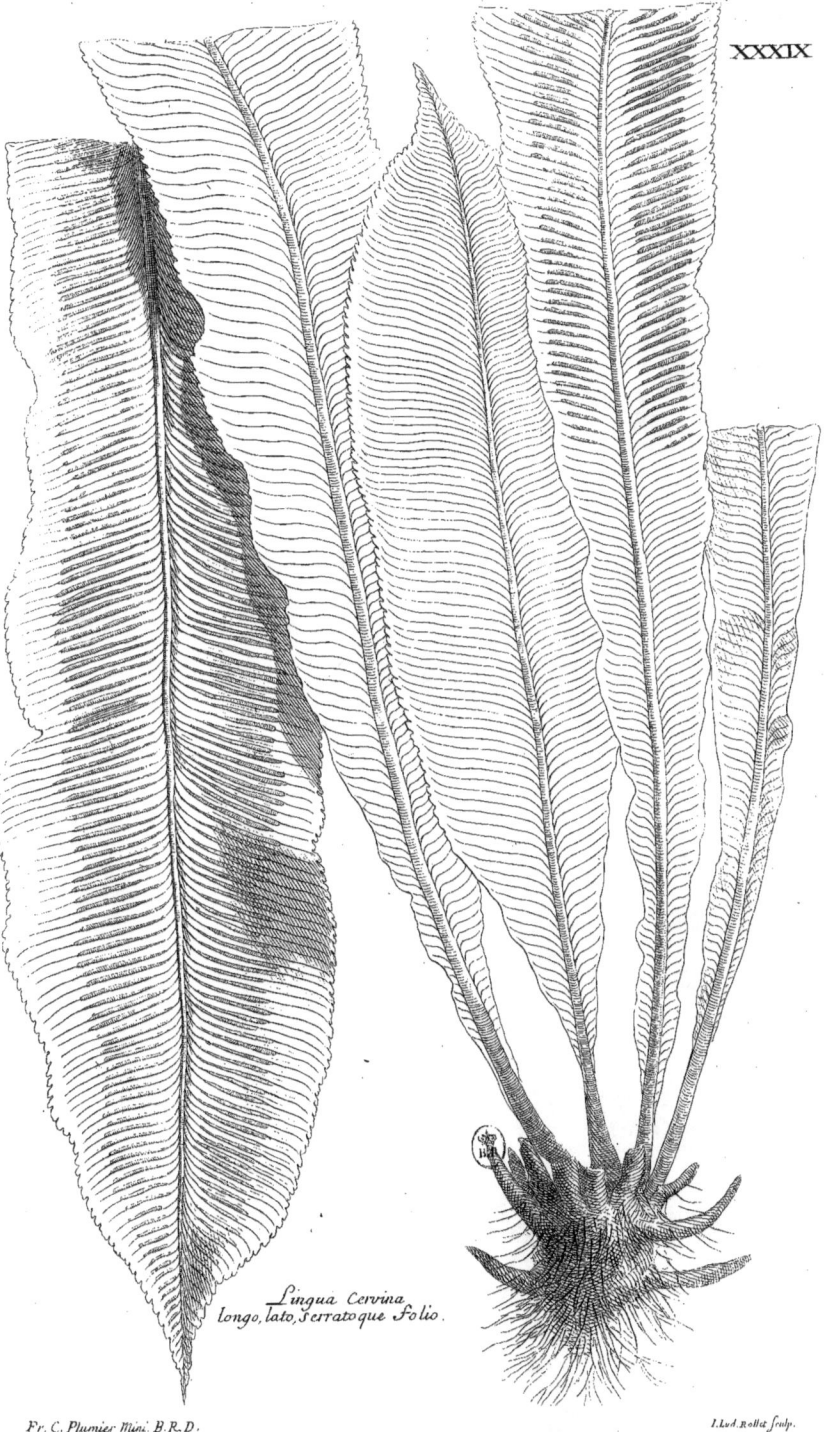

Lingua Cervina
longo, lato, serratoque Folio.

Fr. C. Plumier Mini. B.R.D.   J. Lud. Rollet sculp.

costez des costes obliques & paralleles éloignées les unes des autres d'environ trois lignes, & traversées par plusieurs moindres, dans l'entre-deux desquelles il y a une verruë poudreuse & noirastre, qui fait avec ses voisines un double rang tout le long des costes obliques, dont le vestige paroist de l'autre costé : ces feüilles sont ondées dans leur bord qui paroit assez bien distingué par une double nervûre.

On trouve frequemment cette plante dans les forests de nos Antilles, où on la prenoit ordinairement pour la scolopendre, ou langue de cerf, à cause que ses feüilles en ont la ressemblance. La plante que Breynius dans sa premiere centurie, apelle premier polypode des Indes, ressemblant à la Scolopendre, *polypodium Indicum primum scolopendriæ facie*, a beaucoup de raport à celle-cy, & j'estime que c'est la mesme.

XXXIX.
Lingua cervina longo, lato, serratoque folio.

Langue de cerf à feüilles longues, larges, & dentelées.

SA racine n'est proprement qu'une masse composée de tiges pourries, & de quantité d'autres petites racines courtes, cheveluës & noires. Il en sort sept ou huit feüilles de la mesme façon que celles de nostre langue de cerf vulgaire, mais beaucoup plus grandes : elles ont quelquefois deux pieds & demy de hauteur, & trois à quatre pouces de largeur : leur bout est pointu, & leur commencement étroit : elles sont de mesme consistence, & couleur que les nostres : le devant est uni, mais le dos est chargé d'une coste fort élevée, qui en fournit quantité de fort menuës, obliques, paralleles, & fort proches les unes des autres. Leurs bords sont découpez par de petites dentelûres un peu arrondies : au milieu des costes il y a comme de petits vermisseaux poudreux fort adherans, & qui sont d'un tané-obscur.

J'en ay trouvé en plusieurs endroits de la Martinique & de S. Domingue, le long des ruisseaux & des ravines.

XL.

Lingua cervina foliis acutis, & ad oras summitatum pulverulentis.

Langue de cerf aiguë, à pointe poudreuse sur les bords.

Ses racines sont presque comme celles du polypode, mais beaucoup plus menuës, jettant quelques branches & quantité de petites fibres noires si fort condensées, qu'elles composent un espece de petit gazon : elles poussent sept à huit feüilles d'environ un pied de long, & d'un peu plus d'un pouce de large vers le milieu : leur pedicule est court : elles sont étroites par les deux bouts, particulierement par celuy d'en haut qui est fort pointu & entouré tout le long du bord de derriere d'une poussiere fort menuë & tanée.

Elles sont épaisses & lisses, n'ayant aucune coste, mais seulement une nervûre noire qui les traverse tout le long : leur consistence est presque comme du gros vélin, & ont deux ou trois petites avances, tantost pointuës, tantost émoussées, vers le bord du milieu.

J'en ay trouvé quelques plantes dans l'Isle S. Domingue, le long d'un ruisseau proche le petit Goive, & dans l'Isle de la Tortuë.

XLI.

Lingua cervina longissimis & angustissimis foliis.

Langue de cerf tres-longue, & tres-étroite.

Sa racine n'est qu'un amas de plusieurs pedicules pourris & de plusieurs petites racines roussastres & couvertes de mousse : elle jette quantité de feüilles tres-longues & tres-étroites : elles n'ont pas plus d'une ligne & demi de large sur environ trois pieds de long : elles sont solides & epaisses comme du parchemin, unies & d'un vert-gay par devant, mais toutes traversées de biais en derriere par quantité de petites costes fort proches les unes des autres ; elles ont aussi le bord replié en dedans & le bout fort pointu.

J'ay trouvé cette plante à la source de la riviere froide vers le quartier du Port-de-paix, dans l'Isle S. Domingue.

Lingua cervina folijs acutis, et ad
oras summitatum pulverulentis.

Fr.c.P.m.b.r.d.

XLI

Lingua Cervina longissimis et angustissimis folijs.

Fr. C. P. m. b. r. d.

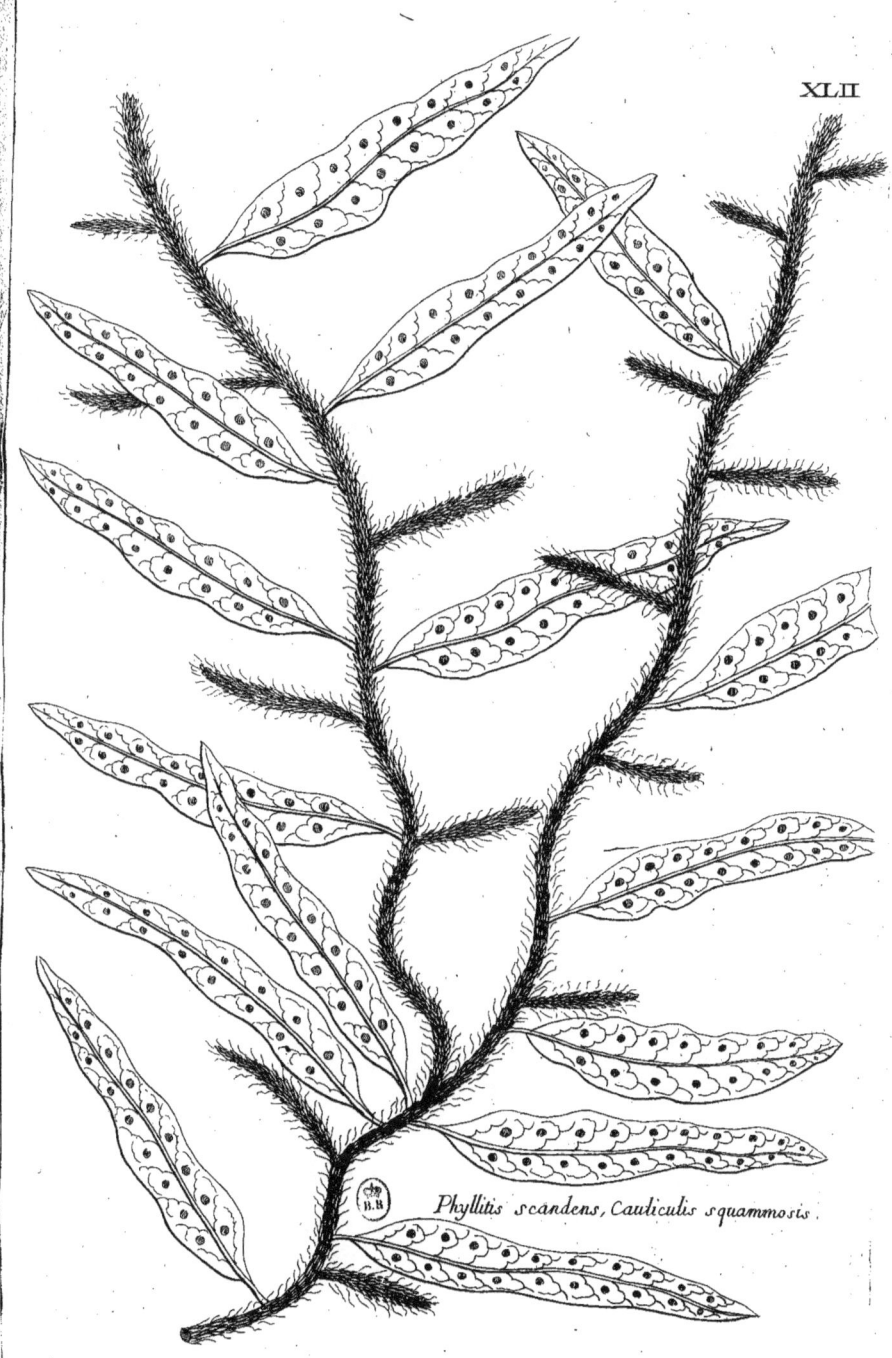

Phyllitis scandens, Cauliculis squammosis.

Fr. Carolus Plumier Minimus Botanicus Regius delinea.

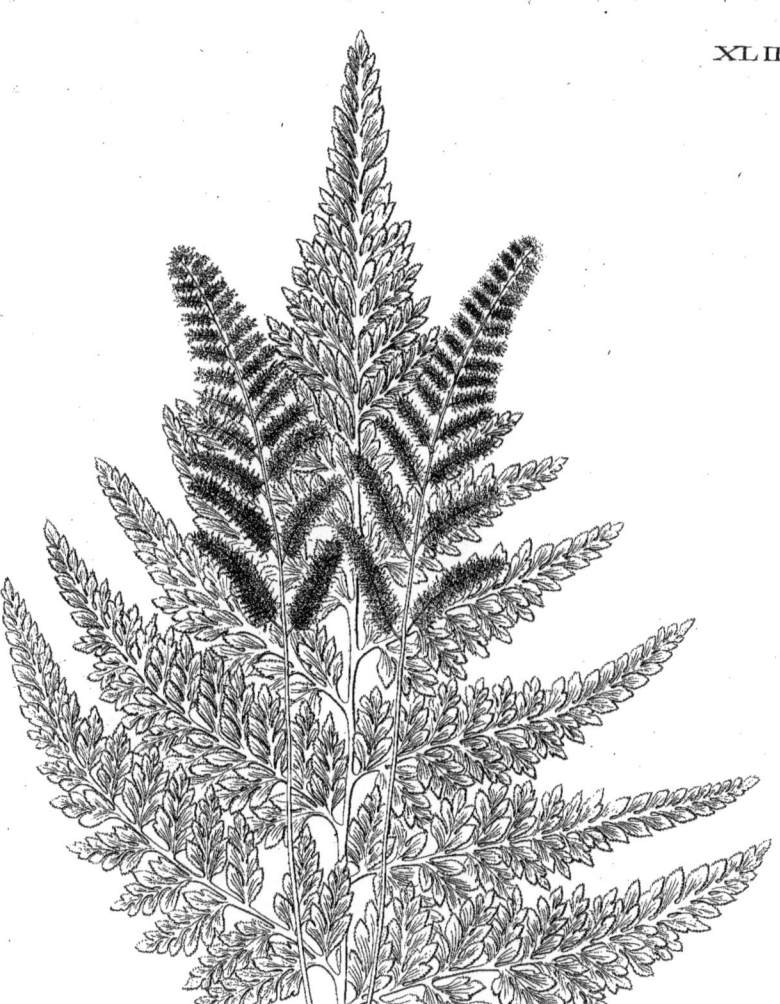

Adiantum Saxosum, Floridum.

Fr. Carolus Plumier Minimus Botanicus Regius delin.

XLII.

Phyllitis scandens, cauliculis squammosis.

Phillitis montante, à tiges écaillées.

Elle pousse quantité de tiges fort longues & fort menuës qui s'attachent en serpentant sur les troncs des arbres, de la mesme façon que les tiges du lierre : ces tiges poussent quantité de branches deçà & delà, dont il y en a de tres-longues & de fort-courtes : elles sont toutes couvertes de petites écailles étroites, pointuës, tanées & parsemées de quantité de petits filaments, & elles ont de part & d'autre de temps en temps des feüilles alternatives d'environ quatre pouces de long, & sept à huit lignes de large du costé d'en-bas : elles ont le bord ondé & vont se retressissant vers la pointe qui est un peu émoussée : leur consistence est membraneuse. Le devant est lisse d'un beau vert : le dos a une coste tout au long qui fournit d'autres costes fort menuës & ondées : entre l'espace de ces costes, il y a une verruë ronde poudreuse, & grisastre.

J'en ay trouvé en plusieurs endroits des Isles de la Martinique, & de S. Domingue.

XLIII.

Adiantum saxosum, floridum.

Capillaire de roche, fleurissant.

CE capillaire ressemble fort à la deuxiéme espece de capillaire de G. Bauhin : il est pourtant un peu plus grand : ses feüilles sont plus rudes & plus ridées : ses racines sont fort minces, fibreuses & de gris-obscur : elles jettent deux pedicules tout au-plus, mais ordinairement elles n'en portent qu'un seul qui est menu, poli, rond & quasi de mesme couleur que sa racine : ce pedicule a environ un pied & demy de haut, & il jette à peu prés du milieu quelques branches deçà & delà rangées alternativement. La plus longue de ces branches a environ cinq pouces de long, les autres sont toûjours plus courtes à mesure qu'elles aprochent du bout de la tige, & se terminent par de petits aislerons pointus & dentelez.

D iij

Il y a deçà & delà de cés branches des feüilles assez proches, disposées aussi alternativement, & qui sont plus longues vers la tige & vont en diminuant vers le bout de la branche, qui finit de mesme que la principale tige. La plus longue de ces feüilles a environ un pouce & demy de long : elle est pointuë & découpée tout à l'entour par des aislerons dentelez : ces feüilles sont d'un vert-pasle, & tant soit peu ridées par plusieurs petites costes relevées.

Environ un pouce au dessous des principales branches, tirant vers la racine, il sort du pedicule deux autres pedicules dressez en haut, fort minces & longs d'environ huit à neuf pouces, branchus alternativement au de la du milieu : la plus longue de ces branches a environ un pouce de long; les autres diminüent aussi en montant & chacune de ces branches est chargée de petites grapes composées d'une infinité de fort-petits grains ronds de couleur chastain, de la mesme façon que nous voyons dans nostre *osmunda* ordinaire.

J'ay trouvé cette plante en fort peu d'endroits, & celuy où j'en ay le plus rencontré est le long du Tapion entre le grand & le petit Goive de l'Isle S. Domingue.

XLIV.

Adiantum nigro simile, albissimo pulvere conspersum.

Capillaire semblable au noir, couvert d'une poussiere tres-blanche.

SA racine est toute cheveluë & noire : elle pousse plusieurs tiges aussi fort noires, lisses, luisantes, rondes, & menuës, longues d'environ deux pieds, & qui ont une vintaine de branches deçà & delà, situées quelquefois vis-à-vis l'une de l'autre, & d'autrefois alternativement : ces branches vont toûjours diminuant à mesure qu'elles aprochent de l'extremité de la tige : la plus longue a prés de sept à huit pouces : elles ont toutes deçà & delà des aislerons fort proches les uns des autres jusques au bout qui finit en pointe : ces aislerons sont aussi plus grands vers la tige que vers le bout : ils sont situez alternativement ; le plus grand a environ six à sept lignes de long, & quatre de large : ils sont pointus & découpez tout à l'entour par des dentelûres pointuës & un peu enfoncées : ils sont unis par dessus & d'un vert luisant & chargé ; mais par dessous ils sont tout couverts d'une poussiere fort menuë & fort blanche.

On en trouve quantité de cette espece dans la Martinique, tant

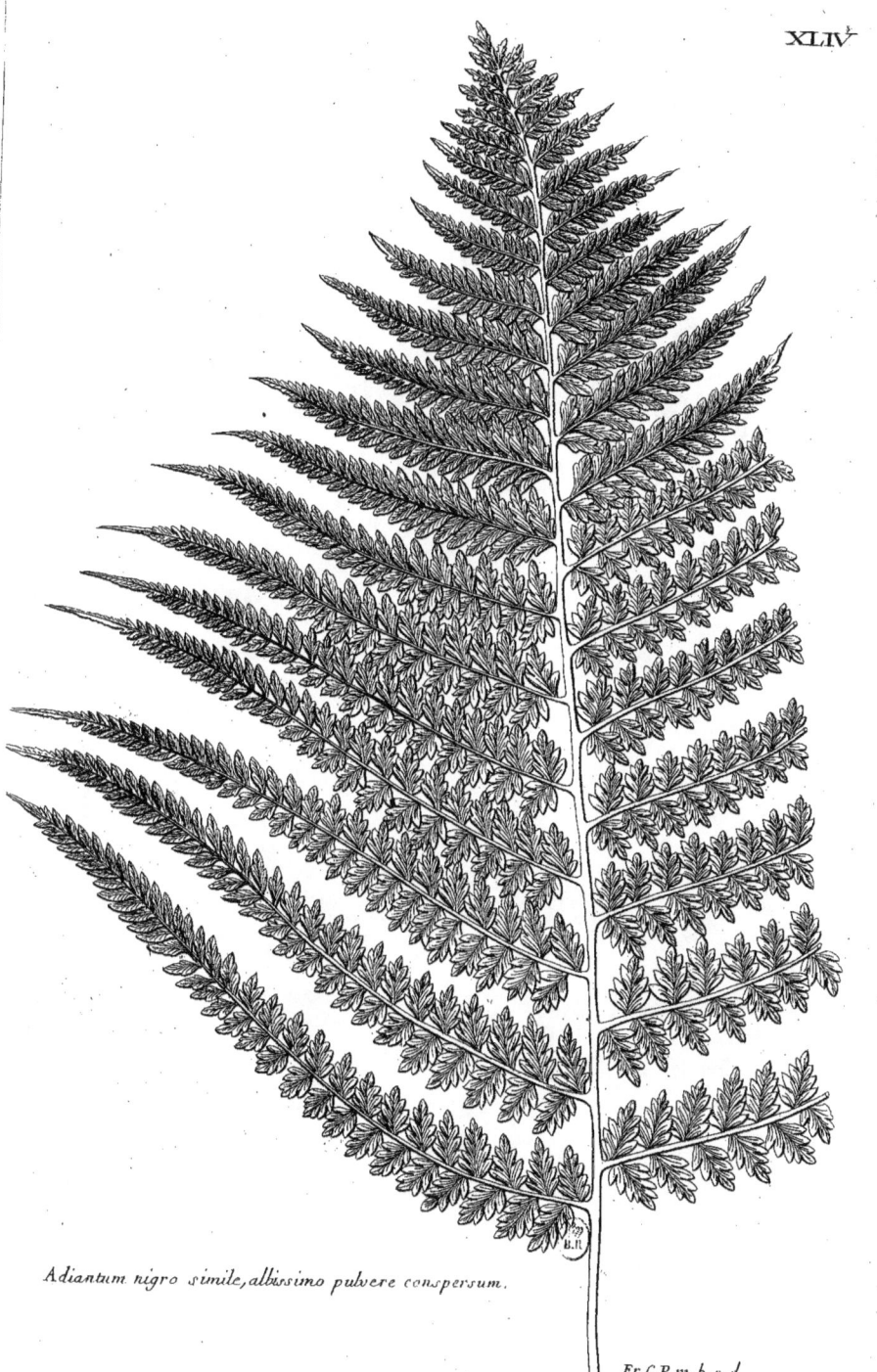

Adiantum nigro simile, albissimo pulvere conspersum.

Fr.C.P.m.h.r.d.

Adiantum nigrum ramosum et bacciferum.

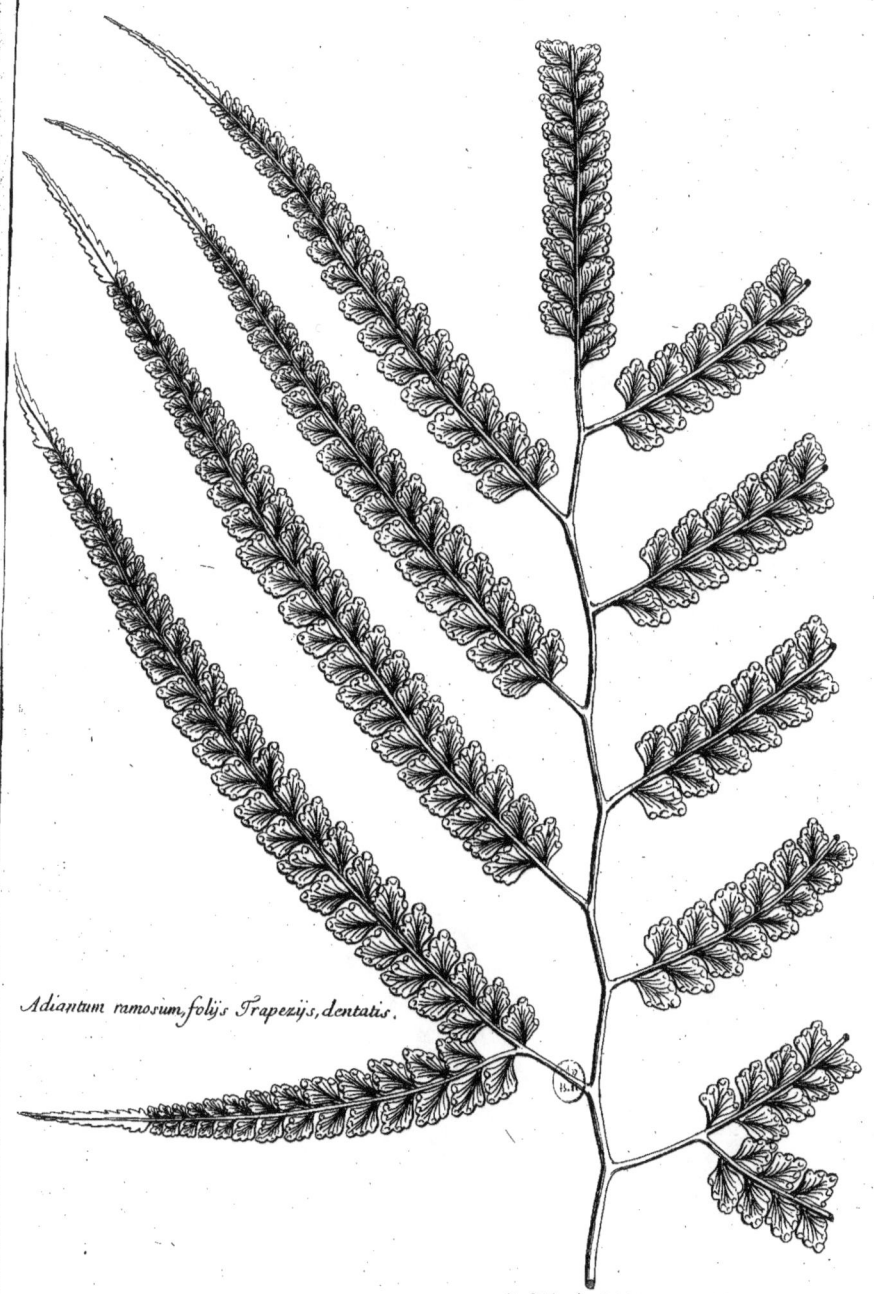

Adiantum ramosum, folijs Trapezijs, dentatis.

Fr. C. Plumier Mini. Botan. Reg. delin.

dans les bois humides que le long des hayes. Je crois que c'est le capillaire noir de l'Amerique couvert d'une poussiere tres-blanche de Breynius, dans la premiere centurie des plantes estrangeres. *Adiantum nigrum Americanum pulvere candidissimo aspersum, Breynii, plantarum Exoticarum centuria prima capite* XCVII.

An avença minor Georgii Marcgravii lib. 1. c. 12.

XLV.

Adiantum nigrum ramosum & bacciferum.

Capillaire noir branchu, portant des bayes.

SA racine est roussastre, grande, fort touffuë & fort cheveluë, elle pousse sept à huit tiges de quatre à cinq pieds de haut, qui se divisent vers le milieu alternativement de part & d'autre en de longues branches, qui se soûdivisent encore en des rameaux comme la fougere femelle, & ces rameaux soûtiennent aussi de part & d'autre, à la distance de prés d'un pouce, des costes d'environ un pouce de long, qui diminuent à mesure qu'elles aprochent des extrémitez: elles sont chargées deçà & delà de feüilles posées alternativement assez semblables à celles du *lonchitis*, d'environ demi-pouce de long sur trois lignes de large, & vont aussi en diminuant jusques au bout de la coste, où elles finissent par une pointe fort aiguë : leur contour est decoupé assez avant dans le tranchant, & crenelé vers le bout : on remarque au commencement de chaque crenelure une petite baye brune de la grosseur d'une graine de chou attachée sur la feüille. Toute la plante est d'un vert fort agreable, & se plaist le long des ruisseaux.

J'en ay trouvé particulierement en deux endroits de l'Isle S. Domingue vers le Port-de-paix, à la source de la riviere froide, & le long d'un ruisseau proche le Massacre.

XLVI.

Adiantum ramosum, foliis trapeziis, dentatis.

Capillaire branchu à feüilles trapezes, dentelées.

SA racine est fibreuse, noire & entortillée : elle pousse quatre à cinq pedicules noirs, fort menus, rudes & ronds, longs d'environ deux pieds, quelquefois de trois, qui pouſſent des branches alternativement de part & d'autre, à la diſtance d'environ un pouce, depuis le milieu juſques au bout, qui eſt feüillû de meſme que les branches : les plus longues ont prés d'un pied, & les plus baſſes ſont fourchuës : elles ſont garnies de feüilles fort prés les unes des autres d'une figure aprochante de celle d'un trapeze, c'eſt-à-dire à quatre coſtez irreguliers, dont ceux qui forment l'angle exterieur ſont crenelez, avec leur bords repliez en dedans : elles ont comme le capillaire commun, quatre à cinq lignes d'étenduë, vert-brun par deſſus, mais un peu plus ſillonées en deſſous par de petites coſtes qui s'étendent par toute la feüille.

XLVII.

Adiantum nigrum, ramoſum, pulverulentum, & falcatum.

Capillaire noir, branchu, & poudreux, à feüilles en faucille.

CEtte plante naiſt de la meſme façon & grandeur que la precedente ; c'eſt à dire que ſa racine, ſes tiges, ſes branches & ſes feüilles ſont ſituées de meſme, avec cette difference que ſes tiges ſont couvertes d'une pouſſiere rouſſaſtre, qui durcit peu à peu & s'éleve en petites pointes, & qu'il n'y a aucune de ſes branches fourchuës : ſes feüilles ſont coupées en faucille, courtes & arrondies par le bout, dont le tranchant regarde en haut : elles ont environ ſix lignes de long, & trois de large : le tranchant ſe replie en dedans comme dans les autres eſpeces : le repli eſt couvert d'une petite pouſſiere griſaſtre.

XLVIII.

Adiantum nigrum, pinnulis lonchitidis ſerratis, minus.

Petit Capillaire noir, à pinnules dentelées de lonchitis.

CE capillaire a le meſme port, la meſme grandeur, & pouſſe ſes branches & ſes feüilles comme les deux precedentes : ſes pedicules ſont liſſes, fort noirs & luiſants : les deux rameaux inferieurs en ont encore un petit de chaque coſté : ſes feüilles ſont diſpoſées de meſme façon, & ſont de meſme figure que celles de
la

XLVII

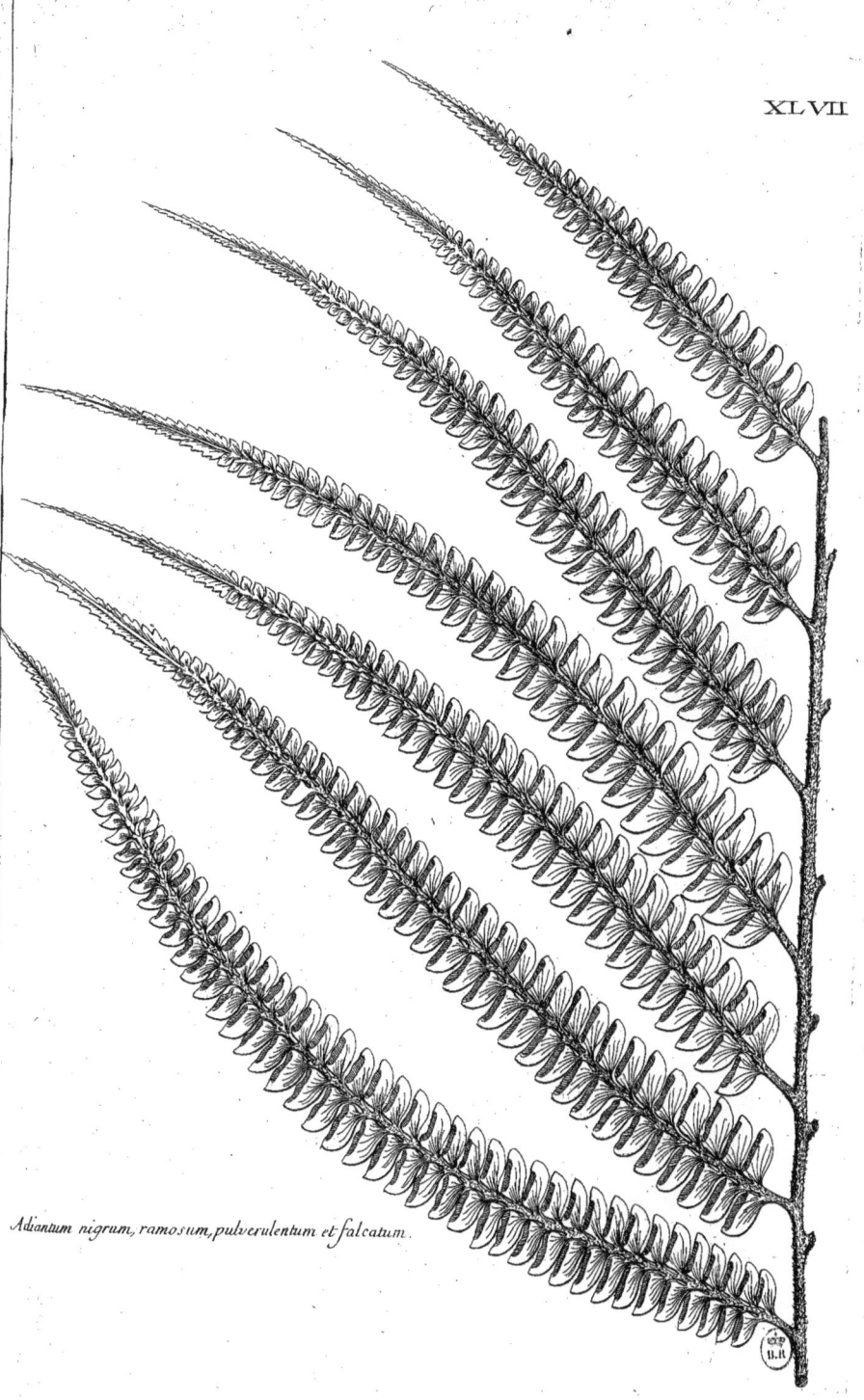

Adiantum nigrum, ramosum, pulverulentum et falcatum.

Fr. C. Plumier Min. Botan. Reg. delin.

Adiantum nigrum, pinnulis lonchitidis serratis minus.

XLVIII

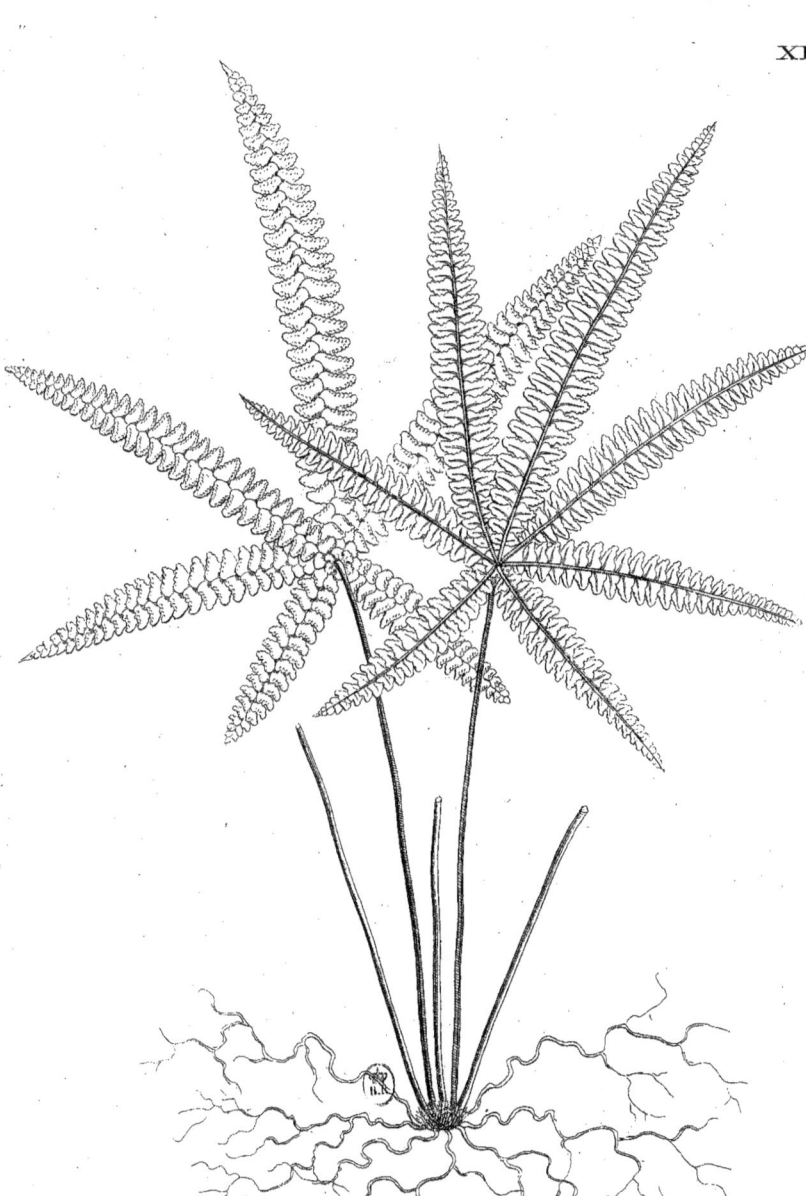

Adjantum ramosum, radiatum.

Fr. C. Plumier Mini. B.R.D

DES PLANTES DE L'AMERIQUE. 33

la precedente: elles ont presque neuf lignes de long & quatre de large. Leur pointe est plus aiguë, & leur contour n'est découpé de crenelûres que du costé qui regarde en haut & vers la pointe avec cette difference que les premieres crenelûres sont plus enfoncées & plus larges, arrondies & repliées en dedans. Leur dessus est d'un beau vert, mais tant soit peu chargé, & leur dessous est d'un vert-pasle.

On trouve quantité de ces trois especes dans les forests de S. Domingue. J'en ay pourtant remarqué une espece dans la Martinique semblable en tout à la derniere, excepté qu'elle n'est pas si branchuë, & que ses feüilles sont beaucoup plus grandes, & un peu plus rudes au toucher. *An Avença major G. Marcgravii l. 1. c. 12.*

XLIX.

Adiantum ramosum, radiatum.

Capillaire branchu, radié.

CEtte plante pousse plusieurs racines deçà & delà dans la terre, fort menuës, longues, branchuës & noires, qui aboutissent toutes à une petite teste garnie des fibres des pedicules pourris: les nouveaux pedicules sont noirs, deliez & luisants, d'environ un demi-pied de long: ils soûtiennent chacun une feüille ronde semblable à une rosette d'environ trois à quatre lignes de diametre, découpée en cinq ou six pieces arrondies, & tant soit peu dentelées. Du centre de cette feüille sortent six ou sept costes noires & deliées qui representent une espece d'étoile à rayons inegaux: dont les plus longs ont environ cinq à six pouces, & les plus courts deux & demy: ces costes sont garnies alternativement de part & d'autre de feüilles disposées à peu prés comme celles du Polytrich; mais si prés que leurs bases sont couchées les unes sur les autres: leur figure approche d'un demi-cœur d'environ cinq lignes de long & trois de large: leur couleur est d'un vertgay & luisant, elles ont les bords crespez & crenelez, mais les crenelûres sont brunes & renversées sur le dos.

Je n'en ay trouvé que dans deux endroits de la Martinique, du costé des Anses d'Arlet, particulierement dans le chemin qui va de la grande Anse d'Arlet à l'Anse-à-l'Asne. Le R. Pere du Tertre en parle sous le nom de Polytrich dans son traité 3. des Antilles ch. 1. tome 2.

L. figure a.

Adiantum muscosum, lichenis petræi facie.

Capillaire en mousse, semblable à l'hepatique de roche.

Cette plante a des racines fort menuës & tres-longues, qui tracent comme celles du chien-dent, & jettent plusieurs fibres noires qui s'attachent contre les rochers humides : elle ressemble assez par la disposition de ses feüilles au *lichen* ou *hepathique* de Mathiole : elles sont couchées comme par écailles, & couvrent presque tout un rocher sur lequel elles paroissent comme colées : elles ont la figure d'un éventail étendu, & sont fort deliées, d'un vert assez beau, & rayées fort legerement par de petits sillons disposez comme des rayons qui sont entrecoupez par d'autres sillons quasi circulaires : elles ont presque un pouce & demy de grandeur : leurs bords sont tous dentelez plus ou moins profondément : les dentelûres les moins profondes se replient en dedans comme les bordures du capillaire commun.

J'en ay trouvé en plusieurs endroits de l'Isle S. Domingue sur les roches humides le long des ruisseaux.

L. figure b.

Adiantum minus, foliis in summitate retusis.

Petit capillaire, à bouts refoulez.

Sa racine est comme celle du polypode, mais beaucoup plus menuë : elle est cheveluë noire & tortuë, couverte d'une poussiere rousse, & elle trace de part & d'autre : elle pousse plusieurs pedicules deliez d'un vert fort-passe d'environ demi-pied de hauteur, divisez & sousdivisez en plusieurs rameaux plus deliez, chargez alternativement de feüilles qui approchent assez de la figure d'un triangle isoscele renversé, dont la base est un peu courbe & repliée sur elle-mesme : ce repli est grisastre & rend la feüille en cet endroit plus espaisse qu'ailleurs : quelques-unes de ces feüilles sont recoupées, mais la pluspart sont entieres, de couleur vert-passe, & ont environ quatre lignes de long & une de large.

J'en ay trouvé en fort peu d'endroits : le lieu où j'en ay veû le plus, c'est le long d'un ruisseau appelé le *Trou du precipice*, proche le Moustique, dans l'Isle S. Domingue, aux endroits du Port-de-paix.

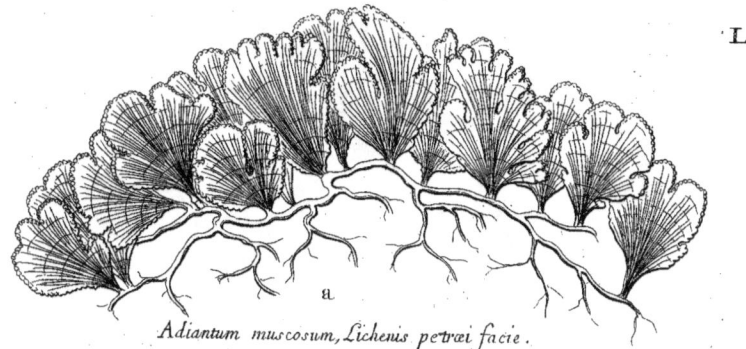

Adiantum muscosum, Lichenis petræi facie.

Adiantum minus, folijs in summitate retusis.

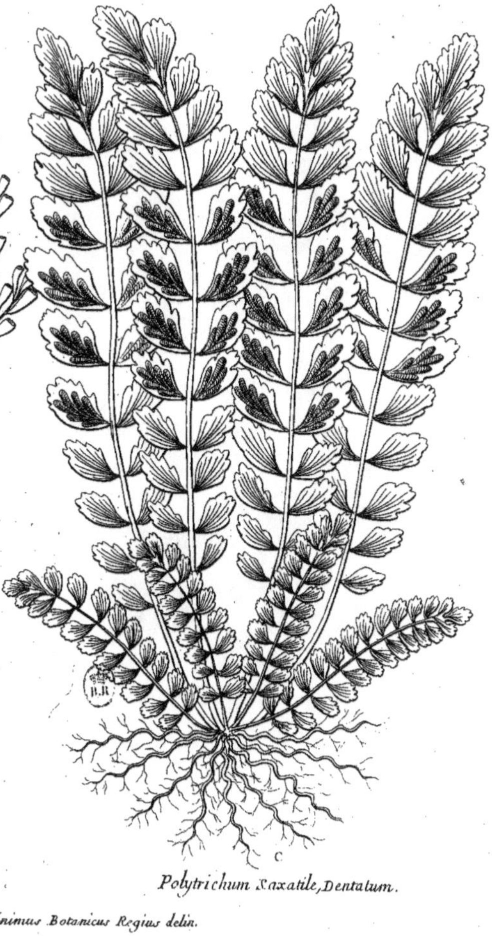

Polytrichum Saxatile, Dentatum.

Fr. Carolus Plumier Minimus Botanicus Regius delin.

L. *figure* c.
Polytrichum saxatile, dentatum.
Polytrich de roche, dentelé.

Cette plante a plusieurs petites racines tortuës, grisâtres, & accompagnées de plusieurs fibres fort-menuës; elles poussent quelques pedicules de differente grandeur: ceux qui sortent ou qui sont situez au milieu ont environ demi-pied de long, & ceux qui sont à costé n'ont pas trois pouces: les uns & les autres sont fort menus & noirastres, & ont deçà & delà neuf ou dix paires de feüilles opposées les unes vis-à-vis des autres: ces feüilles sont grandes à proportion de leurs pedicules, car celles des plus longs ont prés de neuf à dix lignes de longueur & cinq à six de largeur, mais celles des petits n'en ont pas plus de trois à quatre: les unes & les autres sont comme ovales, si on en excepte la base qui est pointuë & étroite: elles sont membraneuses, dentelées vers le bout, fort unies par devant & d'un beau vert, mais un peu plus chargé par derriere: chaque pedicule finit par une feüille découpée en façon de trefle, & les trois ou quatre feüilles qui sont situées presque au milieu des grands pedicules, ont par derriere quelques bossettes poudreuses, longues & tanées.

Cette plante devient plus grande ou plus petite suivant que le lieu où elle naist est sec ou humide. J'en ay trouvé en plusieurs endroits sur les rochers de l'Isle de la Tortuë située vis-à-vis du Port-de-paix de l'Isle S. Domingue.

Muscus squammosus, erectus.
Mousse droite, écaillée.

Voyez la planche xxiv. *figure* a.

SA racine est fort petite & fort fibreuse, de couleur-brun; elle ne pousse qu'une seule tige, ronde, de la grosseur d'une ligne & haute d'environ un pied, dure comme du bois, & d'un vert fort chargé: elle se tient droite, & est toute couverte en façon d'écailles par de tres-petites feüilles presque de la forme d'un petit cœur, c'est à dire pointuës au bout & arrondies à la base: elle n'est branchuë qu'environ trois pouces par dessus la racine, mais

E ij

depuis cet endroit jusques au bout, elle est comme panachée par plusieurs petites branches mises alternativement : qui sont branchuës de mesme que la tige, & s'amoindrissent toûjours à mesure qu'elles avancent vers le bout de la tige : elles sont aussi couvertes de feüilles de mesme façon, mais plus petites & plus proches les unes des autres, se surmontant en façon d'écailles & alternativement. Le vert des branches est un peu plus clair que celuy de la tige, & rend la plante d'un aspect fort agreable.

Muscus repens, squammosus.
Mousse rampante, écaillée.

Voyez la planche XXIV. figure b.

Cette plante s'étend fort au large à la façon de nos chiendents, & pousse quantité de petites tiges tres-menuës & grises, qui jettent deçà & delà plusieurs branches attachées à la terre par de tres-petites racines cheveluës, qui prennent naissance au commencement des branches principales : ces branches sont attachées alternativement à la tige, & sont éloignées les unes des autres d'environ deux pouces : chacune est longue de prés de trois pouces, & jette deux ou trois autres branches aussi alternativement : ces dernieres se fourchent & se sousdivisent encore en deux, & celles-cy en deux autres beaucoup plus courtes que la principale, la plus longue n'ayant pas plus de cinq à six lignes de long : les tiges & les branches principales ont deçà & delà de tres-petites feüilles attachées alternativement, mais un peu plus écartées les unes des autres, au contraire de celles des rameaux qui sont beaucoup plus petites, & qui se touchent presque toutes : elles ont environ une ligne de long : leur bout est pointu & leur base presque ronde : elles sont aussi attachées immediatement aux branches qui sont encore toutes couvertes d'autres écailles tres-petites.

J'ay trouvé la premiere de ces plantes le long du ruisseau du Fort S. Pierre à la Martinique, & la seconde dans les forests de l'Isle S. Domingue.

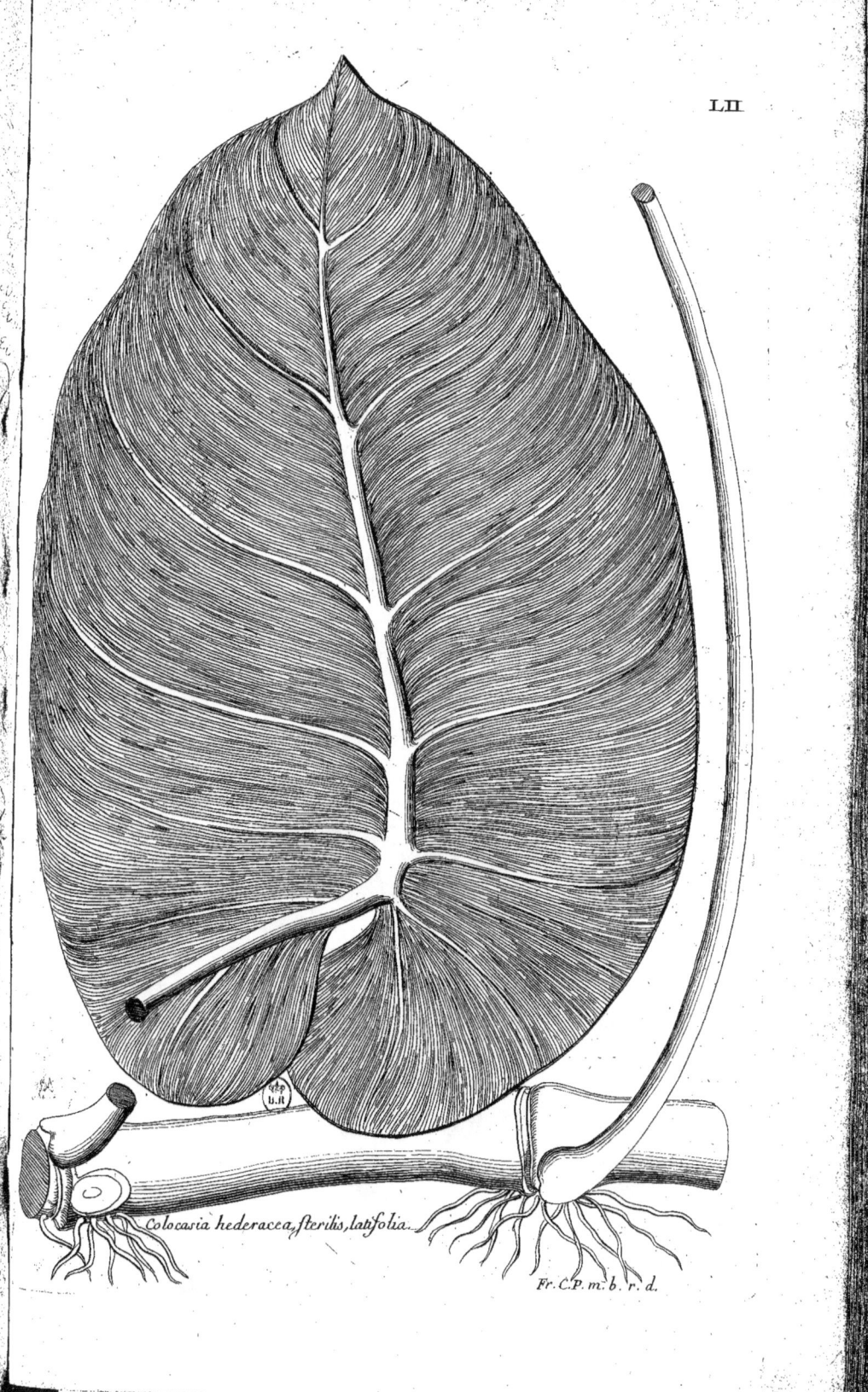

Colocasia hederacea, sterilis, latifolia.

Fr. C. P. m. b. r. d.

LI. *figure* a & LII.
Colocasia hederacea, sterilis, latifolia.
Colocasia montante, sterile, à larges feüilles.

J'Appelle les quatre plantes suivantes steriles, à cause qu'aprés avoir pris beaucoup de peine pour les observer en diverses saisons de l'année, & en avoir veu assez bon nombre, je n'y ay jamais peû remarquer ni fleurs ni fruits. Ce n'est pas que je puisse assurer qu'elles n'en portent point du tout, puisque Dieu a donné à chaque plante une semence pour pouvoir se perpetuër; mais si elles en portent c'est bien rarement, tout de mesme que la Colocasia d'Egypte, qui a causé de si grandes disputes parmi quelques celebres Botanistes, touchant sa fertilité. Je leur ay donné aussi le nom de Colocasia, a cause que leurs feüilles ont presque la mesme consistence que la Colocasia d'Egypte, qui est l'*Arum Maximum Ægiptiacum* de Gaspar Bauhin.

Elles sont tout-à-fait semblables entr'elles dans leur maniere de croistre; & elles s'attachent contre les rochers, ou contre les arbres, de la mesme façon que nos lierres : leurs feüilles sont pourtant differentes; leurs racines principales c'est-à-dire celles qui sont dans la terre, sont a peu prés de mesme figure & de mesme grosseur que leurs tiges; car elles sont longues, noüeuses, blanchastres, & poussent de chaque nœud trois ou quatre autres racines, longues, rondes, blanches, & tendres, qui ressemblent à des vermisseaux assez longs.

Chaque plante ne pousse ordinairement qu'une tige, qui grimpe tout le long des troncs des arbres : la tige de la premiere espece est tout-à-fait ronde, & de la grosseur d'un pouce; sa substance interieure est charnuë, blanche, succulente, & meslée de quelques fibres : elle est lisse, verte, & noüeuse en dehors, à peu prés comme nos roseaux : les nœuds sont éloignés d'environ un pied l'un de l'autre : ils sont creusez par un petit canal tout au tour, qui represente assez bien la scotie d'une base de colomne ou le canal d'une poulie; outre cela, ils sont applatis en écusson ovale dans les endroits où ils s'attachent aux arbres ou aux rochers voisins, & cet écusson est couvert de deux membranes, dont la premiere est fort mince, de couleur-chastain, & frisée sur les bords, l'autre qui est par dessus est plus épaisse & de couleur grisastre : à costé de cet écusson sortent plusieurs petites racines longues d'environ un

E iij

pouce & demi, grosses comme de la ficelle ordinaire, & tournées toutes d'un mesme costé.

Il sort aussi de chaque nœud & alternativement un fort long pedicule rond, gros comme le petit doigt, & de mesme consistence que la tige, qui porte une feüille semblable en figure & en grandeur à celle de la *Colocasia* d'Egypte, ces feüilles ont plus d'un pied d'étenduë: elles sont presque ovales, mais un peu pointuës par le bout, & taillées profondement en cœur vers le pedicule: leur consistence est la mesme que celle de la *Colocasia* ou de nos especes de pied-de-veau, si ce n'est qu'elle est un peu plus solide: elles sont fort lisses & d'un beau vert, ayant par dessous une nervûre assez large & élevée, qui fournit deçà & delà quelques costes traversieres aussi élevées, dont l'entre-deux est tout silloné par quantité de veines.

Cette plante est un violent caustique; je voulus la gouster en la décrivant, mais à peine eûs-je mordu un bout de la tige, que ma bouche s'enflamma si fort, qu'il me fut impossible de pouvoir parler pendant prés de deux heures, de sorte que je fus obligé de tenir la bouche ouverte, & mesme de tirer la langue en dehors autant que je pûs. L'oxicrat dont je me servis abbatit bien cette inflammation, mais je fus pendant plus de dix jours sans pouvoir connoistre le goust de ce que je mangeois, à cause que l'acrimonie de ce suc m'avoit bruslé la langue & le palais: c'est pour cette raison qu'on la nomme vulgairement *Liane bruslante*. On en trouve en plusieurs endroits dans les forests de l'Isle S. Domingue.

L I. *figure* b. & L I I I.

Colocasia hederacea, sterilis, & laciniata.

Colocasia montante, sterile, & découpée.

Celle-cy pousse à chaque nœud de sa tige deux ou trois racines longues & presque de la grosseur d'une ligne: les pedicules des feüilles sont plus longs & plus gros que ceux de la precedente: ses feüilles ont presque la mesme grandeur, & sont de mesme consistence, mais elles sont découpées fort profondément tout au tour, à peu prés comme celles du *Palma christi*. Leur dessus est fort lisse & d'un beau vert, & le dessous est soûtenu par une grosse nervûre qui envoye des costes assés élevées à chaque bout des découpûres, & qui fournissent par toute l'étenduë de la

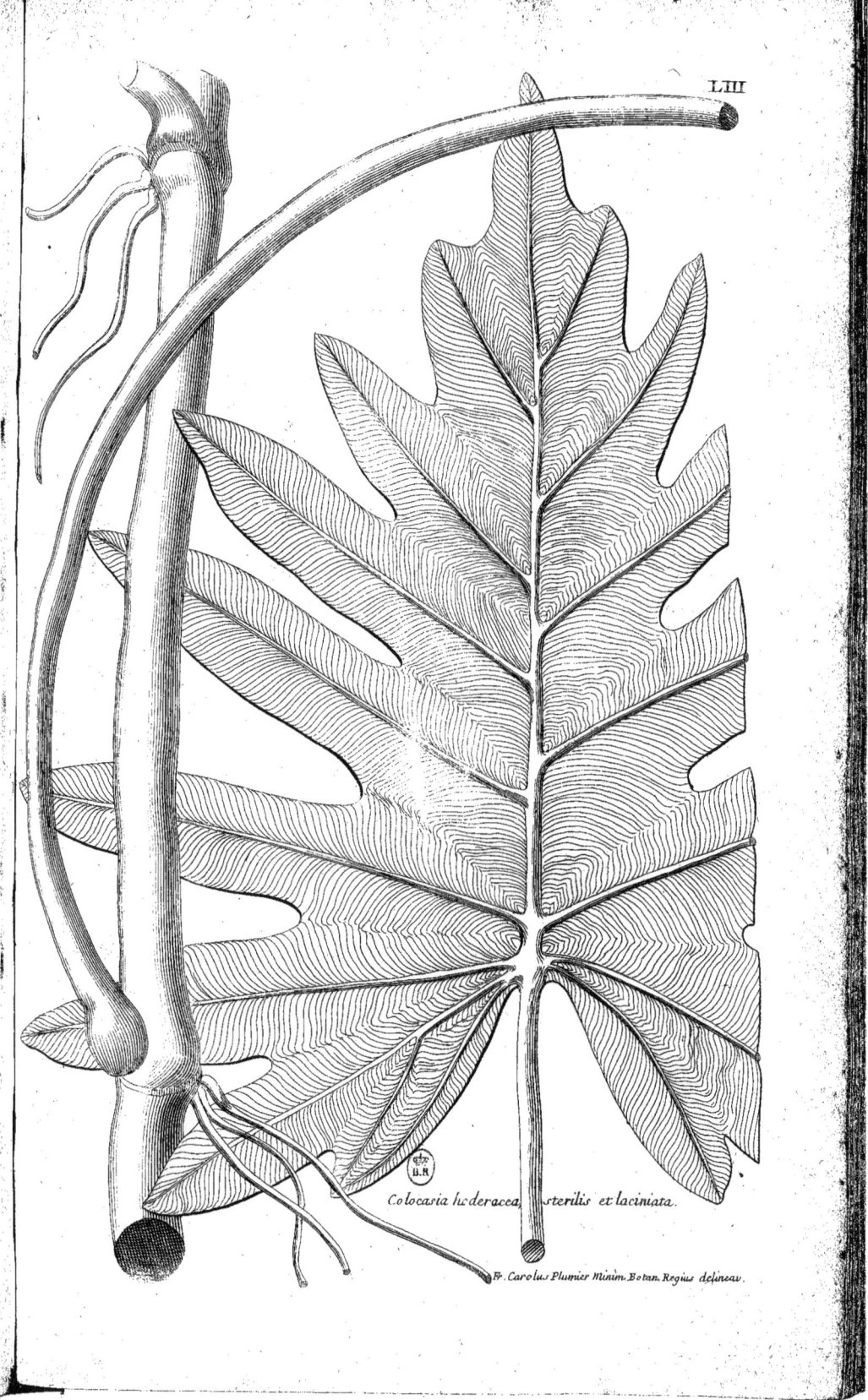
Colocasia hederacea, sterilis et laciniata.
Fr. Carolus Plumier Minim. Botan. Regius delineav.

Colocasia hederacea, sterilis, angustifolia.

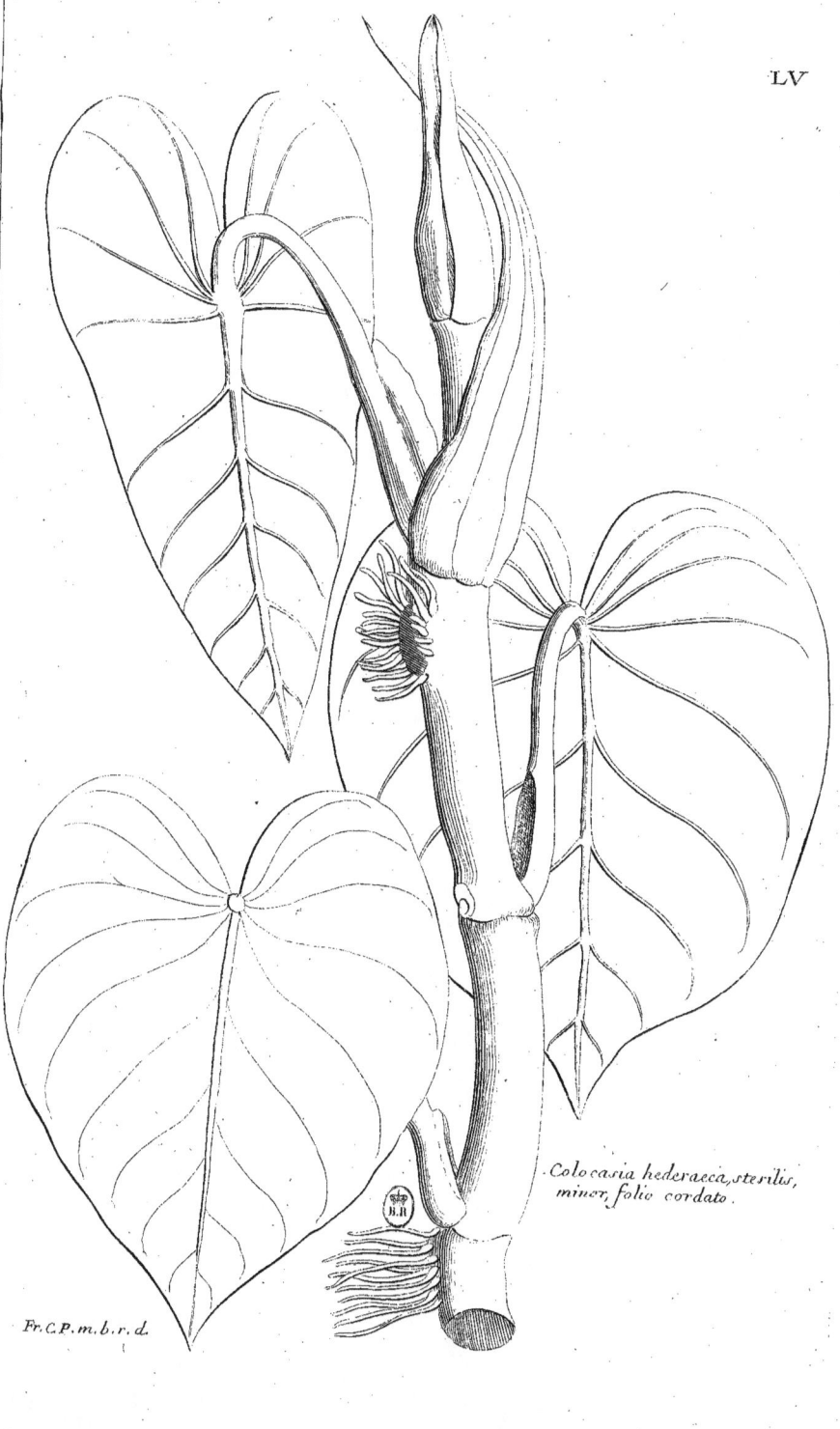

Colocasia hederacea, sterilis, minor, folio cordato.

DES PLANTES DE L'AMERIQUE. 39

feüille quantité de petites veines fort proches les unes des autres.

J'en ay trouvé quantité dans l'Isle de la Tortuë, le long d'un vallon qu'on nomme La ravine de la roussiere.

LI. *figure* c. & LIV.

Colocasia hederacea, sterilis, angusti-folia.

Colocasia montante, sterile, & à feüilles étroites.

CElle-cy a sa tige beaucoup plus menuë & plus noüeuse que les precedentes : ses feüilles ont environ un pied de longueur & un demi-pied de largeur vers la base : elles ont presque la figure du fer d'une fléche, excepté que les deux pointes d'enbas sont arrondies avec deux petits replis en dedans : leur nervûre & leurs costes sont de mesme que celles des autres, & les petites veines qui rendent les entre-deux de ces costes comme sillonez, vont se terminer a une ligne ondée qui court tout à l'entour de la feüille comme une double bordure.

J'ay trouvé celle-cy dans le mesme endroit que la precedente.

LI. *figure* d. & LV.

Colocasia hederacea, sterilis, minor, folio cordato.

Petite Colocasia, montante, sterile, & à feüilles en cœur.

ELle a sa tige un peu plus menuë que celle de la premiere espece, & ses nœuds sont aussi plus prés les uns des autres, mais elle est beaucoup plus branchuë, & rampe sur les arbres de la mesme façon que nostre vigne sauvage : elle a à chaque nœud un écusson entouré de racines vermiculaires longues d'un pouce, par lesquelles elle s'attache contre les troncs des arbres : il y a aussi à chaque nœud une feüille attachée à un pedicule d'un demi-pied de long, & gros de deux lignes, canelé dans son commencement, mais rond dans la suite : ces feüilles ont environ quatre pouces d'étenduë, & sont taillées en façon d'un cœur, leur consistence est un peu plus épaisse que celle des autres : leur nervûre & leurs costes sont grandes & relevées à proportion : elles ne sont point sillonnées, mais fort lisses & d'un beau vert, & l'on voit une petite tache ronde & rougeastre qui répond à l'endroit où elles reçoivent le pedicule.

Les extremitez de chaque branche sont comme envelopées d'une longue feüille étroite & pointuë, blanchastre & membraneuse, qui venant à s'ouvrir, se détache de son insertion, tombe & laisse espanoüir une feüille nouvelle ; cette mesme extremité venant à s'alonger en produit une autre de mesme.

J'en ay trouvé en plusieurs endroits de la Martinique, particulierement le long du ruisseau qui traverse le Fort S. Pierre proche le Mont-Noël.

LVI. & LVII.
Arum hederaceum, amplis foliis perforatis.
Arum montant, à grandes feüilles percées.

Quelques Auteurs ont remarqué que cette plante est un remede souverain contre la morsure des bestes venimeuses, aussi on en trouve en plusieurs endroits de la Martinique, qui est particulierement infectée de viperes fort dangereuses.

Elle s'attache contre les troncs des arbres de la mesme façon que nos lierres : sa tige qui monte en serpentant a un peu plus d'un pouce de grosseur, & paroist comme écaillée, à cause des marques des feüilles qui en sont tombées ; elle est un peu ridée : son fond est de couleur de cendre, & les marques des feüilles sont vertes & picotées de quantité de petits points plus foncez : elle jette de part & d'autre quantité de racines qui s'attachent contre les troncs des arbres, dont la pluspart sont fort menuës & courtes, & quelques autres sont fort longues & un peu plus épaisses qu'une plume à écrire : elles sont rousses, fort souples, & fort adherantes aux troncs des arbres. La substance interieure de cette tige est fort blanche, charnuë & meslée de fibres.

Elle pousse des feüilles alternativement fort proches les unes des autres sur-tout vers le haut, d'environ un pied & demi de longueur, & de neuf à dix pouces de largeur ; elles sont presque pointuës au bout, & arrondies vers le pedicule, qui a environ un pied de long, & qui est gros comme le petit doigt, canelé depuis le milieu jusques au bas, mais arrondi dans le reste & un peu tumefié dans l'endroit où il s'insere dans la feüille.

Ces feüilles sont lisses & membraneuses, tendres, d'un vert fort agreable, plus clair par dessus que par dessous, qui est chargé d'une nervûre & de plusieurs costes obliques & élevées. La maniere dont elles sont percées parmi leurs costes est fort remarquable. On
trouve

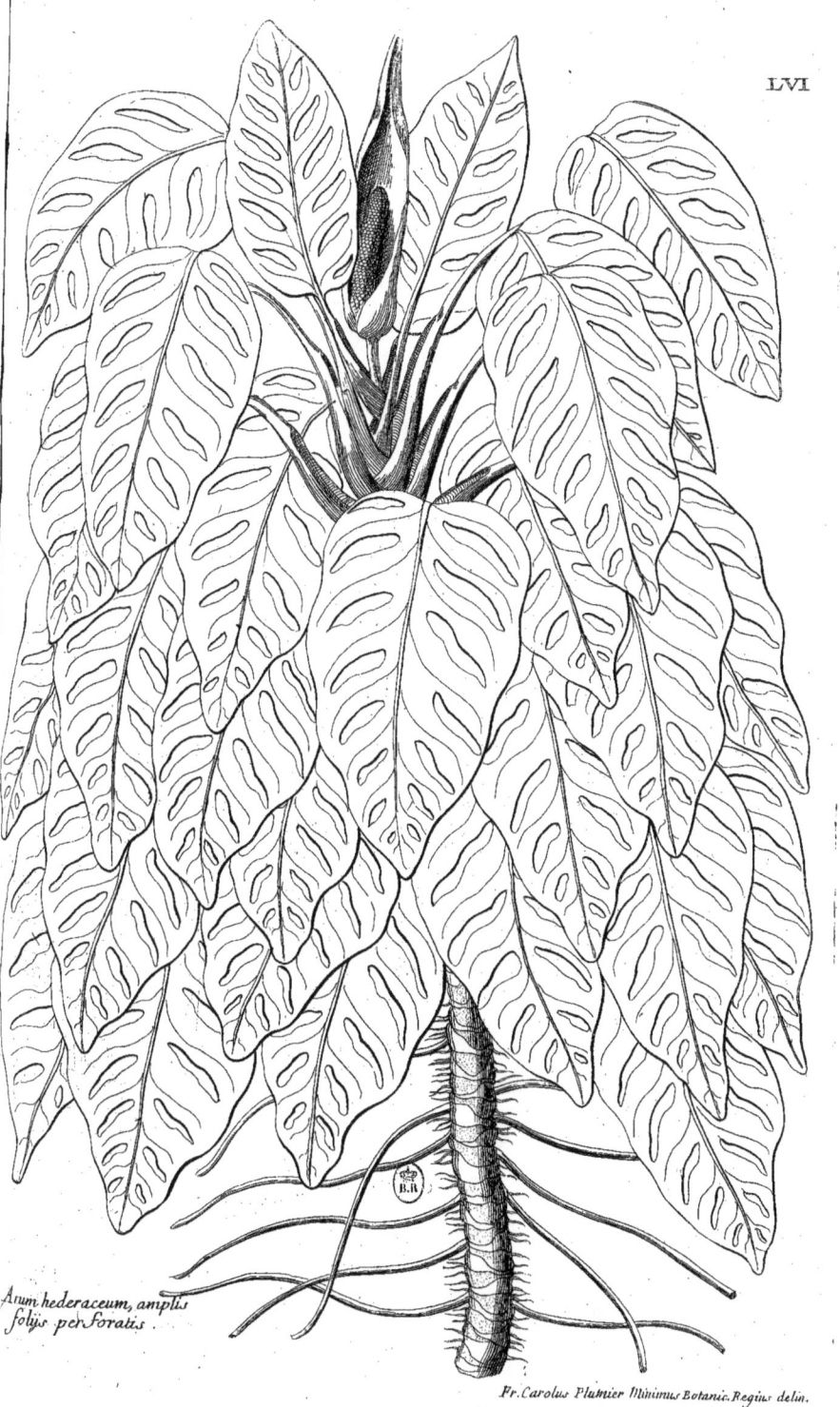

LVI

Arum hederaceum, amplis
folijs perforatis.

Fr. Carolus Plumier Minimus Botanic. Regius delin.

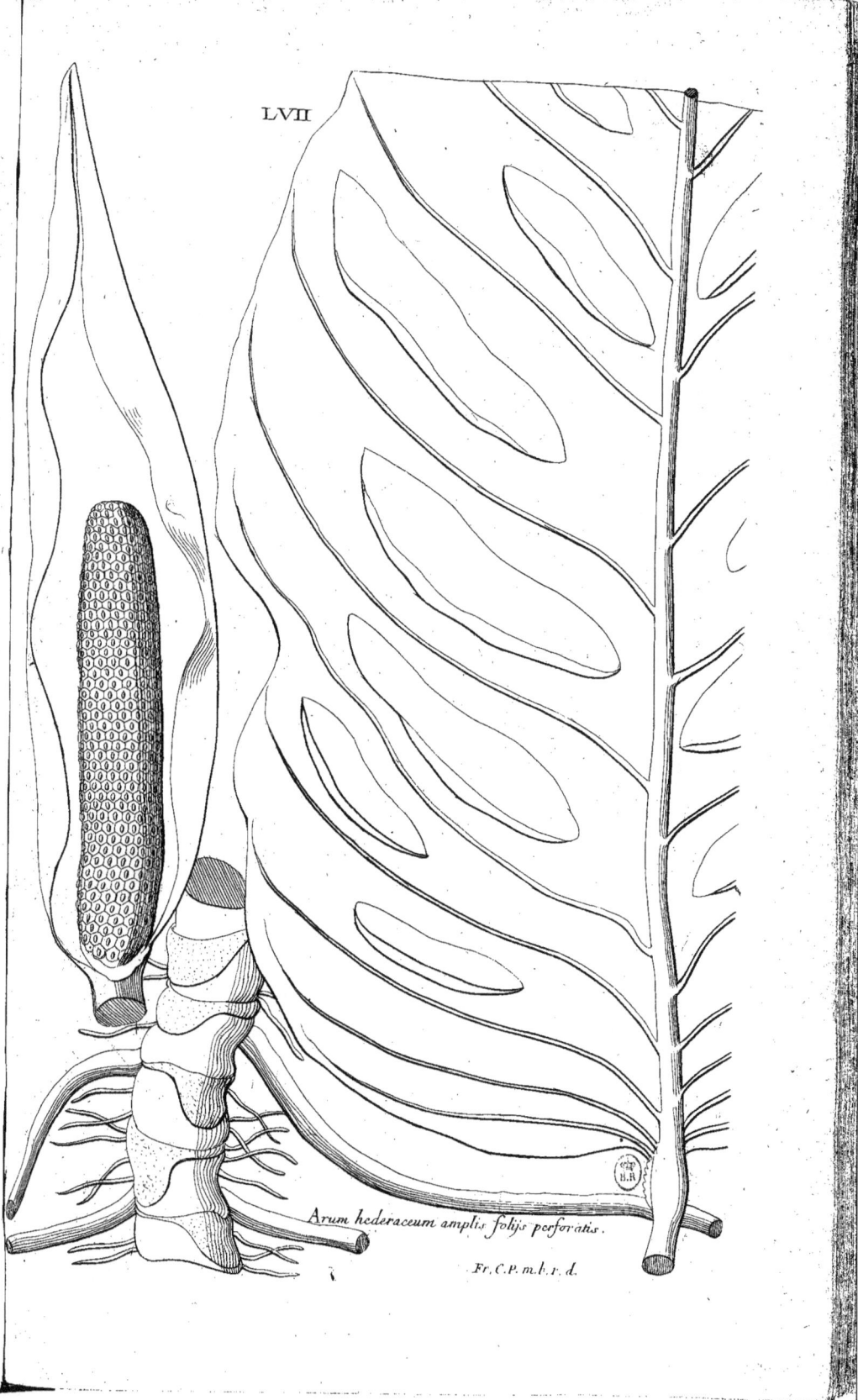

Arum hederaceum amplis folijs perforatis.
Fr. C. P. m. b. r. d.

trouve une grande fente dans l'espace compris entre deux de ces costes, qui ressemble en quelque façon à une playe ouverte & rebordée en dedans, & toute la fueille a quelque apparence d'un masque assez grotesque.

Il sort du sein des fueilles superieures une espece d'envelope qui est une feüille un peu plus épaisse que les autres, & semblable à celle qui renferme le fruit du pied-de-veau commun en Latin *Arum vulgare:* elle a plus de demi-pied de long : sa substance est membraneuse, verte par dehors, jaune, luisante, & fort unie en dedans : quand elle s'ouvre, on decouvre un fruit d'une structure admirable, fait à peu prés comme un épi de bled de Turquie, de forme cylindrique, mais arrondi par le bout : il a environ cinq pouces de long sur un pouce de diametre : il est fort tendre, fort poli, de couleur d'or, & comme buriné par quarreaux à six pans de la grandeur d'une lentille, disposez comme les cellules d'une ruche de mouches à miel : au milieu de chaque quarreau, il y a une petite bossette un peu plus longue que large de couleur d'azur, de façon qu'il semble que ce soit un saphir enchassé dans un chaton doré. Je n'ay pas pu voir ce fruit en sa maturité, ayant esté obligé de partir avant le temps.

J'en ay trouvé en plusieurs endroits de la Martinique, mais plus particulierement le long du ruisseau du Fort S. Pierre, ou je la vis au mois de May, dans l'état que je viens de la décrire.

C'est le bois des couleuvres du R. P. du Tertre dans son histoire Naturelle des Antilles, traité 3. chap. 3. parag. 13. c'est le *Clematis Malabarensis, foliis vitis, colore dracunculi de G. B.* c'est enfin le *lignum colubrinum primum Acostæ, Lugd. lib. 18. cap. 140.* où il dit qu'on estime ce bois un remede souverain contre la morsure des couleuvres & des viperes ; & que les habitans du païs allant à la campagne ont coustume la pluspart de le porter avec eux; persuadez à ce qu'ils disent, qu'il chasse les serpens par sa seule odeur, & que les couleuvres crevent s'ils les peuvent atteindre avec ce bois.

LVIII. & LI. *figure* e.

Arum hederaceum, triphyllum & auritum.

Arum montant, en trefle & à oreillons.

CElle-cy naist de la mesme façon que la precedente ; c'est à dire qu'elle s'attache & rampe contre le tronc des arbres : sa tige a plus d'un pouce d'épaisseur : elle est ronde, d'un vert cendré, lisse, & de mesme substance que les autres : elle a plusieurs nœuds annulaires fort prés les uns des autres, & chaque nœud pousse une racine fort longue d'environ une ligne d'epaisseur : elle jette plusieurs branches qui s'étendent de tous costez.

Les feüilles naissent au bout des branches alternativement, & fort prés les unes des autres : leur pedicule a presque deux pieds de long : son commencement est fort large & embrasse la tige : il est creux à la façon d'un canal jusques environ le tiers, en suite il est tout rond, & il a environ deux lignes d'épaisseur ; la feüille qu'il soutient est de la mesme substance que celle de nos especes de pied-de-veau en Latin *Arum* : elle est fort lisse, & presque de la figure d'un fer de pique : elle a environ neuf a dix pouces de long, & prés de demi-pied de large : elle est accompagnée de chaque costé d'une feüille encore plus petite, & chacune de ces feüilles a une oreillette placée du costé du pedicule : leur nervûre qui parcourt toute leur longueur fournit deçà & delà quelques veines menuës & obliques qui se terminent sur une petite coste qui court tout à l'entour de la feüille. Leur dessous est teint d'un fort beau vert, & le dessus est un peu plus chargé.

Les fruits naissent parmi les pedicules de ces feüilles semblables à ceux de nos pieds-de-veau : leur envelope a neuf ou dix pouces de long : elle est comme étranglée vers le tiers de sa hauteur, lisse tant en dedans que dehors, d'un vert tout a fait beau, mais la moitié d'en-bas du dedans est d'une couleur de feu tres-agreable, & le reste est vert-passe.

Elle enferme comme deux pilons joints ensemble par un col fort étroit de couleur vermeille, cylindriques, & longs de sept à huit pouces sur plus d'un demi pouce d'épaisseur ; celuy d'en-haut est au double plus long que celuy d'en-bas : il est tant soit peu enflé par le milieu & émoussé dans son bout ; il est comme doré & tout buriné par deux lignes spirales, qui montant l'une à droit & l'autre à gauche, composent un raiseau dont les quarreaux sont comme joints par une espece de suture : ils ont chacun en leur milieu un petit trou fort enfoncé. La partie d'en-bas est divisée en quarreaux hexagones berlongs de couleur vert-gay, dont les extremitez s'emboëtent l'une dans l'autre, & il y a dans le fond de chacun une petite demi-boule fort blanche, de sorte qu'il semble qu'on ait enfoncé une perle dans une émeraude.

Je n'ay pas pu voir ce fruit en sa maturité : toute la plante jette un suc blanc comme du laict & qui est fort acre. J'en ay trou-

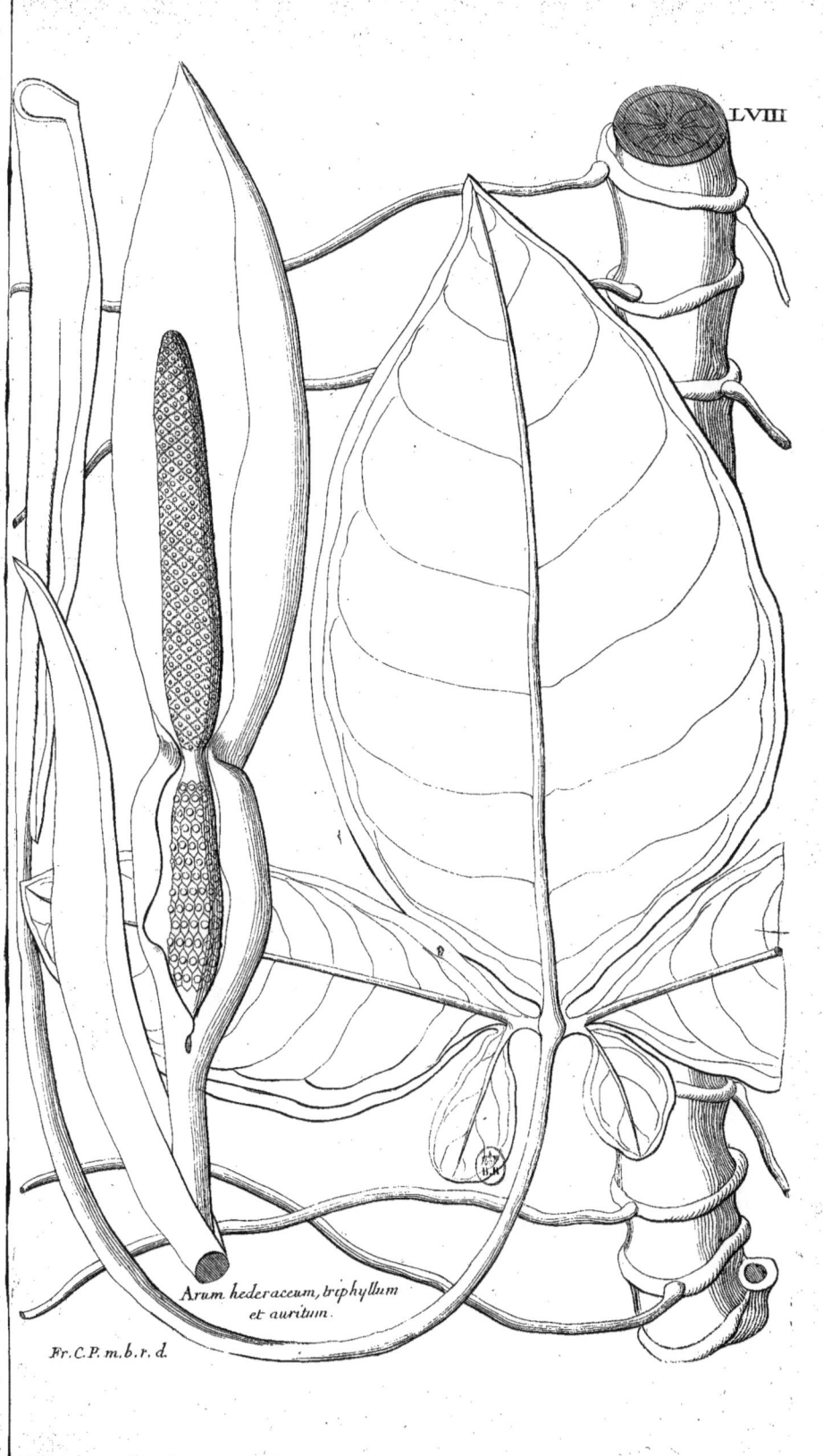

Arum hederaceum, triphyllum et auritum.

Fr. C. P. m. b. r. d.

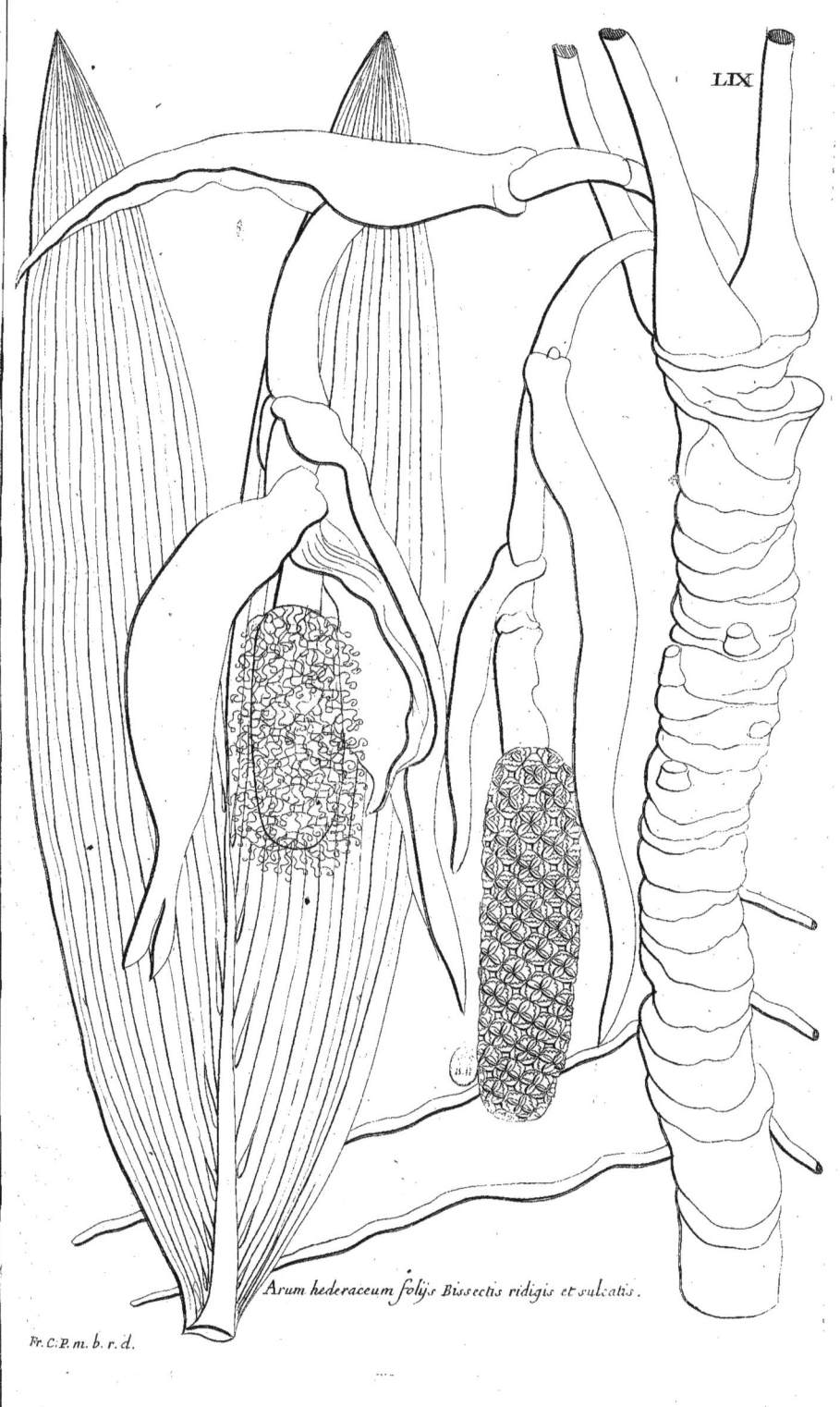

Arum hederaceum folijs Bissectis ridigis et sulcatis.

Fr. C. P. m. b. r. d.

vé en plusieurs forests de l'Isle S. Domingue, sur-tout le long des ruisseaux & dans les lieux humides.

LIX. & LI. *figure* f.

Arum hederaceum, foliis bissectis, rigidis, & sulcatis.

Arum montant, à feüilles fermes, froncies, & fenduës.

SA tige a environ un pouce & demi d'épaisseur : elle s'attache fortement contre les troncs des arbres par plusieurs petites racines fort longues ; son écorce est de couleur cendré, toute couverte, de poussiere, & est aussi fort inégale & raboteuse par la chute de ses feüilles. Sa consistence interieure est blanche, & beaucoup plus fibreuse que celle des precedentes.

Elle porte vers le bout sept à huit feüilles appuyées chacune sur un pedicule d'environ un pied & demi de longueur, & épais de quatre lignes, enflé par le bas, rond par le dos & silloné par devant ; elles ont bien deux pieds & demi de longueur & leur plus grande largeur est de huit pouces : elles sont fenduës jusques vers le milieu, & ressemblent à deux feüilles du *lilium convallium*, jointes ensemble par la partie inferieure. Le pedicule s'allonge en nervûre jusques à la division, & depuis cette nervûre elles sont plissées jusques à leur extremité de la mesme façon que le *palma minor* de G. Bauhin, ou comme un éventail : elles sont fort roides, fort luisantes, d'un vert clair par dessous & d'un vert chargé par dessus.

Il sort parmi les pedicules de ces feüilles quelques fruits qui panchent en-bas, & qui sont attachez chacun à des pedicules de plus d'un demi-pied de longueur, sur trois à quatre lignes d'épaisseur, articulez en deux ou trois endroits, & garnis en chaque articulation d'une feüille creuse, longue, étroite & grisastre : toutes ces feüilles envelopent le fruit dans sa naissance, de mesme que celles du bled de Turquie. Ce fruit est cylindrique, long d'environ quatre pouces sur un de diametre, émoussé par le bout, & tout couvert, lorsqu'il sort de ces envelopes, de quantité de filaments assez longs & menus comme des cheveux d'un tané fort obscur & entortillez presque comme ceux d'une perruque : ces cheveux étant tombez, on voit tout ce cylindre à découvert : il est entaillé d'une gravûre admirable, c'est à dire par des quarreaux disposez en raiseau de trois à quatre lignes de large. Leur fond est vert, les angles interieurs ont chacun une entaillûre, dentelée, relevée, & qui en occupe tout le fonds. Il y a dans le milieu, comme dans

F ij

le champ d'un écusson, quatre bossettes de couleur brun plus longues que larges, disposées en croix de Saint André, avec une petite éminence dans chaque coin semblable à une caruncule.

Je n'ay pas pû voir ce fruit en sa maturité, non plus que celuy de la precedente. J'ay trouvé celle-cy dans les forests de la Cabsterre vers la paroisse de sainte Marie.

LX. & LI. *figure* 9.
Arum arborescens, sagittariæ foliis.
Arum arbre, à feüilles de sagittaire.

Cette plante naist dans les lieux marescageux & humides. Sa racine est presque aussi grosse que le bras, & longue de deux pieds : elle est blanchastre & noüeuse en dehors ; blanche, tendre & douçastre en dedans : elle ne pousse ordinairement qu'une tige épaisse d'environ deux pouces, & haute de cinq à six pieds, assez ferme, ronde, & noüeuse presque comme nos roseaux : son écorce est unie & vert-cendré, & son interieur est charnu & meslé de filaments : les feüilles sont situées au bout, ou de la tige ou des branches : il y en a ordinairement cinq ou six d'environ un pied d'étenduë : elles ont presque la forme d'un fer de fléche ou des feüilles de nostre *Sagittaire* : elles sont lisses & membraneuses, ayant le dessous d'un vert fort-agreable avec quelques nervûres, & costes assez élevées, & le dessus teint d'un vert un peu plus chargé : leur pedicule a environ un pied de long : il est fait en gaîne depuis le bas jusques vers le milieu, rond dans le reste, & de trois ou quatre lignes d'épaisseur.

Les fruits naissent parmy ces pédicules, fort peu differents de ceux de nos especes d'*Arum* : ils sont enfermez de mesme dans l'envelope d'une feüille étranglée vers le milieu, comme le col d'une calebasse : elle est pointuë & épaisse comme du cuir, unie & lisse, verte en dehors, blanchastre en dedans, & teinte par tout le fonds d'un rouge obscur.

Le fruit qui y est enfermé ressemble à un pilon d'environ deux pouces de long, épais d'un & demi, jaunastre & comparti par des figures hexagones, rangées comme les quarreaux des vitres à losange, d'environ quatre lignes d'étenduë, avec une petite fosse au milieu de leur aire. Ce pilon en supporte un autre un peu plus long, & un peu plus mince, émoussé par le bout, un peu enflé vers le milieu, ferme, pasle, & rayé en dehors en façon d'un rai-

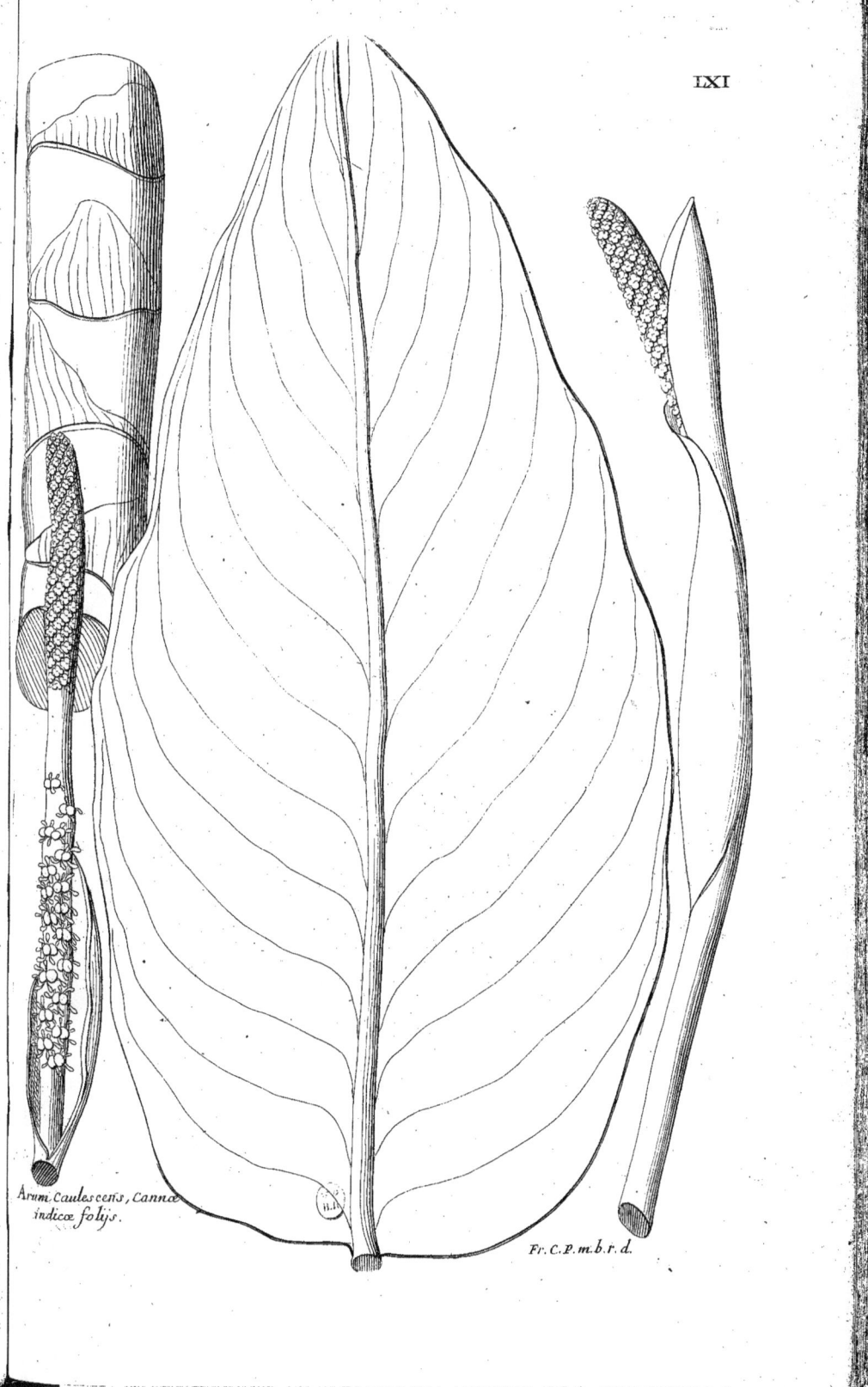

Arum caulescens, Cannæ indicæ folijs.

DES PLANTES DE L'AMERIQUE. 45

feau confus : celuy-cy se seche entierement & le premier devient une espece de grape composée de plusieurs bayes de la grosseur de nos pois chiches toutes taillées à pan, de couleur de pourpre, fort tendres & succulentes.

Le fruit & les feüilles échauffent & piquent la langue, quoyque sa racine soit douçastre & d'un assez bon goust : elle est ordinairement rongée par les souris, & par les crabres.

Arum Brasilianum arborescens, folio sagittariæ, paradisi Batavi, in prodromo.

LXI. & LI. figure h.

Arum caulescens, cannæ Indicæ foliis.

Arum à tige, & à feüilles de la canne d'Inde.

LA racine de cette plante est grosse presque comme la moitié du bras, & d'une longueur indeterminée : le dedans est fort tendre, blanc & tant soit peu piquant : elle est grisastre en dehors, & a plusieurs autres petites racines blanchastres de plus d'un pied de longueur, de deux ou trois lignes de grosseur, & accompagnées de quantité de petites fibres.

Elle s'eleve en une tige fort droite, de trois à quatre pieds de haut, d'environ deux pouces d'epais, ronde, verte, unie, un peu variée par les marques des vieilles feüilles, de la mesme consistence que la racine, & pleine d'une humeur blanche comme du laict.

Il y a au bout de cette tige sept à huit feüilles fort tendres d'environ un pied de long sur demi-pied de large, pointuës au bout, & quasi arrondies vers le pedicule : elles sont d'un vert fort gay, lisses tant dessus que dessous, ayant plusieurs costes fort courbes, mais qui paroissent peu, & qui les traversent obliquement depuis la nervûre principale qui est fort élevée, jusques au bord : leurs pedicules ont environ un pied & demi de long : ils sont creux & larges du commencement, & arrondis depuis le milieu en haut.

Il sort parmi le creux de ces pedicules quelques fruits formez du commencement comme un double pilon jaunastre, d'environ huit à neuf pouces de long, & prés de demi-pouce d'epais, envelopé dans une feüille comme dans un étui membraneux, fort uni, teint par dehors d'un vert-pasle, mais teint en dedans de couleur de pourpre, qui ouvrant son extremité fait paroistre en

F iij

dehors la partie superieure de ce pilon, laquelle est toute gravée en raiseau par des figures quadrilateres dont les costez sont fort arrondis, ayant au milieu une petite fosse. La partie inferieure qui est enfermée dans l'étui, est toute chargée en devant par un double rang alternatif de petits boutons joints ensemble, & presque de mesme grosseur, que la semence de la *mercuriale masse*. Ils sont d'un fort beau rouge, & accompagnez à leur base de quelques petits vermisseaux blancs & fort tendres.

Je n'ay pas pû voir ce fruit en sa maturité: cette plante aime les lieux couverts & les forests humides. Je l'ay trouvée en plusieurs endroits de la Martinique, & de S. Domingue: celle qui vient dans la Martinique est extrémement caustique, & celle de S. Domingue n'a presque point ou fort peu d'acrimonie.

Pison dans son livre quatriéme des facultez des simples ch. 70. nous donne deux plantes sous le nom d'*Aninga*, où il dit qu'il y en a une qu'on nomme *Aninga-iba*, laquelle comme je crois est l'*Arum, arbre, à feüilles de sagittaire*, décrit au chapitre precedent, quoy qu'elle ait les feüilles arrondies & semblables à celles de la *Nymphæa*, car j'ay pris garde en divers endroits que ces feüilles sont tantost plus & tantost moins pointuës, ce qui ne peut causer une difference fort essentielle, si ce n'est qu'on veüille dire que celle dont Pison parle est un *Arum arbre, à feüilles de Nymphæa*. L'autre *Aninga* est sans doute la plante que je décris en ce chapitre, comme il est aisé de voir par la structure de leurs feüillages dans la figure que j'en ay donné, & dans celle que Pison en donne. Le mesme Pison parlant des qualitez de l'*Aninga-iba*, dit qu'elle a une grosse racine bulbeuse, qu'on doit preferer aux feüilles, & au fruit dans l'usage de la medecine, puisque outre les premiéres qualitez froides qu'elle a, elle est encore composée de parties tenuës, propres à emporter les obstructions, & est employée en divers usages par les Portugais, & par les Sauvages.

On fait en suite des fomentations contre l'inflammation & les obstructions des reins, & des hypocondres: enfin l'huile qu'on tire de l'*Aninga*, est tres-souveraine contre les maux susdits, & peut suppléer à l'huile de Capres.

Si on fait des bains de ses racines cuites dans de l'urine humaine, & qu'on les reïtere quelquefois, ils soulagent extrémement les douleurs, & les maladies articulaires, tant inveterées que recentes.

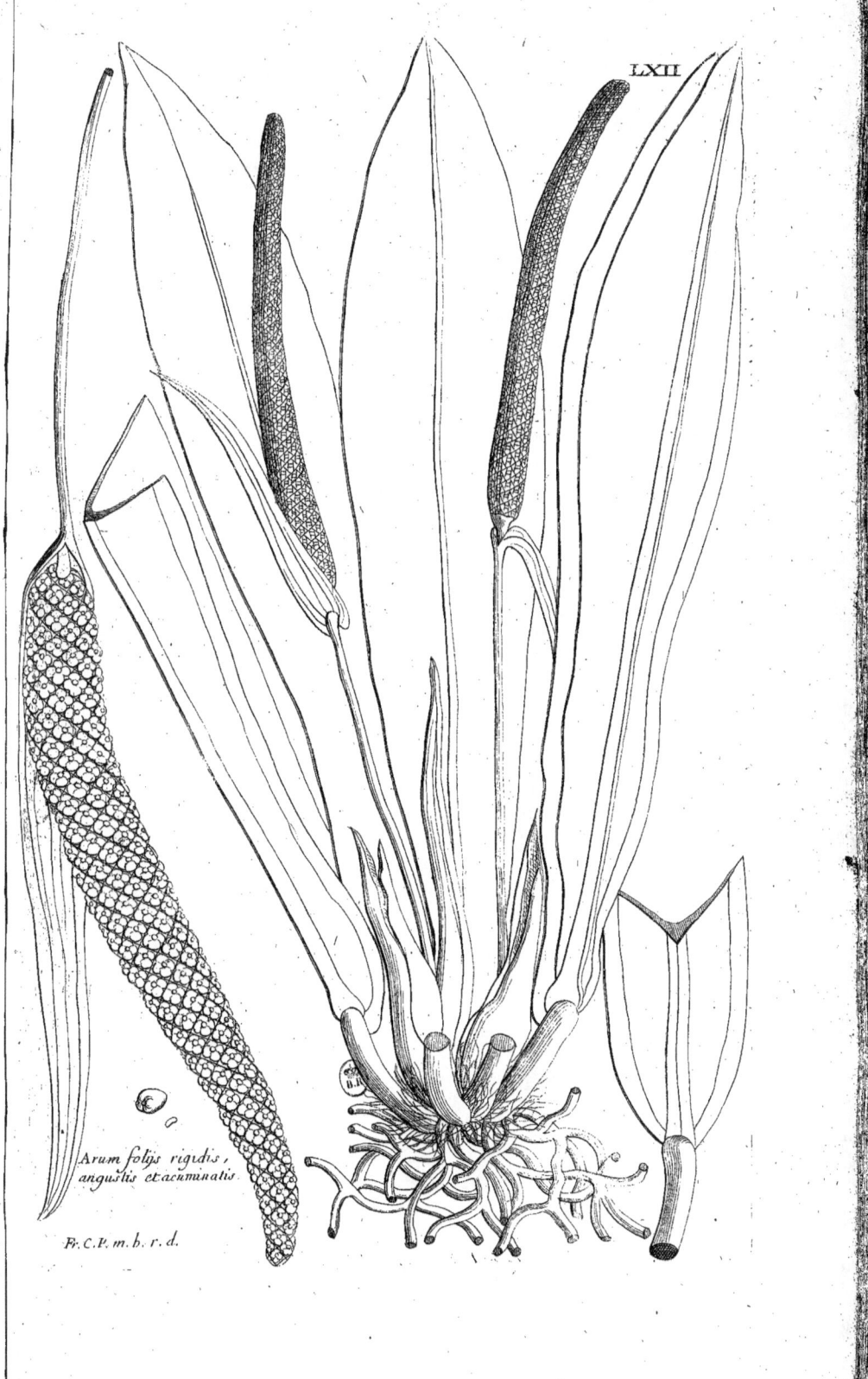

LXII.
Arum foliis rigidis, angustis, & acuminatis.
Arum à feüilles fermes, étroites & pointuës.

Cette plante a plusieurs racines de differente grosseur, entremeslées les unes dans les autres, roussastres en dehors, & blanches en dedans : elle pousse plusieurs feüilles dés la racine d'environ un pied & demi de long, & de trois pouces à l'endroit le plus large : elles sont pointuës, dressées en haut, solides, épaisses, unies, teintes d'un beau vert, & comme pliées en dedans ; leur pedicule a environ un pouce de long, sur quatre lignes d'épaisseur, & plié à la façon d'un coude vers le commencement de la feüille, qui a une nervûre en dos d'asne tout au long, avec quelques petites costes traversieres, mais qui ne paroissent quasi pas.

Il y a parmi ces feüilles quelques pedicules assez longs, ronds, épais d'une ligne, portant chacun un fruit, qui étant meur, a prés de neuf à dix pouces de long, sur un pouce d'épais, rond & finissant peu à peu en pointe émoussée. Il sort d'une feüille membraneuse qui luy servoit d'envelope, & il est tout entaillé par deux lignes spirales, qui se croisant, forment des quarreaux en raiseau de trois à quatre lignes d'étenduë, teints d'un violet pasle, ayant chacun une baye enchassée dans son champ, de la grosseur d'un pois, formée comme un petit cœur de couleur d'Amethiste où violet clair meslé de rouge, molle, unie & luisante, pleine d'un suc blanc & mucilagineux, qui enferme deux semences noires, & tant soit peu longues.

Le fruit & les feüilles piquent la langue quelque temps aprés qu'on les a maschées. On en voit ordinairement dans les forests humides, sur les troncs des vieux arbres : le fruit est exprimé dans la planche, quand il est en sa maturité & lorsqu'il ne fait que de naistre.

Quelques-uns appellent cette plante *Perroquet*, sur quoy il faut sçavoir, qu'on voit dans nos Isles plusieurs differentes especes de plantes qui naissent de la mesme façon que celle-cy, ayant leurs feüilles disposées comme celles des aloës vulgaires ; elles naissent aussi immediatement sur les troncs des arbres, & on les nomme generalement *perroquets*.

LXIII. & LI. figure 1.
Dracontium amplis foliis, cordatis, radice nodosa rubra.
Grande Serpentaire, à grandes feüilles en cœur, à racine rouge, & noüeuse.

Cette plante naist particulierement sur les troncs des gros arbres, d'où elle semble prendre naissance à la façon de nos guys, quoy qu'elle ait une racine grosse presque comme le bras, & de prés d'un pied de long; mais comme elle est ordinairement toute couverte de mousse, il semble qu'elle sorte immediatement du tronc des arbres : elle est tortuë & fort noueüse, couverte d'une poussiere roussastre : sa substance est presque comme celle des racines de nos roseaux, mais pourtant un peu plus tendre, & comme spongieuse, de couleur de sang un peu pasle, & d'un goust fort astringent ; elle s'attache contre les arbres par plusieurs petites racines : & pousse sept ou huit grandes feüilles de prés de deux pieds d'étenduë, faites en façon d'un cœur, lisses, membraneuses, & luisantes, d'un vert-chargé par dessus, mais teintes par dessous d'un vert-clair, & soustenuës par une nervûre, & par quelques costes assez élevées : leur pointe panche en bas, & leurs pedicules sont fort longs, & ont bien prés de trois lignes de grosseur : ils sont roides, unis, ronds, & tant soit peu creusez en devant.

Outre les pedicules des feüilles, il en sort deux où trois autres d'environ deux pieds de long tout à fait ronds, & lisses, qui portent chacun un fruit qui panche en-bas, d'un pied de long, & d'un pouce d'épaisseur dans le commencement, & qui se retressit peu à peu jusques au bout, qui est un peu émoussé. Il est rond, & sort comme de l'envelope d'une feüille membraneuse, étroite & pointuë : sa substance est tendre, & teinte en dehors d'un violet fort chargé : sa superficie est toute entaillée par une ligne spirale, dont les intervales sont entrecoupez par d'autres lignes qui composent de petits quarreaux, ou parallelogrammes situez obliquement, ayant chacun au milieu de leur champ, une petite bosse ronde, & bleüe, qui ressemble fort bien à un saphir enchassé dans un Améthiste. Je n'ay pourtant pu voir ce fruit en sa maturité entiere.

Plusieurs habitans appellent cette plante de la *Schine*, à cause que sa racine est grosse, noueüse, & rouge, presque comme celle

de

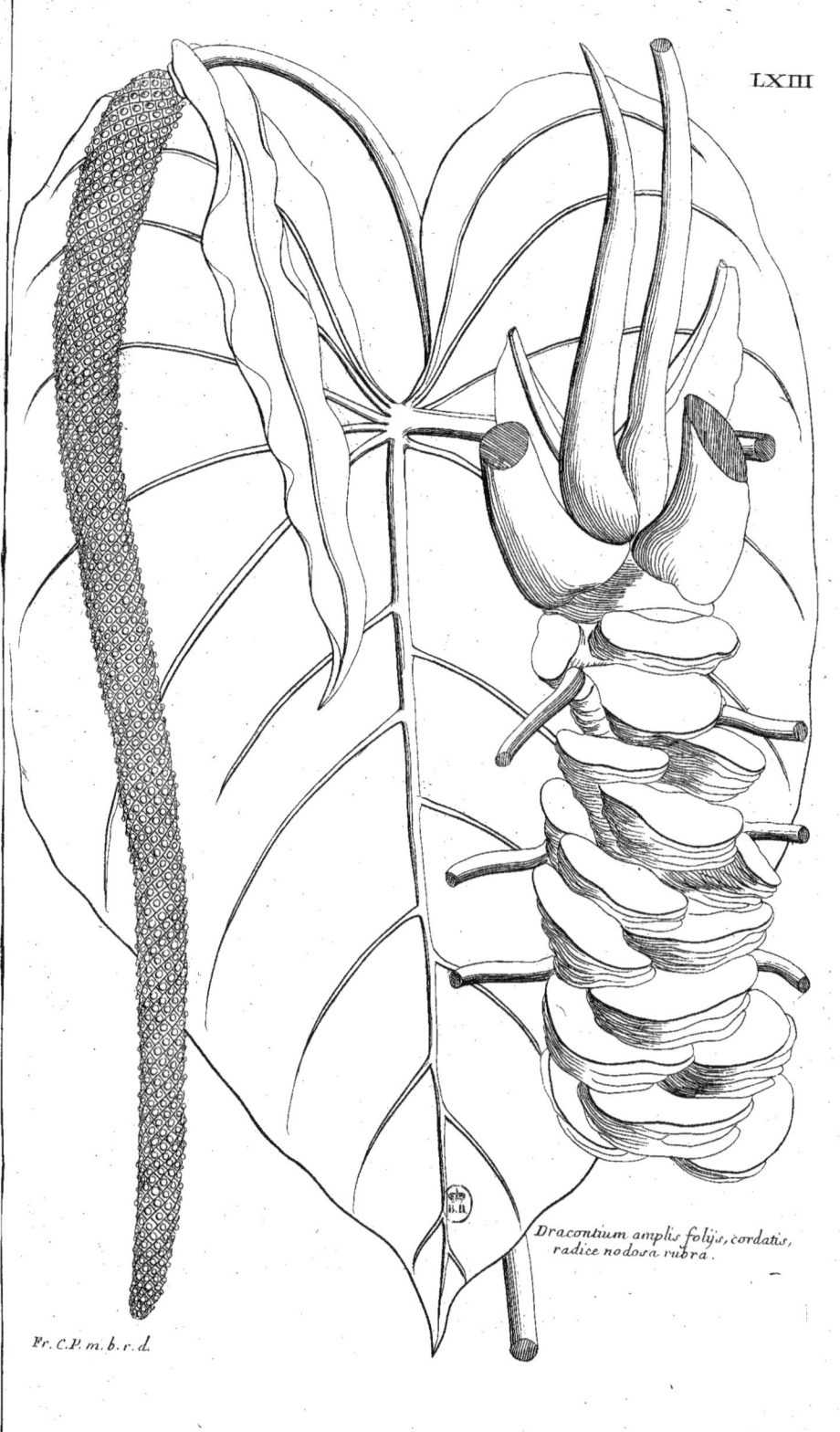

Dracontium amplis folijs, cordatis, radice nodosa rubra.

LXIV

Dracontium hederaceum, poliphyllum

Fr. Carolus Plumier Minimus Botanicus Regius delineavit.

Dracontiũ hederaceum, polyphyllum.

de la veritable Schine; mais ils se trompent, puisque la veritable Schine est une plante épineuse, qui rampe sur les arbres à la façon de nos houblons & couleuvrées, comme je montreray par la description, & par la figure que j'en donneray dans le volume suivant. J'ay dessiné pourtant la racine de ce *dracontium*, aprés l'avoir bien nettoyée de sa mousse, & de sa poussiere, pour la mieux donner à connoistre.

LXIV. & LXV.
Dracontium hederaceum, polyphyllum.
Grande serpentaire, montante, à plusieurs feüilles.

SA tige est presque de mesme grosseur, couleur & consistence que celles des precedentes, LVIII. & LIX. Elle pousse aussi des racines de mesme façon, & s'attache contre le tronc des arbres: elle produit vers le bout quelques feüilles qui ont souvent plus de trois pieds d'étenduë: leur pedicule a prés de quatre pieds de long, & environ quatre lignes d'épaisseur; il est plus gros par le bas, & tumefié dans l'endroit où il s'attache à la feüille; il est roide, fort uni, d'un beau vert, & arrondi, excepté par le devant où il est silloné.

Les feüilles sont fenduës par neuf ou dix découpûres, à peu prés comme celles de nostre *Agnus Castus*, ou comme celles du *Magnoc*; les découpûres n'arrivent pas pourtant jusques au pedicule: elles sont épaisses comme du gros parchemin, toutes lisses, d'un vert fort chargé par dessus, & un peu plus clair par dessous: il y a aussi une nervûre tout le long de chaque découpûre, fort relevée, & un peu enflée vers le pedicule, qui fournit quelques costes deçà & delà plus menuës & fort courbées.

Il sort parmi ces feüilles quelques fruits attachez chacun sur un pedicule un peu plus delié & plus court: ces fruits ont plus d'un pied de long, & ils sont épais d'un pouce vers le pedicule: ils panchent en-bas, & ils sont envelopez, avant qu'ils paroissent, dans une feüille membraneuse, pointuë & toute sillonée par quelques veines d'un vert blanchastre: ils sont verds au commencement & tout tracez de gauche à droit, par des lignes spirales, qui étant entrecoupées par d'autres lignes, forment des quarreaux où losanges d'environ deux lignes d'étenduë, & qui ont chacun au milieu une bossette quarrée, un peu relevée, & enchaſſée dans le loſange, comme la pierre d'un anneau dans ſon chaton.

Je ne les ay jamais pu voir en leur maturité, quoyque j'en aye veû aſſez bon nombre le long du chemin qui va du Fort S. Pierre à la Cabſterre, meſme vers la paroiſſe Sainte Marie de la Martinique, ſur tout dans l'habitation de M. de la Calle.

LXVI.

Saururus hederaceus, cauliculis maculoſis major.

Grande queüe de lezard, rampante, & tachetée.

Cette plante & les ſuivantes ayant beaucoup de raport par leurs fruits aux precedentes, j'ay cru qu'il eſtoit bon d'en parler aprés, & comme on ne ſçauroit les raporter à un genre connu, je me ſers du nom de *Saururus*, qui exprime la reſſemblance que leurs fruits ont avec la queuë d'un lezard; car σαῦρος veut dire *lezard*, & ὠρά ſignifie *queuë*.

Cette eſpece rampe & s'attache contre les rochers & les arbres voiſins: ſa racine principale & ſa tige ſont fort ſemblables: leur épaiſſeur eſt d'un demi-pouce: elles ſont liſſes, plus tendres que celles des plantes precedentes, & garnies de nœuds diſpoſez inégalement; mais la couleur de la racine eſt blanchaſtre, & celle de la tige eſt d'un vert un peu paſle, marqueté de taches de couleur de pourpre: les nœuds inferieurs ont cinq ou ſix racines fort longues & minces, qui s'attachent contre les rochers ou contre les arbres, mais ceux d'en-haut pouſſent chacun une feüille, dont la pointe eſt tournée en-bas: leur pedicule s'inſinuë dans le champ de la feüille; il a prés d'un pied de long, & environ deux lignes & demi d'épais, il eſt auſſi fort uni & tout tacheté de quantité de petites marques rouges, comme celles de la tige.

Les feüilles ont plus de demi-pied de long, & quatre pouces de large: elles ont preſque la figure d'un fer de lance, quoy que pourtant arrondies, & un peu échancrées en façon d'un cœur vers le pedicule: leur conſiſtence eſt fort épaiſſe, tendre & ſucculente de meſme que les feüilles de noſtre grande joubarbe, que G. Bauhin appelle *ſedum majus vulgare*: leur gouſt eſt fade; elles ſont liſſes, d'un vert-blanchaſtre par deſſous, avec une nervûre aſſez élevée, qui diſtribuë deçà & delà quatre ou cinq coſtes fort minces, & courbes; mais leur deſſus eſt d'un vert fort chargé, ayant quelques traces blanches qui répondent à la nervûre, & aux coſtes de deſſous.

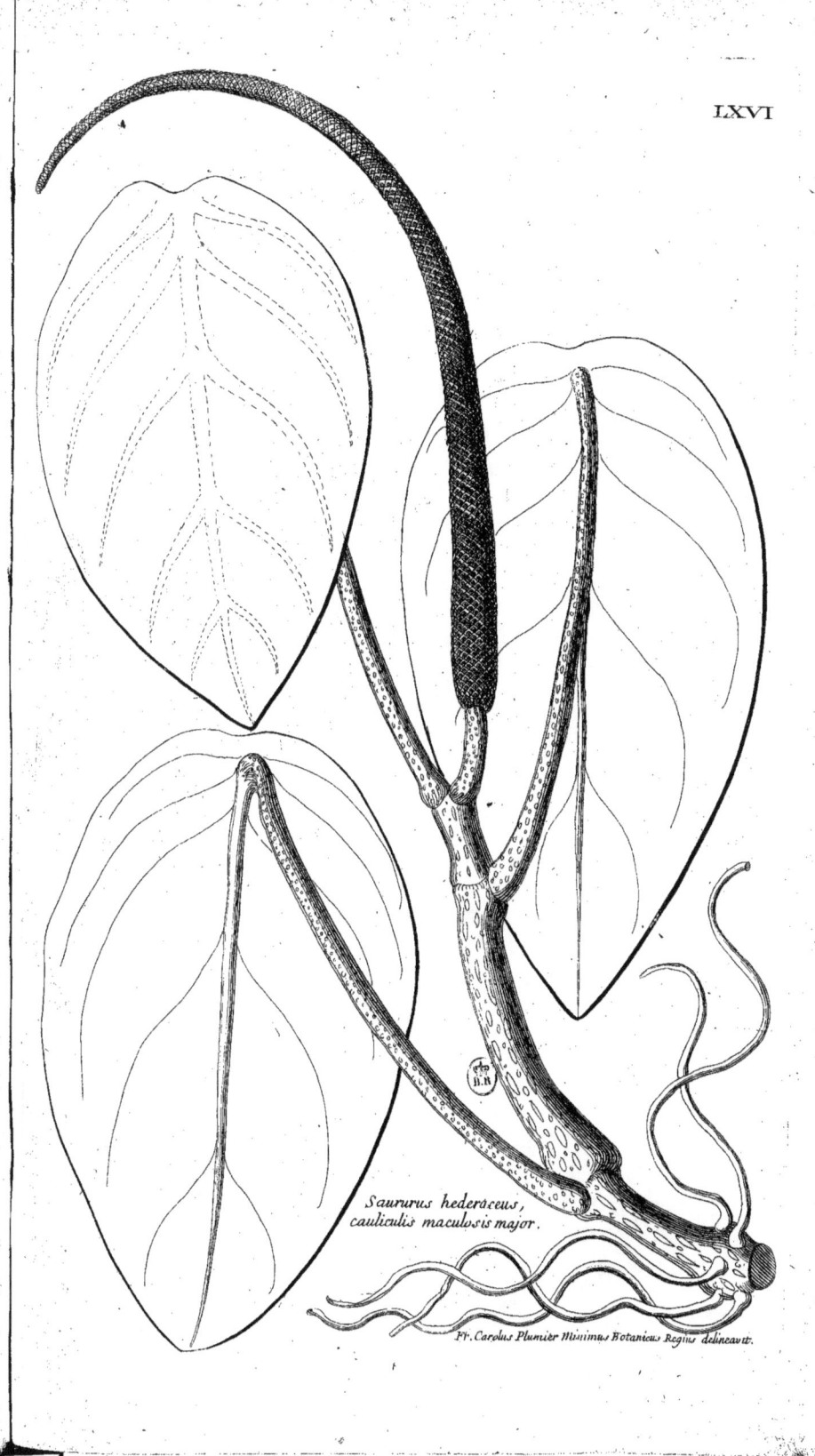

Saururus hederaceus, cauliculis maculosis major.

Fr. Carolus Plumier Minimus Botanicus Regius delineavit.

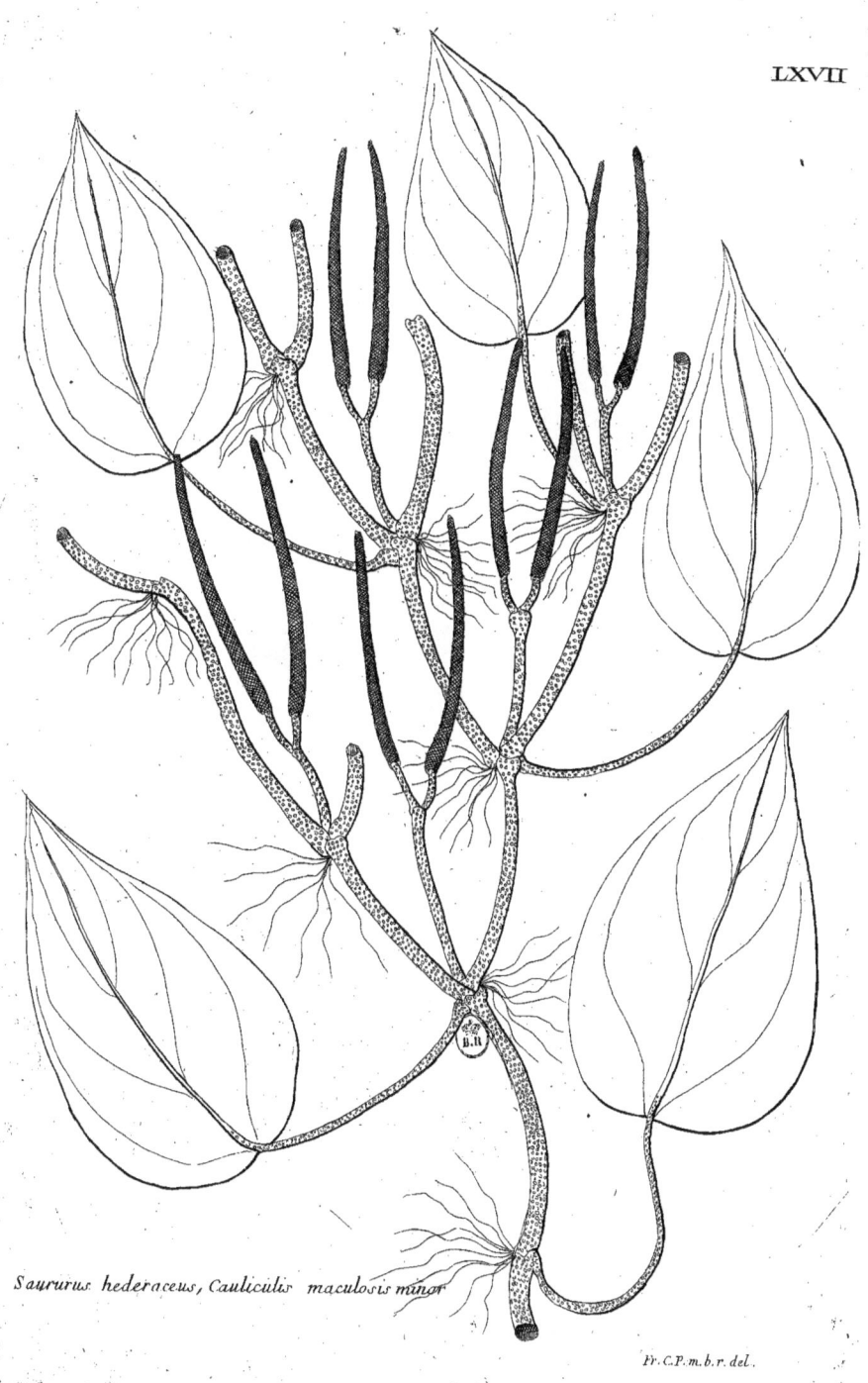

Saururus hederaceus, Cauliculis maculosis minor

DES PLANTES DE L'AMERIQUE. 51

Elle pousse un ou deux fruits semblables à la queuë d'un lezard, d'environ un pied de long, & prés de demi-pouce d'épais par en-bas ; ces fruits sont droits, mais j'ay esté obligé de les peindre crochus, à cause du peu d'espace du papier : ils sont solides en dedans, tendres, succulents & insipides, mais en dehors ils sont vert-pasles, & tous raïez par deux spirales qui s'entrecroisant forment de petits losanges, ayant chacun une petite éminence ronde, située à l'angle d'en-bas.

Je n'ay pas pû voir ces fruits en maturité, ni observer s'ils ont du commencement une enveloppe, comme celle des especes d'*Arum*, ou *Pieds-de-veau*.

J'en ay trouvé quelques plantes dans les forests de S. Domingue, vers un endroit que les habitans du Port-de-paix apellent le *Precipice du trou*, proche le Moustique.

LXVII.

Saururus hederaceus, cauliculis maculosis, minor.

Petite queuë de lezard, rampante, & tachetée.

J'Ay trouvé cette plante dans le mesme endroit que la precedente ; elle est de mesme consistence & de mesme goust, mais ses tiges ne sont pas plus grosses qu'une plume a écrire, & poussent plusieurs branches par les nœuds, d'où il sort aussi une feüille, & plusieurs petites racines fibreuses, d'environ deux pouces de long : ces tiges & ces branches rampent à terre, ou s'attachent contre les arbres : elles sont tout à fait rondes, lisses, d'un beau vert & toutes marquetées de plusieurs petites taches rondes, & rouges comme du carmin.

Les feüilles sont fort unies, vert-pasles & aprochent aussi de la forme d'un fer de pique arrondi vers le pedicule : elles sont beaucoup plus petites que celles de la precedente, mais un peu plus pointuës, ayant environ quatre pouces de long, & deux de large : elles sont attachées immediatement par le bord au pedicule qui est mince, de prés de trois pouces de long, & aussi tout marbré comme la tige.

Dans l'entre-deux des branches il en sort un pedicule d'environ deux pouces de long, & tacheté de mesme, qui supporte deux fruits longs d'environ trois pouces, & épais d'une ligne : ils sont ronds, & ressemblent à la queuë d'un rat ou d'un petit lezard, de mesme couleur, goust & consistence que ceux de la plante pre-

G ij

cedente, & gravez de mesme par deux lignes spirales à gauche &
à droit.

LXVIII.
Saururus hederaceus, triphyllus.
Queuë de lezard, rampante, à trois feüilles.

CEtte plante s'attache particulierement contre le tronc des arbres, de la mesme façon que nos lierres : elle pousse quantité de tiges branchuës, fort menuës, & couvertes d'un petit poil ras, & entrecoupées de plusieurs nœuds éloignez d'environ un pouce les uns des autres.

A chaque nœud il y a trois feüilles rondes, un peu moindres que l'ongle du pouce, convexes des deux costez, plus charnuës que les feüilles du pourpier, mais moins tendres, succulentes presque comme celles de la grande joubarbe, & bordées d'un poil fort court : leur dessous est vert-clair, & soustenu par trois petites nervûres, mais le dessus est plus chargé, & la surface en est tant soit peu rude, presque comme la peau du chien de mer.

Il y a aussi a chaque nœud plusieurs racines menuës comme des cheveux, & qui s'attachent contre le tronc des arbres : les bouts des tiges & des branches sont terminez par un fruit rond, comme la queuë d'un rat, long d'environ trois pouces, & épais d'une ligne, de couleur jaunastre, & tout couvert de quantité d'écailles fort menuës, & rangées par cercles.

Cette plante est presque sans goust, mais elle échauffe mediocrement le palais & la langue quand on la masche. J'en ay trouvé sur quelques arbres vers le Mont-Noël, proche le Fort S. Pierre de la Martinique.

LXIX.
Saururus repens, folio orbiculari, nummulariæ facie.
Queuë de lezard rampante, à feüilles rondes, & semblable à la nummulaire.

AU premier abord vous prendriez cette plante pour la nummulaire ordinaire, car elle rampe de mesme façon, & a ses feüilles rondes & presque de mesme grandeur : c'est particuliere-

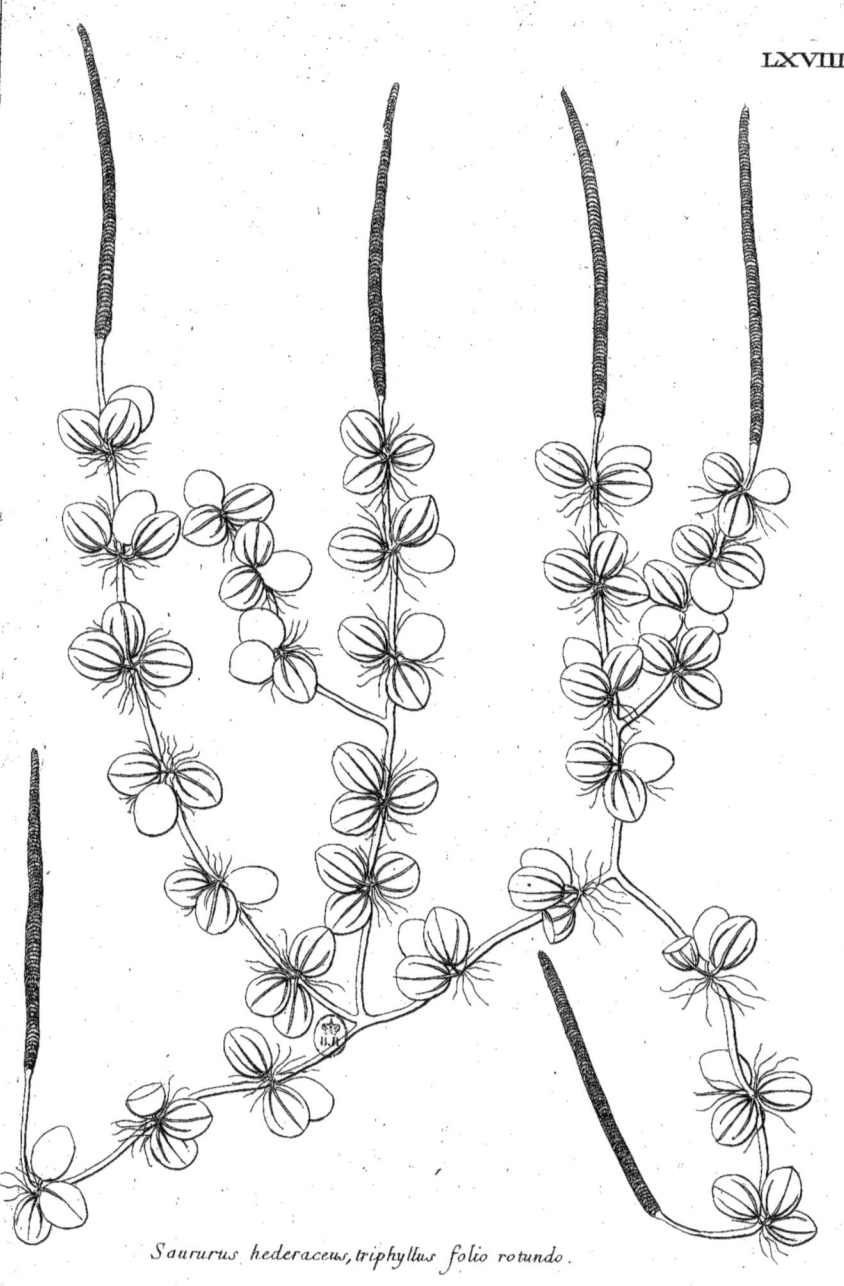

Saururus hederaceus, triphyllus folio rotundo.

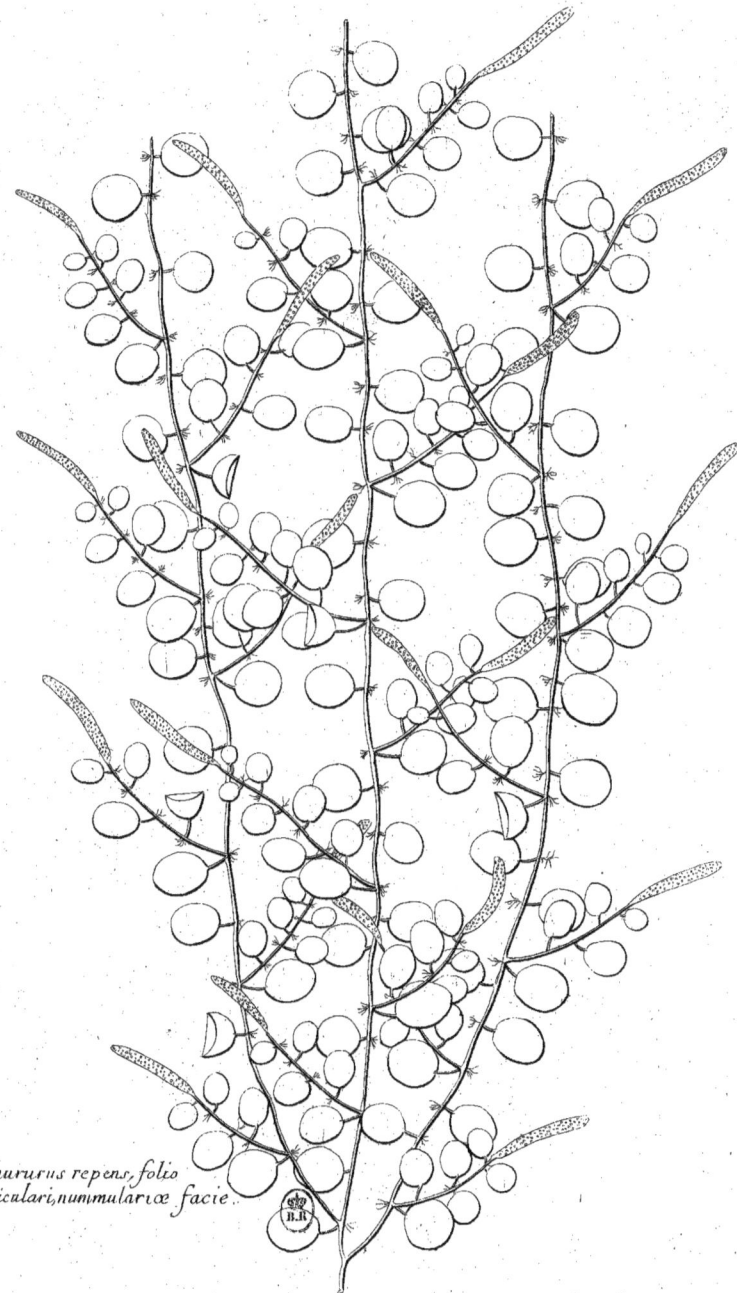

Saururus repens, folio orbiculari, nummulariæ facie.

Saururus humilis folio carnoso subrotundo.

ment sur les roches, & sur les troncs des arbres abbatus qu'elle étend ses tiges fort menuës & fort longues, avec quantité de branches disposées alternativement, & qui s'étendent de tous costez : elles ont plusieurs feüilles rangées aussi alternativement, de la grandeur à peu prés de l'ongle du pouce, & attachées à des pedicules fort courts & fort menus : leur figure est fort ronde, & on ne sçauroit les mieux comparer qu'à la moitié d'une lentille, car elles sont fort plates par dessus, & convexes par-dessous.

Les bouts des branches & des tiges se terminent aussi comme ceux de la precedente, par un petit fruit arrondi comme un petit pilon, ou comme une petite queuë émoussée, d'environ un pouce de long & d'une ligne d'épaisseur, picotée par de petites taches en raiseau.

Toute la plante est d'un vert blanchastre, & pousse de chaque nœud quelques racines fort menuës : elle cause un peu de chaleur au goust, mais cette chaleur n'est pas desagreable : j'en ay trouvé en plusieurs endroits vers le Fort-Royal de la Martinique.

LXX.

Saururus humilis, folio carnoso, subrotundo.

Petite queuë de lezard, à feüilles arrondies, & charnuës.

Elle a plusieurs racines menuës & fibreuses, qui poussent quelques tiges & qui rampent ordinairement : elles sont rondes, & ont environ deux à trois lignes d'épaisseur ; elles sont fort lisses, teintes d'un vert foncé & noueuses, poussant quelques branches & une feüille à chaque nœud : ces feüilles ont le pedicule fort court, & quelques-unes n'en ont presque point : elles sont étroites en leur commencement & arrondies vers le bout, longues d'environ trois pouces, sur un & demi de largeur : leur consistence est comme celle de nos pourpiers, mais un peu plus solide ; elles sont lisses & n'ont qu'une nervûre qui les traverse tout au long.

Au bout de chaque branche & bien souvent dans les aisselles des feüilles, il en sort un fruit appuyé sur un pedicule d'environ un pouce ou deux de long : il a aussi la figure de la queuë d'un petit lezard, longue de trois à quatre pouces, & épaisse de prés de deux lignes, de couleur jaunastre, & gravée par de petits trous disposez en raiseau.

Son goust est un peu amer & accompagné d'un peu de chaleur : elle naist ordinairement dans les forests humides sur les troncs pourris, & on l'appelle vulgairement *pourpier de bois*.

LXXI.

Saururus alius humilis, folio carnoso, acuminato.

Autre petite queuë de lezard, à feüilles pointuës, & charnuës.

Elle-cy est tout à fait semblable à la precedente en sa grandeur & en sa disposition : son fruit est le mesme, mais ses feüilles, qui sont presque de mesme grandeur & consistence, ont la figure d'un fer de pique pointu par les deux bouts, avec cinq petites nervûres par dessous en long, comme celles de nos plantains.

Ces feüilles sont d'un goust aigre, & le fruit est un peu piquant : on la trouve dans les mesmes endroits que la precedente : & elle peut servir contre la morsure des serpents, en appliquant son suc sur la blessure, après toutefois y avoir fait une scarification.

LXXII.

Saururus minor procumbens, botryitis, folio crasso, cordato.

Petite queuë de lezard, à feüilles grasses, & en cœur.

Cette plante a sa racine menuë & fibreuse, fort peu enfoncée en terre, qui pousse une tige fort courte, épaisse d'environ deux à trois lignes, ronde, unie, tendre, blanchastre & un peu purpurine, entrecoupée de quelques nœuds, & qui pousse aussi quelques branches noueüses de mesme grosseur & consistence.

Il y a ordinairement à chaque nœud, une ou deux feüilles d'un peu plus d'un pouce d'étenduë, faites quasi en cœur, de consistence fort tendre, & épaisses comme les feüilles de nos pourpiers, lisses, d'un vert un peu foncé par dessus, & blanchastre par dessous, avec une nervûre tout au long, accompagnée de quelques autres à costé, un peu courbées.

On voit presque à chaque nœud un ou deux fruits d'environ deux à trois pouces de long, & d'une ligne d'épaisseur, sem-

Saururus alius humilis, folio carnoso, et acuminato.

Saururus minor procumbens
Botryitis folio crasso cordato.

Fr. C.P. m. b. r. d.

LXXIII

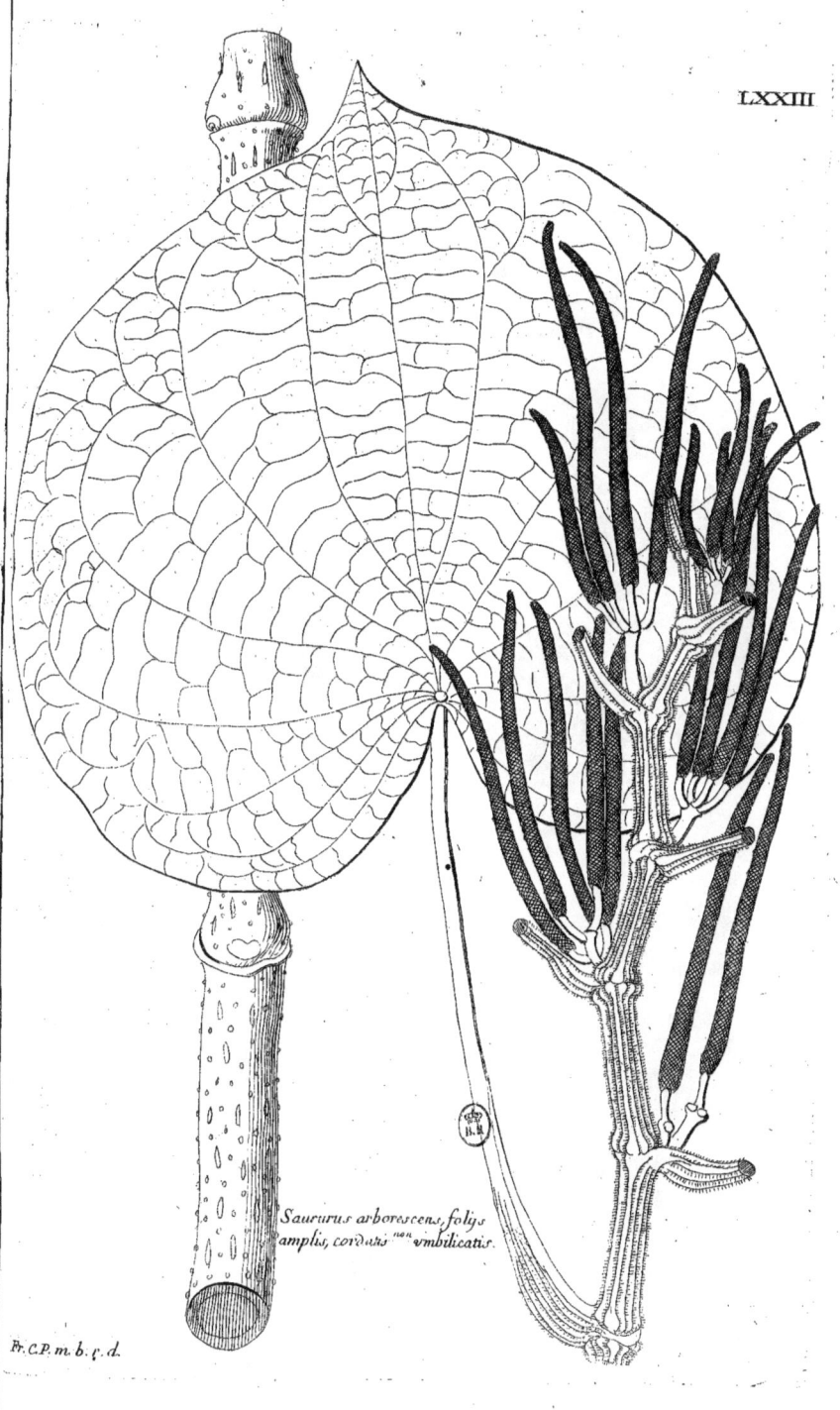

Saururus arborescens, folijs amplis, cordatis non umbilicatis.

Fr. C.P. m. b. c. d.

blables aussi à la queüe d'une souris, ou d'un petit lézard, presque tous couverts de quantité de petits grains ronds, en façon d'une petite grape, qui du commencement sont verds, & en suite deviennent noirs.

Cette plante rampe, & n'a presque qu'un ou deux pieds d'étenduë : on en trouve quantité au quartier du Fort S. Pierre de la Martinique, où on l'appelle vulgairement l'*herbe à la couresse*, à cause, à ce que j'ay entendu dire à quelques habitans, d'une espece de couleuvre appellée *couresse*, menuë & longue, chamarrée tantost de noir & de jaune, tantost de gris & de noir : cette couleuvre est assez fréquente dans la Martinique, elle est sans venin, puisqu'on la peut manier sans danger, & elle est, à ce qu'on dit, fort ennemie des autres serpens venimeux qui sont dans la mesme Isle ; de sorte que bien souvent elle les attaque, & les presse si fort en les entortillant, qu'elle les étouffe : & si elle se sent morduë par ces serpents : elle a recours à cette plante comme à un contrepoison, & c'est pour ce sujet qu'on la nomme l'*herbe à la couresse*.

LXXIII.

Saururus arborescens, foliis amplis, cordatis, non umbilicatis.

Queüe de lezard arbre, à grandes feüilles en cœur.

SA racine a un peu plus d'un pouce d'épaisseur : elle est d'une matiére ligneuse, blanchastre, divisée en plusieurs autres racines plus menuës, fort peu enfoncées en terre : elle est chaude au goust, & aromatique.

Elle pousse une tige fort droite, & d'environ un pouce de grosseur, & de quatre à cinq de longueur, noueüse à la façon de nos roseaux, & pleine d'une chair moëlleuse : elle est d'un vert foncé, ronde depuis le bas jusques au delà de sa moitié, raboteuse, par plusieurs petites verruës & dechiquetée par des enfonçûres comme de petites playes, mais ses nœuds & leurs interstices superieurs, sont goderonnez par plusieurs angles ronds, & couverts en long d'un petit poil blanchastre & cotonné.

Il y a à chaque nœud superieur, une feüille fort grande d'environ deux pieds d'étenduë : elle est taillée en forme de cœur, & est attachée immediatement au pedicule, par son enfonçûre ; elle est d'un vert-pasle par dessous avec plusieurs nervûres & costes élevées, & par dessus d'un vert un peu chargé.

Ses pedicules sont un peu enflez par en-bas, canelez en devant, & goderonnez & velus par derriere, mais en suite ils sont ronds, unis, & épais d'environ deux lignes, & longs de prés d'un pied & demi : il sort de leur angle un ou deux autres pedicules fort courts, qui soutiennent chacun quatre à cinq fruits, comme de petites queuës de lezard, avec la pointe émoussée, d'environ trois à quatre pouces de longueur, & d'une ligne & demi d'épaisseur: d'un vert blanchastre, & couverts de petites écailles rangées comme les entaillûres d'une lime : ces fruits sont douçastres du commencement qu'on les mange, en suite ils laissent une petite amertume accompagnée de chaleur.

J'en ay trouvé souvent le long des ruisseaux, ou dans les forests humides de l'Isle S. Domingue, où on la nomme *Collet-de-Nostre-Dame*.

C'est l'*Aguaxima* des Brasiliens, & le *Malva d'Isco* des Portugais de G. Pison liv. 4. ch. 72. où il dit que sa racine est tres-bonne & tres-utile; qu'elle est chaude au troisiéme degré, & estimée un contre-poison, puis qu'étant composée de parties tenuës, elle ouvre & desobstruë fortement; qu'il n'y a personne qui ne la connoisse à cause de ses grandes vertus : étant pilée & apliquée en façon d'emplastre sur la partie malade, elle meurit & nettoye tres-bien : le suc des feüilles est aussi fort bon pour les blessures, à cause de sa froideur : on se sert de ces mesmes feüilles dans les lavemens, parce qu'elles ont la mesme vertu que celles des mauves.

LXXIV.

Saururus arborescens, foliis amplis, rotundis & umbilicatis.

Queuë de lezard arbre, à grandes feüilles rondes.

Celle-cy a le mesme aspect que la precedente ; elle n'en differe qu'en ce que ses feüilles sont tout à fait rondes, si ce n'est vers le pedicule où elles sont un peu échancrées : leur nervûre est composée de plusieurs costes un peu courbes, qui sont comme tirées du centre à la circonference, & dont les entre-deux sont venez par de petites costes ondées & comme circulaires.

Sa racine a bien demi-pied de long, & un pouce d'épaisseur: elle est noirastre par dehors, blanche & succulente en dedans, & accompagnée de quelques autres racines plus menuës & plus longues.

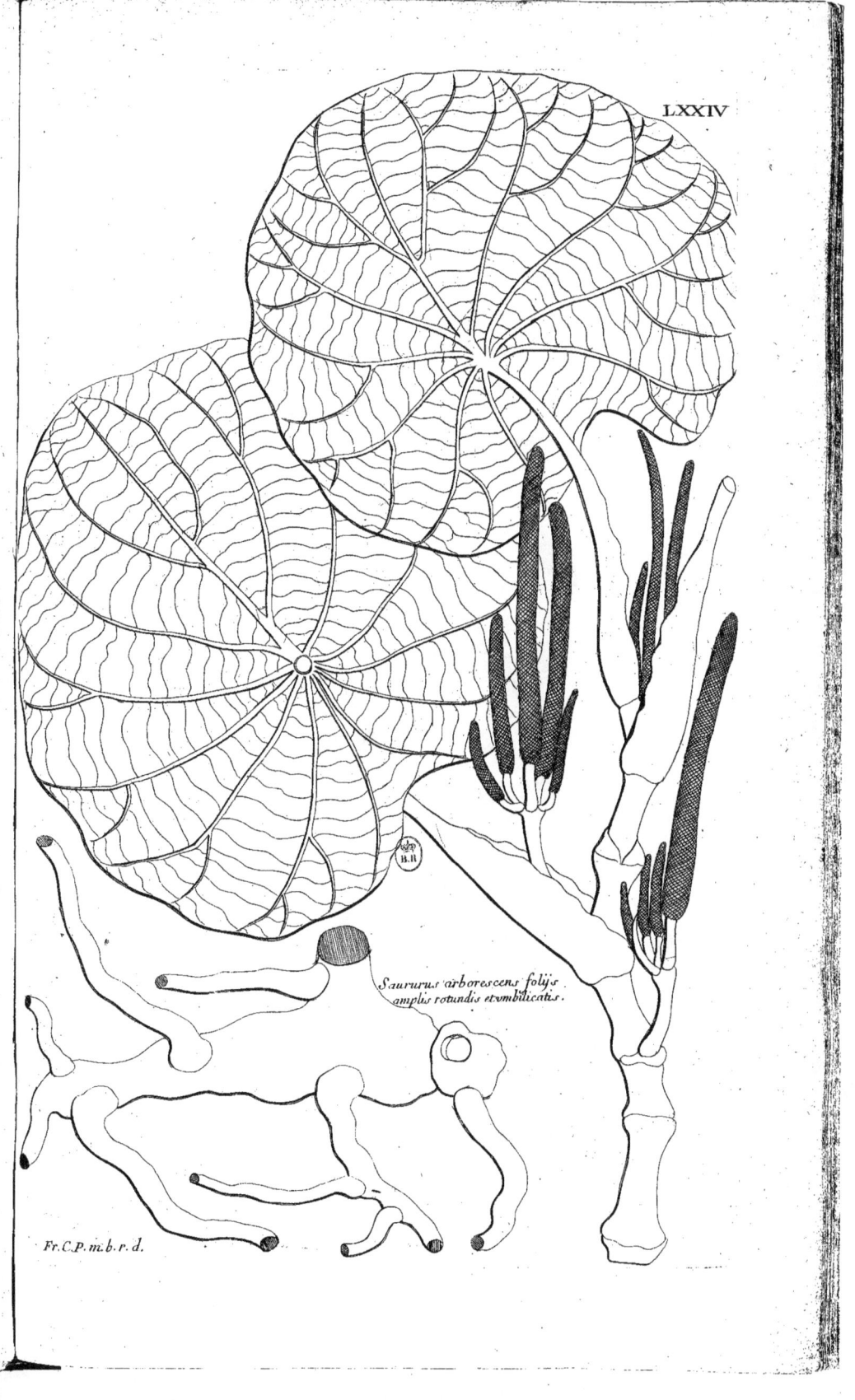
Saururus arborescens folijs amplis rotundis et umbilicatis.

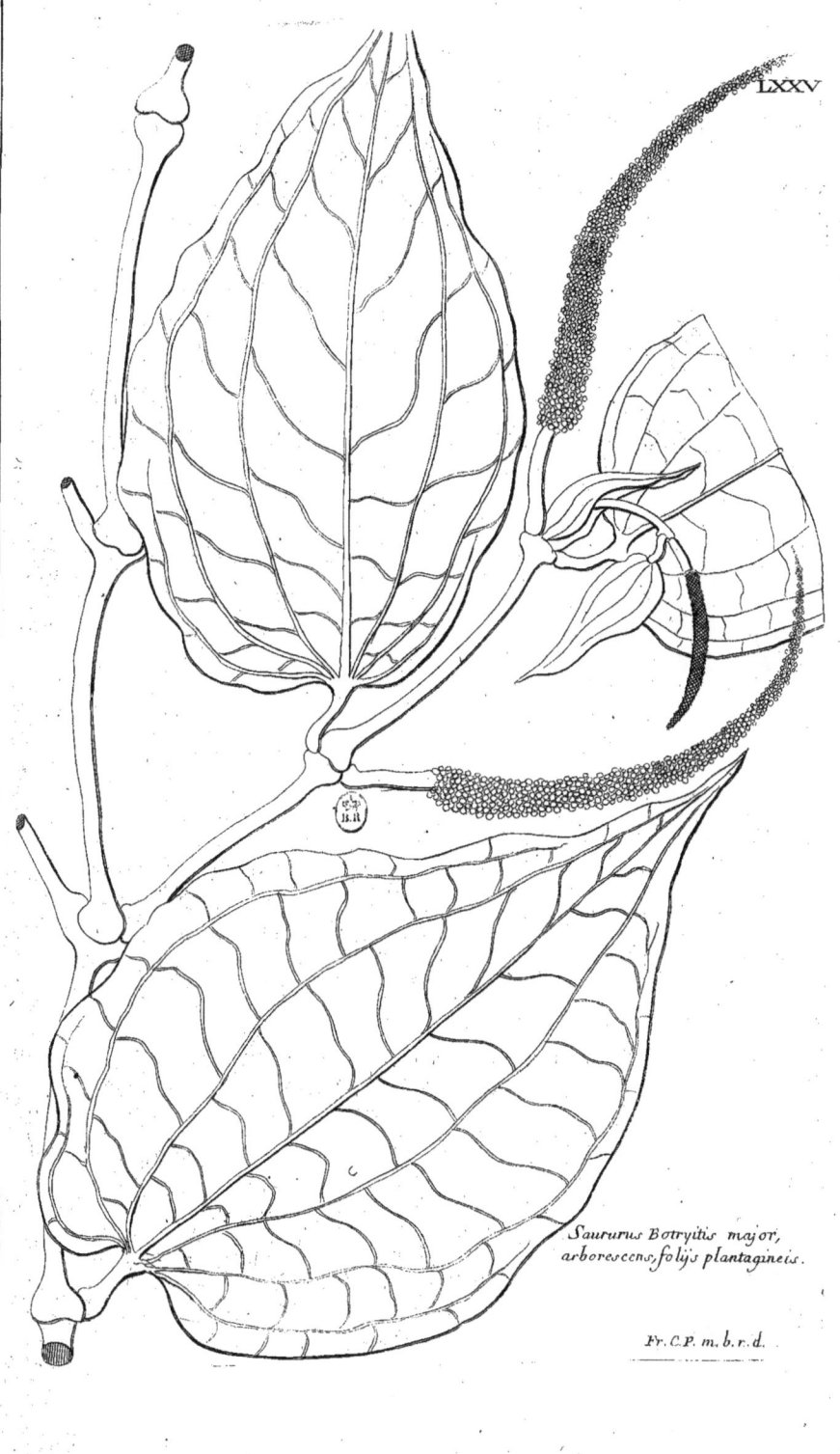

Saururus Botryitis major, arborescens, folijs plantagineis.

Fr. C.P. m. b. r. d.

Sa tige est fort droite, épaisse d'un pouce, & haute d'environ trois à quatre pieds: elle est toute ronde & noueüse comme nos roseaux, lisse, & verte en dehors, & pleine en dedans d'une chair blanche & ferme: ses feüilles sont situées vers le bout, d'environ deux pieds d'étenduë, suivant la bonté du terrain où elle naist: leurs pedicules sont fort longs; ils embrassent la tige par une gaîne qui s'étend environ jusqu'à leur moitié, au dela de laquelle ils sont ronds, & s'inserent bien avant dans les feüilles: il sort du fond de cette gaîne une petite branche, longue d'environ un pouce & demi, & épaisse de deux ou trois lignes: elle supporte quatre ou cinq fruits faits comme la queüe d'un lézard, longs de trois à quatre pouces, épais de trois lignes, émoussez par le bout, & couverts de quantité de petits grains disposez en écailles: ils sont d'un goust un peu piquant, & font venir l'eau à la bouche, quand on les masche aussi bien que toute la plante.

On l'appelle aussi communément *Collet de nostre-Dame*, & elle croist dans les mesmes endroits que la precedente.

LXXV.
Saururus botryitis major, arborescens, foliis plantagineis.

Grande queüe de lezard, arbre à grapes, & à feüilles de plantain.

ON trouve plusieurs especes de cette plante dans nos Isles, qui ne different que par la grandeur des feüillages, & que l'on peut compter parmi les arbrisseaux; celle-ci devient arbre & pousse un tronc gros comme la cuisse: son écorce est de couleur cendré, & marbrée par de grandes taches vertes & blanches: ce tronc pousse quantité de branches de la grosseur du bras, fort longues, droites, vertes, lisses, moëlleuses, fragiles, & noueüses, & qui jettent d'autres branches plus menuës & noueüses de mesme: il y a à chaque nœud une feüille attachée à un pedicule d'environ un pouce de long, longue de prés de huit pouces, & large de quatre à cinq: son extremité est fort pointuë, & sa base est comme arrondie: elle est vert-gay par dessus, mais un peu plus clair par dessous, & chargée de sept costes étenduës en long, de mesme que celles de nos plantains, dont l'entre-deux est traversé par plusieurs moindres costes.

Il y a aux mesmes nœuds & vis-à-vis de chaque feüille un fruit ou plûtost une grape d'environ demi-pied de long, & de quatre à cinq lignes d'épaisseur dans le bas: elle se retressit jusques au bout, & elle est chargée de quantité de grains de la grosseur presque de ceux de la moutarde, qui sont verts dans le commencement, & noirs & mols dans leur maturité, d'un goust chaud & piquant: c'est pourquoy quelques-uns l'appellent *poivre long*.

J'ay trouvé cette espece vers le cul-de-sac de la Trinité de la Martinique, où il y en a une autre espece qu'on trouve quasi partout, & qu'on appelle aussi *poivre long*, pour le mesme sujet, mais ce n'est qu'un arbrisseau: ses feüilles & ses branches sont plus petites, noueüses, rondes, lisses, vert-clair, & fort fraisles: son fruit est de mesme façon, mais plus petit.

J'en ay remarqué une autre espece dans l'Isle S. Domingue, vers Leogane & le grand Goive, un peu plus grande que celle-cy, dont pourtant le fruit est plus court, plus épais & émoussé, comme on le peut voir dans la planche LXXVI.

Les habitans de nos Isles se servent du fruit de cette plante, & particulierement de la décoction de sa racine dans une maladie qu'ils appellent le *mal d'estomac*, qui n'est proprement qu'une intemperie froide & humide causée par le trop grand usage des fruits, & des boissons du païs, ou faute de se couvrir la nuit, surtout le matin, où le froid se fait fort bien sentir, particulierement aux mois de Decembre, Janvier, & Fevrier, dans les quartiers qu'on appelle la Cabsterre, où le vent de Nord-Est souffle ordinairement. Ils font boüillir cette racine avec du *maschefer*, & ils en donnent à boire au malade à jeun deux grands verres de la décoction; aprés quoy il est obligé de se promener & d'agir, afin d'exciter la sueur, & dissiper par ce moyen, les humeurs crasses, causées par cette intemperie froide & humide.

LXXVI.
Saururus arborescens, fructu adunco.
Queüe de lezard, arbre à fruit crochu.

Cette plante a grand raport par son aspect & sa structure à nos noisetiers: elle pousse ordinairement dés sa racine dix ou douze tiges fort droites, fort longues, & grosses presque comme le bras: elles sont fort noueüses: leur bois est blanchastre & fragile, & leur écorce cendrée & toute raboteuse, par quantité de petites verrües: ces tiges poussent alternativement au de là de

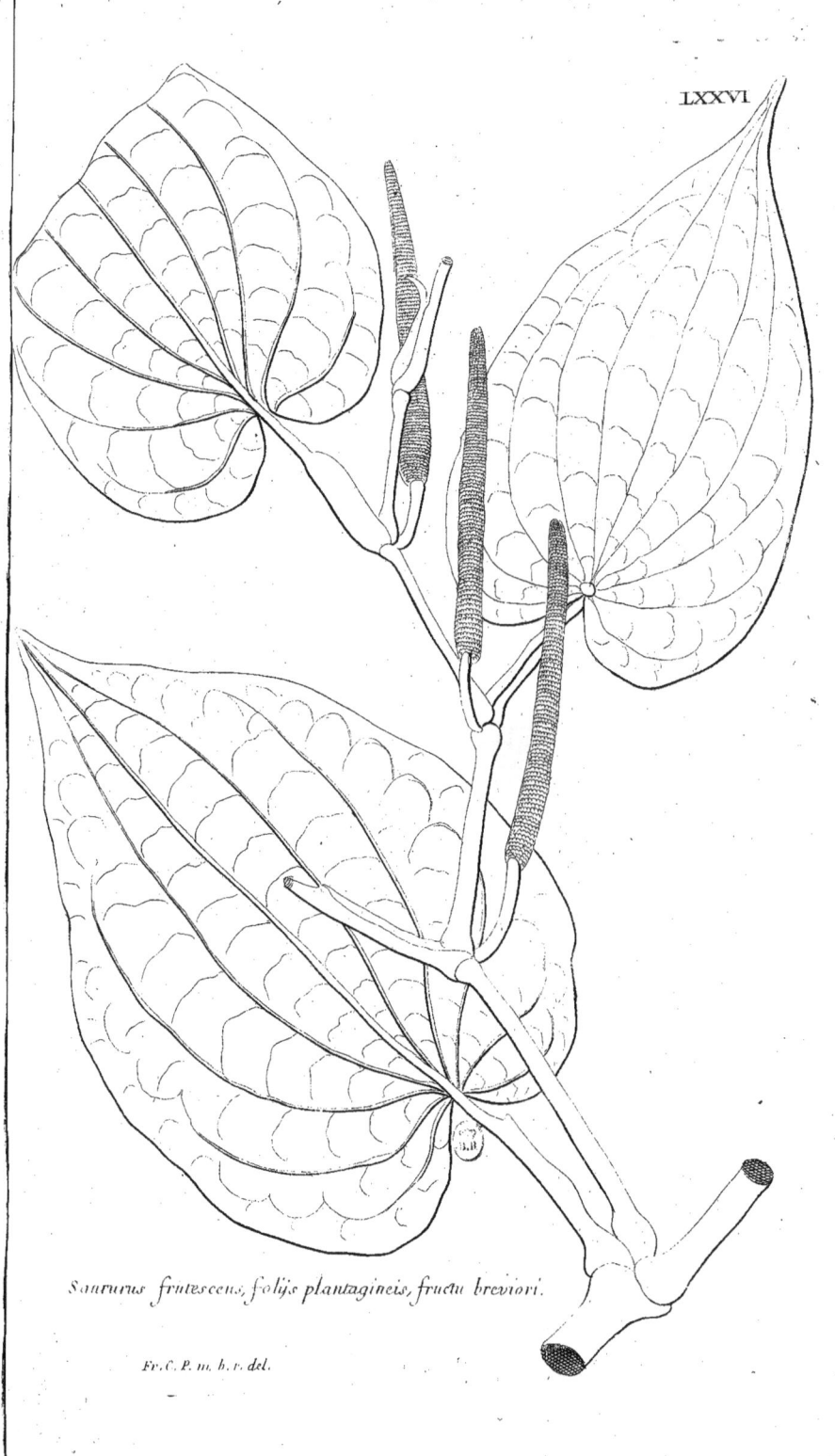

Saururus frutescens, folijs plantagineis, fructu breviori.

Fr. C. P. m. h. r. del.

leur moitié, des branches qui tirent droit en haut, & celles-cy en poussent encore d'autres plus menuës entre-coupées de nœuds éloignez d'environ un pouce l'un de l'autre, avec une feüille à chaque nœud assez semblable à celles du laurier commun, d'environ huit à neuf pouces de long sur trois de large : ces feüilles sont un peu rudes : leur dessous est d'un vert-pasle, & soutenu par une nervûre assez élevée, & par quelques costes fort courbes & blanchastres, traversées par plusieurs petites veines : le dessus est d'un vert un peu foncé.

Il y a vis-à-vis de chaque feüille un fruit crochu de couleur pasle, relevé, & fort semblable à la *queüe de lezard*, d'environ six à sept pouces de long, & de trois lignes d'épaisseur par le bas : ils sont tout courbez vers le mesme costé, & couverts de petits grains disposez comme par anneaux fort serrez.

Les fruits, les feüilles, & l'écorce de cette plante, ont un goust acre & chaud, qui pourtant n'est pas desagreable : j'en ay trouvé abondamment le long de quelques ruisseaux au quartier du petit Goive, & vers le port-de-paix de l'Isle S. Domingue.

Les trois especes dont j'ay parlé avant celle-cy dans le chapitre precedent, ressemblent assez à celles que Pison li. 4. ch. 57. & 59. nomme *Nhandi* & *jaborandi*, premier & second : on peut mesme asseurer que ce sont les mesmes : il dit parlant du *Nhandi* (qui est proprement cette espece dont nos habitans se servent contre le mal d'estomac, comme j'ay dit cy-dessus) que ses racines & ses feüilles étant fort acres, on peut les garder seches, & les employer au-lieu d'herbes chaudes & corroboratives pour les bains qu'on prépare pour guerir les maladies froides.

Lorsqu'il parle du premier *jaborandi*, il dit que toute sa vertu consiste dans sa racine, qui est chaude & séche au troisiéme degré, étant composée de parties subtiles & caustiques, & pouvant supléer à bon droit au defaut du piretre : il dit aussi que le second *jaborandi*, a les mesmes qualitez, mais non pas si fortes que celles du premier, & que sa vertu est aussi dans sa racine. Enfin il raporte que les Brasiliens, qui en ont découvert la vertu aux Portugais, font si grand cas de leurs racines, qu'ils s'en servent pour toute sorte de maux, & mesme bien souvent pour contrepoison : car un pugil de sa racine fraische (qui est proprement, ce qu'on peut prendre avec les trois doigts) étant pilé & pris dans du bon vin, chasse la force du venin par les sueurs & par les urines : qu'enfin étant prise en sternutatoire, elle produit des effets fort salutaires par son aigreur mordicante ; & étant aussi prise en masticatoire, elle attire la pituite dans la bouche, & chasse le catharre des yeux.

Marcgrave parle aussi du *jaborandi* dans son liv. 2. ch. 8. où il dit que sa racine n'a presque point d'odeur & de saveur, mais qu'étant tant soit peu maschée, elle pique extrémement la langue, & mesme plus que le piretre ; qu'elle tire quantité de pituite de la langue, & qu'ainsi elle delivre la teste des catharres, & apaise la douleur des dents : il dit aussi que cette mesme racine pilée & infusée dans de l'eau, étant ensuite cuite, & prise en breuvage le matin, est un tres-souverain remede contre les gonorrhées, & qu'enfin elle est bonne contre les venins, contre les supressions d'urine, & contre le calcul ou gravier.

Nard Antoine Reche, parle de trois plantes dans son livre IV. ch. 37. qu'il nomme *Buyo* : ce sont sans doute les mesmes que celles de dessus : il leur donne aussi presque les mesmes qualitez & effets.

LXXVIII.
Saururus repens lanceolatus, ad nodos villosus.
Queüe de lezard rampante, à feüilles en fer de lance, à nœuds velus.

CEtte espece a plusieurs tiges d'une longueur indéterminée, grosses comme la moitié du petit doigt, grisastres en dehors, & pleines en dedans d'une substance fort fibreuse : elles sont entrecoupées par quantité de nœuds fort proche les uns des autres, & garnis tout à l'entour de poils dressez & rangez comme ceux du cil de l'œil : elles rampent à terre, & y sont attachées par plusieurs racines blanchastres, vermiculaires, fort longues, & grosses presque comme de la ficelle.

Il y a environ quatre à cinq feüilles vers le bout de chaque tige, de la figure d'un fer de lance, longues d'environ demi-pied, & larges de deux pouces, d'une substance assez ferme, & épaisse comme du gros velin : elles sont polies, luisantes, & d'un vert foncé par dessus, mais d'un vert fort clair par dessous, & piquotées par quantité de points rouges comme du sang : elles ont une nervûre principale tout le long, qui distribuë deçà & delà quelques costes assez minces, paralleles, obliques, & qui se terminent à une autre coste ondée, qui court tout le long, & proche le bord de la feüille : leur pedicule a quatre ou cinq pouces de long, & il

Saururus arborescens, fructu adunco.

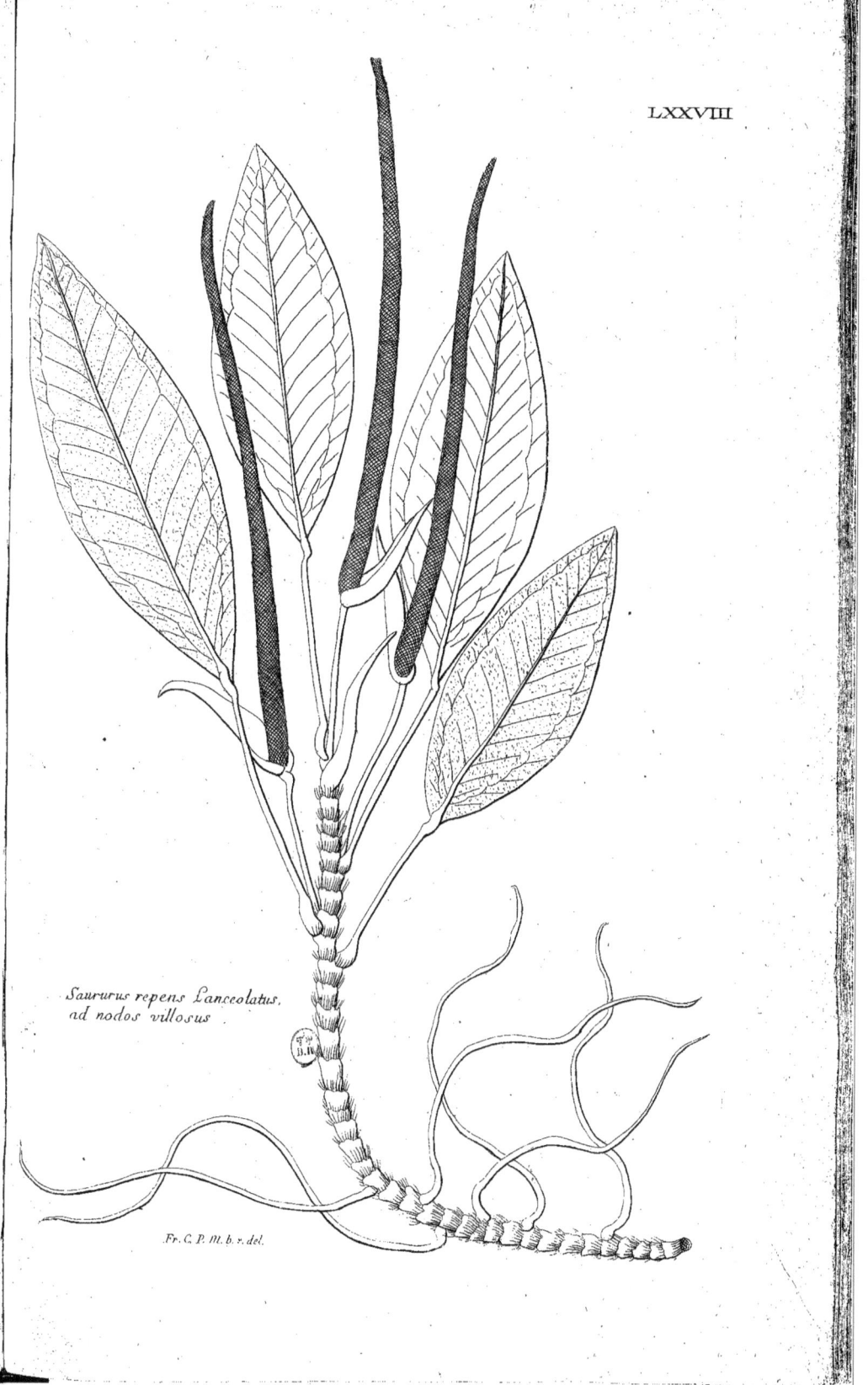

est tumefié par les deux bouts: il sort du pied de chacun un fruit long d'environ demi-pied, & gros par en-bas de trois lignes, arrondi comme la queüe d'un lézard, & tout entaillé comme une de ces limes qu'on nomme queüe de rat: il est vert du commencement, & il sort d'une petite envelope à la façon des fruits de nos *Arums*, en suite il devient jaunastre, d'un goust fade, qui pourtant échauffe tant soit peu la langue quelque temps aprés qu'on l'a masché: il est aussi apuyé sur un pedicule de trois à quatre pouces de long.

J'ay trouvé cette espece le long d'un ruisseau, proche un endroit que les habitans du Port-de-paix de l'Isle S. Domingue, appelent le Moustique.

DES LIANES.

LEs François des Isles de l'Amerique appellent indifferemment *Lianes*, toute sorte de plantes qui rampent sur les hayes ou sur les arbres, en les distinguant pourtant, ou par leur figure, ou par leur vertu, comme la *Liane à serpent*, à cause qu'elle est fort efficace contre leur morsure; la *Liane à dent de scie*, parce que ses feüilles sont découpées comme les dents d'une scie, la *Liane bruslante*, à cause qu'elle est fort caustique, & ainsi de plusieurs autres. Ils donnent ce nom de *Liane* à ces sortes de plantes du verbe *lier*, parce qu'ils se servent de quelques-unes comme de cordages, tant pour la construction de leurs maisons, qu'ils nomment vulgairement *Cases*, que pour fortifier les barrieres, & pour plusieurs autres usages. Il y en a pourtant à qui ils donnent plus particulierement le nom de *Liane*, qui sont celles que les Caraïbes appellent *Meregoüia*, les Brasiliens *Murucuia*, les Espagnols *Granadilla*, & nos François *Fleur de la passion*, à cause qu'on croit y trouver quelques marques de la passion du Sauveur, comme les trois clous, les cinq playes, les foüets, & les cordes. On en voit plusieurs especes de celle-cy, qui tant par la fraischeur de leurs feüillages, que par l'agreable odeur de leurs fleurs, & la bonté de leurs fruits, meritent bien qu'on en fasse cas & qu'on les cultive avec soin, pour l'ornement des berceaux & cabinets des jardins.

LXXIX.
Clematitis Indica, polyphylla major, flore clavato, fructu colocynthidis.

Grande fleur de la passion, à feüilles refenduës, & à fruit de coloquinte.

CEtte plante pousse plusieurs sarments aussi gros, durs & noüeux que ceux de la vigne, qui s'étendant bien au long sur les arbres & sur les buissons, leur servent d'ornement par l'agreable verdure de leurs feüilles. Il n'y a qu'une feüille en chaque nœud, & ces nœuds sont distans d'environ demi-pied les uns des autres : ces feüilles sont grandes presque comme une main étenduë : elles sont lisses & fenduës en sept découpûres bien avant, & fort prés de leur pedicule, qui a environ quatre à cinq pouces de long, avec quelques petits tourrillons de la longueur presque d'une ligne : ces découpûres sont dentelées en façon d'une scie ; elles sont un peu étroites d'en-bas, & un peu élargies vers le bout qui est pointu ; elles ont par dessous une nervûre tout le long, & quelques petites costes courbes qui les traversent : la couleur de toute la feüille est d'un vert fort agreable, un peu plus chargé par dessus que par dessous.

Il sort à la naissance de chaque pedicule un tenon comme ceux des vignes, & une fleur attachée à un pedicule de prés de deux pouces de long, & enfermée dans une vessie membraneuse, qui est un peu plus grande qu'un œuf de poule, & qui s'ouvre en trois feüilles unies & blanchastres, marquetées en dedans de plusieurs petits points, & foüettées de quelques veines purpurines : lorsque cette vessie est ouverte, le bouton de la fleur paroist presque aussi gros qu'étoit la vessie ; c'est un ovale dont la partie moyenne & inferieure est d'une seule piece, mais la superieure est divisée en cinq feüilles jusques au bout : il est vert-pasle par dehors & marbré de plusieurs taches rouges comme du sang.

Quand cette fleur est épanoüie, la moitié d'en-bas represente une coupe pentagone dans son bord, blanchastre en dedans, chagrinée & toute veluë dans le fonds : chaque poil est fort court, & soutient une petite teste rouge : cette coupe est bordée d'une double frange, dont les filets sont épais d'une ligne, tendres & pointus, presque quarrez & contigus les uns aux autres : ceux du rang interieur ont environ un pouce & demi de long, & ceux

LXXIX

Clematitis indica poliphylla maior, flore clauato, fructu colocinthidis.

Fr. Carolus Plumier Minimus Botanicus Regius delineav.

du rang exterieurs n'ont pas tout-à-fait un pouce: ils sont blanchastres vers le bout, & tout-à-fait violets jusques vers le milieu, mais depuis le milieu en-bas il sont de couleur-pasle, ornez de cinq bandes annulaires de couleur-violet: ceux-ci sont eslevez droit en haut, mais ceux du rang exterieur sont un peu couchez, étant de la mesme consistence & couleur que les premiers; outre ces filets qui sont rangez en rayon, il y a encore tout à l'entour un double rang de feüilles violettes, sçavoir cinq en chaque rang: les interieures sont beaucoup plus étroites que les exterieures, & la longueur des unes & des autres est d'environ un pouce & demi, avec une petite pointe par le bout en dehors.

Il y a outre cela dans le fond & au centre de la coupe dont nous avons parlé, comme une espece de base de figure cylindrique, épaisse de trois à quatre lignes, entourée d'un petit fossé & de quantité de petits poils fort courts, de couleur rouge-brun: sur cette base il y a une petite colomne blanche & ronde, comme si elle avoit esté travaillée au tour, ayant prés de huit à neuf lignes de hauteur, & une ligne & demie de grosseur: elle se divise en son extremité en cinq petits bras, ayant chacun un sommet fait en façon d'une playe, long de quatre lignes, & large de prés de deux, tout couvert par dehors d'une poussiere dorée fort menuë: au milieu de ces cinq petits bras, il y a un petit bouton ovale, vert & fort poli, long d'environ cinq lignes, & épais de trois, surmonté de trois filaments faits en façon d'un clou, ayant deux ou trois lignes de long, & une grosse teste ovale jaune, & fenduë d'un costé par une petite fosse.

Ce bouton n'est autre chose que le commencement du fruit qui devient en suite de la grosseur d'une orange, presque rond & lisse, comme une pomme de Coloquinte, excepté vers son pied où il approche un peu de la figure d'une poire: son écorce a bien deux lignes d'epaisseur, elle est de consistence assez solide, & blanche en dedans, mais verdastre par dehors: le dedans de ce fruit est plein d'une chair blanche & mucilagineuse, qui enferme quantité de semences un peu plus grosses qu'un grain de bled, de figure presque ovale, un peu applaties & pointuës par un bout, noirastres, un peu dures, luisantes & chagrinées.

La fleur de cette plante est fort agreable par sa structure, & son odeur. Je n'ay pu gouster son fruit n'en ayant pu trouver de meur: je n'en ay veû qu'à la Martinique, au quartier de la Cabsterre, vers la paroisse, & le long de la riviere de Sainte Marie, & au quartier de la riviere du Lamentin, vers le Fort Royal.

LXXX.
Clematitis Indica, fructu citriformi, foliis oblongis.
Fleur de passion à citrons.

Celle-ci croist de la mesme façon que la precedente : c'est à dire que ses sarments s'étendent fort au long deçà & delà par dessus les arbres & sur les hayes : ils sont un peu plus nerveux, plus souples, & plus difficiles à rompre ; ils ne portent aussi qu'une feüille, une fleur, & un tenon à chaque nœud, qui sont éloignez inégalement les uns des autres.

Les feüilles sont presque de figure ovale allongée, mais pourtant un peu pointuës au bout, & un peu échancrées à leur base : leur pedicule est tortu & long d'environ demi-pouce, ayant deux petits boutons proche de la feüille : elles ont presque quatre pouces de long, & prés de deux de large, leur consistence est membraneuse, solide & lisse ; le dessous est d'un vert-clair soutenu par quelques costes traversieres & courbées, & le dessus est d'un vert un peu chargé ; elles sont comme pliées en dedans, & comme ondées tout à l'entour.

Les fleurs sont attachées à des pedicules d'environ un pouce & demi de long, elles sont presque de la grosseur d'un œuf de pigeon avant que d'estre épanoüies : elles sont envelopées dans trois feüilles vertes membraneuses, creuses en façon d'une cuilliere, & tant soit peu dentelées. La fleur qui est enfermée dans ces trois feüilles est composée de dix autres feüilles inégales : elles ont toutes environ un pouce & demi de long, les plus grandes ont bien demi-pouce de large, & les plus étroites trois lignes ; elles sont disposées en maniere que la plus étroite est située entre deux larges, qui ont chacune une petite pointe au bout par dehors, en façon d'un petit bec : elles sont toutes d'un vert-blanchastre par dehors, ayant cinq petites nervûres tout au long, d'un vert un peu plus chargé, mais en dedans elles sont blanches, & toutes marquetées par quantité de petits points rouges-brun : ces feüilles ont à peu prés la figure d'une langue assez pointuë, & entourent une frange composée d'un double rang de filets rangez comme ceux de la premiere espece, mais beaucoup plus menus : ceux du rang interieur ont prés d'un pouce & demi de long, & ceux de l'exterieur un peu plus de demi. Les uns & les autres sont frisez vers leurs pointes, & sont violets sans meslange jusques au milieu

Clematitis Indica fructu citriformi, folijs oblongis.

Fr. Carolus Plumier Minimus Botanicus Regius delinea.

milieu, mais depuis le milieu en-bas, ils sont ornez de deux ou trois bandes annulaires & rouges, qui forment comme trois rangs de cercles variez de rouge & de violet : outre les deux rangs de ces filets, il y en a encore deux autres de petits poils, à l'endroit où ceux-cy s'unissent, & qui sont fort courts, fort minces, & blanchastres.

Dans le fond & au centre de toute la fleur, il y a une petite colomne ronde de la grosseur d'une ligne, & de la hauteur d'environ trois : elle est jaunastre & marbrée de rouge : elle s'éleve par dessus une petite base ronde, & supporte un petit chapiteau ovale, & jaunastre de la grosseur presque d'un grain de poivre : ce chapiteau est surmonté par trois filets également distans l'un de l'autre, faits en façon de clous attachez au mesme centre, de couleur rouge, & dont la teste est ronde & jaunastre : ce mesme chapiteau est entouré par en-bas de cinq petits bras, longs de deux lignes, & larges de demi, un peu fendus par le bout, chacun soûtenant un petit sommet presque ovale de prés de quatre lignes de long, & de deux de large, blanchastre par dessus, & couvert par dessous d'une poussiere jaune.

Cette fleur est d'une odeur fort agreable ; & lors qu'elle est passée, ce petit chapiteau ovale devient un fruit fait comme un citron de la grosseur d'un œuf de poule, relevé de trois angles depuis la pointe jusques à la base, fort peu eslevez, & presque également esloignez les uns des autres. Il est vert dans le commencement, mais en suite il devient jaunastre, marqueté de quantité de petits points blanchastres presque imperceptibles : son écorce est de l'épaisseur, & consistence d'un gros cuir molasse, blanche en dedans, & comme cottonée par dehors, à la façon de nos pavies ; mais quelquefois elle est unie & luisante : elle couvre une membrane fort deliée qui enferme quantité de semences semblables à un cœur un peu applati, longues de deux lignes, & larges d'une ; elles sont noires & envelopées chacune dans une pellicule particuliere fort subtile, attachée à la principale membrane par de petits filets courts & blancs ; elles sont aussi couvertes d'une chair blanchastre & mucilagineuse, qu'on avale avec les semences, & qui est d'un goust fort agreable.

On cultive cette plante dans les jardins pour couvrir les cabinets, & à cause de la bonté de ses fruits qui sont meurs vers les mois d'Avril & de May : & qu'on appelle vulgairement *pommes de liane* : elle ressemble beaucoup au *Murucuia guacu*, de G. Marcgrave liv. 2. ch. 9. si elle n'est pas la mesme, elle est peut-estre aussi le *Murucuia guacu* de G. Pison, suivant la description qu'il a fait de son fruit, liv. 4. ch. 73. où il loüe extremement les qualitez d'un autre *Murucuia* à fruits tout-à-faits ronds, & dont les vertus, à ce que je croy, ne different gueres de celles du fruit que j'ay décrit cy-dessus ; ayant experimenté en moy-mesme, qu'il est fort rafraichissant ; c'est pourquoy j'ay voulu rapporter icy ce qu'il en dit. Je me suis servi ordinairement de la chair de ce fruit pour soulager les febricitans ; elle peut tenir lieu de syrop cordial, à la place du rob des groseilles, ou de l'espine-vinette : on peut en manger sans apprehender de s'en charger, c'est la plus rafraischissante de toutes les especes de fleurs de la passion, qui ne fait d'autre mal que d'agacer quelquefois les dents ; elle desaltere ceux qui sont fatiguez par les grandes chaleurs, elle donne de l'appetit, abbat le grand feu de l'estomac, & rétablit les esprits, soit qu'on en mange le fruit tout frais, ou qu'on prenne son suc en syrop ou en brevage : les fleurs & l'écorce du fruit confits ont la mesme vertu, & ne cedent en bonté à pas un autre fruit. La feüille de la plante peut estre appliquée sur les cauteres à la place du lierre ; on l'y employe tous les jours.

LXXXI.

Clematitis Indica alia polyphylla, flore crispato.

Autre fleur de la passion, à feüilles refendües, & à fleur frisée.

LA maniere de croistre de cette plante ne differe point de celle des precedentes : ses sarments pourtant ne sont pas tout à fait ronds, mais anguleux : ses feüilles sont decoupées de mesme façon que celles de l'hellebore noir à fleur couleur de rose de G. B. *Helleborus niger flore roseo. G. B.* c'est-à-dire que leur pedicule, qui est long d'environ deux a trois pouces se divise en trois autres beaucoup plus courts & plus minces : celuy du milieu ne soustient qu'une seule feüille plus grande que les autres, & ceux des costez se fourchent encore. La partie qui regarde la feüille du milieu, soustient une feüille de mesme figure, mais plus petite : l'autre division soustient une feüille moindre que la precedente, qui est decoupée jusques à la base, mais la portion qui regarde le pedicule ressemble plûtost à une oreillette : chaque feüille consideree en particulier ressemble en quelque façon à celle du laurier, elles sont toutes dentelées à l'entour, unies, luisantes, & d'un beau vert un peu chargé par dessus, mais plus clair par dessous, avec plusieurs costes courbes. La plus grande qui est

Clematitis Indica alia poliphylla, flore crispato.

Fr. Carolus Plumier Minimus Botanicus Regius delineavit.

celle du milieu a environ quatre pouces de long, & prés de deux de large, mais la plus petite a un peu plus d'un pouce de long, sur demi-pouce de large.

Les fleurs sont de mesme construction que celles des precedentes, mais un peu plus amples. La colomne, les clous, & les bras où sont attachées les playes, sont blanchastres, & tous tachetez de points rouges : la teste des clous est fenduë en deux, & les playes sont couvertes d'une poussiere jaune fort menuë : les filets de la frange sont serrez les uns contre les autres, teints d'un rouge fort chargé, & variez de deux ou trois rangs de bandes annulaires & blanches : leur bouts sont fort deliez teints d'un beau violet, & tous tortus à la façon des serpents, qu'on peint à l'entour de la teste de Méduse. Des feüilles qui sont immediatement sous ces rayons, les cinq interieures sont tout à fait bleuës, & les cinq exterieures ont le dedans d'un vert fort pasle, taschetée de quantité de petits points rouges, & le dehors d'un vert fort clair : les trois feüilles qui envelopent la fleur avant que d'estre épanoüie sont creuses en façon d'une cuilliere, frangées tout au tour, & teintes d'un vert un peu chargé, avec plusieurs costes par dessus.

De toutes les fleurs de la passion que jaye veuës dans nos Isles, celle-cy est la plus remarquable, tant par son odeur que par sa structure & sa grandeur, qui est de l'étenduë de la paume de la main, comme aussi par la vivacité de ses couleurs. Son fruit est de la grosseur & figure d'une de nos pommes mediocres ; son écorce a la mesme consistence que nos petites courges, dont on fait les tabatieres ; elle est unie de la mesme façon, d'un beau vert-clair, & marbrée de petits points encore plus clairs : sa chair & ses semences sont de mesme nature que celles des precedentes. Je n'ay pourtant sçu la voir en sa maturité : je n'ay trouvé cette espece que dans un seul endroit, le long du chemin qui va du petit Goive au lac de Miragoan, dans l'Isle S. Domingue, fort proche de Miragoan.

LXXXII.

Clematitis Indica, latifolia, flore clavato, fructu maliformi.

Fleur de la passion à larges feüilles, & à fruit à pomme.

CElle-ci n'a rien de particulier sur les precedentes, qu'en la forme & grandeur de ses feüilles, qui ont plus de demi-pied de longueur & trois pouces de largeur : elles finissent en pointe,

& ont leurs bases arrondies, & tant soit peu taillées en cœur: elles sont membraneuses, lisses, & teintes d'un fort beau vert.

Les fleurs sont enfermées du commencement, dans une bourse composée de trois feüilles deliées comme du velin le plus fin, de couleur rouge-pasle, & venées d'un rouge fort vif: ces fleurs ont la mesme couleur, odeur, grandeur, & construction que les precedentes: les fruits sont tout à fait ronds, & gros comme une pomme moyenne; leur écorce est beaucoup plus solide que celles des autres ayant la mesme consistence, que celle de ces petites courges d'ont on fait les tabatieres, & elles peuvent servir à en faire.

Je trouvay cette plante au quartier de Leogane vers Marsennou dans l'Isle S. Domingue, au mois de Janvier, où pour lors je n'y peûs remarquer que des fruits secs; mais ayant passé le mois d'Avril suivant du Port-de-paix dans l'Isle la Tortuë, je la trouvay en fleur.

LXXXIII.

Clematitis Indica, flore clavato, suaverubente, fructu hexagono, coccineo, folio bicorni.

Fleur de la passion, à feüilles cornuës.

ON trouve deux especes de cette plante, l'une qui a ses tiges triangulaires, comme celle du souchet, en latin *cyperus*, verdastres & cottonnées; l'autre, qui est celle que je vais décrire, les a fort menuës, rondes & noirastres. L'une & l'autre portent une feüille, une fleur, & un tenon à chaque nœud de mesme grandeur, & de mesme figure. La couleur des fleurs de celle-cy tire sur le rouge clair, & celle de l'autre est presque toute blanche: le fruit de la premiere est un peu plus long que celuy de la seconde, & il est allongé en pointe par les deux bouts.

La fleur est attachée à un pedicule fort menu, rougeastre & long de prés d'un pouce & demy. Le bouton ressemble à un petit cône d'environ neuf à dix lignes de long, enflé par en-bas, blanchastre & velu, mais tant soit-peu rouge dans son extremité. Lors que cette fleur est épanoüie, elle est composée de dix feüilles étenduës en rond, dont les cinq exterieures sont plus grandes que les interieures, & chacune de celles-cy sont situées entre deux grandes, qui ont environ un pouce de long, & prés de quatre lignes de large; mais les interieures son beaucoup plus étroites,

LXXXIII

Clematitis indica flore clavato suaverubente, fructu hexagono, coccineo, folio bicorni.

Fr. Carolus Plumier minimus Botanicus Regius delineavit.

bien qu'elles soient de mesme longueur : les unes & les autres sont
faites quasi en façon d'une langue : les plus grandes sont d'un vert
blanchastre par derriere avec trois petites nervûres vertes, & sont
presque blanches en dedans : les plus petites sont d'un blanc tirant sur le rouge ; on en trouve pourtant plusieurs qui sont tout à
fait blanches : au dessus de ces feüilles, il y a une frange à double
rang de filets fort delicats, dont les plus longs sont partie purpu-
rins, & partie blancs, les autres sont fort courts, courbez en dedans, & disposez sur le bord d'un petit bassin, du centre duquel
s'éleve un pistille chargé d'un bouton ovale surmonté par trois
petits clous rougeastres, & qui panchent en-bas : ce petit bouton
est posé sur cinq languettes éloignées également les unes des autres, ayant chacune un sommet presque ovale couvert par dessous d'une poussiere jaune : la fleur étant bien épanoüie, n'a pas
tout à fait deux pouces de diametre, & n'a presque point d'odeur.

Aprés que la fleur est passée, ce petit bouton devient comme
un petit citron de figure hexagone & gros comme une de nos noix
moyennes : son écorce est épaisse & môle comme du cuir, il est
quelquefois tout à fait rouge par dehors, & de couleur de pourpre, & quelquefois il est d'un vert blanchastre, tirant sur le pur-
purin, & marbré de petits points plus chargez du costé qui regarde le soleil ; ce fruit est rempli de quantité de semences ovales,
noires & attachées à l'écorce interieure par de petits filets, & envelopées dans de petites pellicules blanches.

Les feüilles sont attachées à des pedicules un peu plus gros que
ceux des fleurs, & tout marbrez de points rouges ; elles sont ordinairement grandes comme la paume de la main ; leur consistence est membraneuse d'un beau vert par dessus & par dessous : il y
en a qui sont tout à fait unies & polies, mais il y en a aussi qui sont
tant soit peu cottonnées : elles sont taillées en cœur à l'endroit
où elles tiennent au pedicule, & leur bout est fendu en deux
pointes cornuës fort écartées les unes des autres, entre lesquelles il
y a un petit angle en pointe, mais fort court : elles ont au dessous
trois nervûres qui s'étendent chacune depuis le pied jusques aux
pointes avec quelques petites costes traversieres.

Il y en a beaucoup de cette espece dans la Martinique, mais
je n'en ay trouvé de celle qui a la tige tringulaire, que dans l'Isle
S. Domingue, au quartier de Leogane vers une terre nommée
Marsenou, appartenante à feu M. de Cussi-Tarin, pour lors Gou-
verneur de ladite Isle : son fruit n'est pas plus gros que celle de
la premiere espece, comme j'ay déja dit, mais il est plus long,
étant epais dans le milieu, & fort pointu par les deux bouts.

LXXXIV.

Clematitis Indica, folio hederaceo, major, fructu olivæ formi.

Grande fleur de la passion, à feüilles de lierre.

J'Ay remarqué trois especes de celle-cy, sçavoir la grande, la moyenne, & la moindre : elles sont toutes trois de mesme consistence, tant en leurs sarments qu'en leurs feüilles, fleurs, & fruits.

La premiere espece a les feüilles de la mesme grandeur, épaisseur, & figure que celles de nostre lierre : leur base est presque demicirculaire, mais la partie du devant est divisée en trois autres parties qui finissent en pointe, dont celle du milieu est un peu plus longue & plus large que celle des costez. *Planche* LXXXIV. A.

Les feüilles de la moyenne sont découpées plus profondement & celles de la moindre le sont encore davantage : ses parties sont beaucoup plus étroites, & forment entre-elles comme la figure d'un marteau de sellier, renversé : les unes & les autres sont attachées à un pedicule, non pas tout à fait sur le bord, mais un peu par dessous le dos.

Les fleurs sont composées d'une seule feüille attachée par son centre à un pedicule fort mince, un peu plus long d'un pouce, & intercepté d'un petit nœud au milieu : cette feüille est divisée en cinq lambeaux étroits & pointus, disposez en étoile, mais non fendus jusques au centre : elle contient dans son sein une frange à double rang, de filets menus ; les exterieurs sont droits, & les interieurs sont recourbez en dedans : il y a au fond, qui est tant soit peu enfoncé, une petite colomne comme à la precedente, avec un petit bouton fait en ovale pointuë, ayant ses trois petits clous au bout : ce petit bouton devient en suite un fruit semblable à une olive, mais tant soit peu plus gros. Il est de couleur-violet, son écorce est fort unie & mince, pleine d'un suc violet fort agreable : il enferme dans sa capacité plusieurs semences ovales noires & rudes, attachées dans l'interieur de l'écorce par de petits filets, & envelopées chacun dans une petite pellicule particuliere.

Ce fruit est aigrelet : les oiseaux & les fourmis en sont fort friands : les fleurs n'ont presque point d'odeur, & sont de couleur pasle, mais les extremitez de la frange sont rougeastres. On en trouve quantité le long des Hayes dans nos Isles. *Planche* LXXXV.

Clematitis Indica, Folio hederaceo major, fructu olivæ formi.

Fr. Carolus Plumier Minimus Botanicus Regius delineavit.

LXXXV

Clematitis indica, folio angusto, trifido, fructu olivæ formi.

Fr.C.P. min. b. r. d.

LXXXVI.
Clematitis Indica, hirsuta, fœtida.
Fleur de la passion, velüe, & puante.

LEs principaux sarments de celle-cy ont environ un pouce de grosseur, & en produisent quantité d'autres beaucoup moindres, verts, sillonez en long, & couverts d'un poil court & blanchastre: ils sont entrecoupez par quantité de nœuds, à chacun desquels il y a deux petites feüilles en façon d'aislerons frangez, qui poussent de leur sein une feüille, une fleur, & un tenon.

Les feüilles sont presque de la grandeur de la paume de la main: elles ont trois pointes, dont celle du milieu est la plus avancée & la plus aiguë: elles sont taillées en façon d'un cœur, à l'endroit du pedicule, qui a environ un ou deux pouces de longueur: leur consistence est fort tendre: elles sont minces & veluës, d'un vert un peu pasle, ayant par dessous trois nervûres qui vont du pedicule à chaque pointe, & qui en distribüent quelques autres plus menuës vers le bord.

Les fleurs sont aussi attachées à des pedicules d'environ deux pouces de long, velus & blanchastres: elles sont enfermées du commencement dans trois feüilles vertes, découpées d'une admirable façon, composant comme une boule velüe un peu plus grosse qu'une noix: elles ont dix feüilles, à sçavoir cinq exterieures, & cinq interieures. Les exterieures sont plus grandes, & ont un peu plus d'un pouce de long, & prés de demi-pouce vert-clair, de large: elles sont arrondies aux deux bouts, & leur dessous est avec trois nervûres un peu plus chargées, dont celle du milieu finit par une petite pointe tendre, & un peu avancée hors le bout de la feüille. Leur dessus est fort blanc, & elles sont distantes presque également les unes des autres, en façon d'un étoile pentagone: chaque feüille du rang interieur est située entre deux inferieures; elles sont un peu plus étroites, mais elles sont aussi plus blanches de part & d'autre, ayant par dessous une petite nervûre un peu élevée: elles sont rangées au tour d'une frange composée de petits filets d'environ un pouce de long, & teints d'un rouge tirant sur le violet dans leur commencement, & presque blancs dans leurs extremitez: chargez quelquefois sur le rouge d'un cercle violet un peu plus enfoncé; ils partent tous d'un autre petite frange, dont les filets sont beaucoup plus menus, plus courts, &

dreſſez en façon d'une paliſſade, au centre de laquelle il y a une petite colomne qui ſupporte un bouton, dont les bras & les clous ſont de meſme façon que ceux des autres, mais d'un vert clair. Ce bouton devient en ſuite gros comme une noix mediocre, & preſque fait de meſme façon : il eſt comme diviſé par ſix lignes depuis le pedicule juſques à la pointe, il eſt verd dans le commencement, mais étant meur, il devient de couleur de ſafran tirant ſur le rouge. Son écorce eſt unie, fort mince, & fort fragile ; elle enferme au dedans quantité de ſemences faites preſque comme un grain de bled, mais plus petites, noires, & couvertes d'une pellicule blanche. Les oiſeaux, les petits lezards & les fourmis aiment fort ce fruit, c'eſt pourquoy il eſt fort difficile d'en trouver de meurs, & qui ſoient entiers.

Cette plante eſt d'une odeur forte : elle eſt comme gluante, & fleurit preſque toute l'année : ſes fleurs s'épanoüiſſent avant le lever du ſoleil, & ne durent preſque qu'un jour : il s'en trouve quantité parmi les hayes dans les Iſles de la Martinique & de S. Domingue ; mais j'ay remarqué que les fleurs, les fruits, & les feüilles de celle de S. Domingue, ſont un peu plus grandes que celles de la Martinique.

Les Caraïbes l'appellent *Meregovia*, & c'eſt la plante que Marcgrave appelle *Hedera Murucuia ſpecies*, liv. 2. ſur la fin du chapitre onzième.

LXXXVII.

Clematitis Indica flore puniceo, folio lunato.

Fleur de la Paſſion, couleur d'écarlate, à feüilles en croiſſant.

SEs ſarments ſont fort menus & ronds ; mais elle ne laiſſe pas de monter fort haut, & de couvrir les hayes, s'y attachant par ſes tenons qui ſont fort deliez. A chaque nœud de ces ſarments, il y a une feüille faite en façon d'un croiſſant, dont les cornes ſont émouſſées, ou comme les aiſles étenduës d'un papillon : elles ſont unies, & d'un vert un peu chargé, ayant par deſſous trois petites coſtes qui en diſtribüent de moindres ſur les coſtez : elles ont prés d'un pouce de large, & deux pouces d'étenduë d'un bout à l'autre, leur pedicule eſt fort court, n'ayant tout au plus que trois lignes de long, & étant tant ſoit peu tortu.

Il ſort des meſmes nœuds d'où ſortent les feüilles une fleur rouge écarlatte, qui n'étant pas encore ouverte, reſſemble à un petit

cône

Clematitis indica, hirsuta, fœtida.

LXXXVII

Clematitis Indica, Flore puniceo, folio lanato.

Fr. Carolus Plumier Minimus Botanicus Regius delineavit.

Clematitis Indica, Flore minimo pallido.

Fr. Carolus Plumier Minimus Botanicus Regius delineavit.

cône long de prés d'un pouce, enflé & goderonné par en bas, &
quand elle est ouverte, ses feüilles sont disposées de la mesme façon que celles des autres décrites cy-dessus : celles du rang infe-
rieur sont tant soit peu plus grandes que celles du superieur : elles ont un pouce de long, & trois ou quatre lignes de large : elles
sont faites comme une langue émoussée, & sont tant soit peu recourbées en dehors, avec trois petites costes en dessous : les feüilles interieures sont toutes unies, plus courtes & plus étroites : elles sont rangées à l'entour d'un tuyau canelé, fait en façon d'un
cône creux & coupé par le haut, d'environ demi-pouce de long.
Il sort du fond de ce tuyau une petite colonne fort mince, &
un peu plus longue que celle des autres espeçes ; cette colonne
est de couleur rougeastre, divisée par le haut en cinq petits filets
recourbez en dehors, ayant chacun une petite teste pendante &
mobile, faite en façon d'une playe, & couverte d'une poussiere
fort menuë & jaunastre. Dans le sein de ces cinq petits filets, il
y a un bouton vert ovale, & surmonté de trois petits clous fort
minces, & rouges, avec la teste verte ; cette fleur n'a point d'o-
deur, & son pedicule a environ un pouce de long.

Ce bouton devient en-suite de la mesme grosseur & figure que
nos jujubes (il s'en trouve pourtant qui sont tout-à-fait ronds :)
son écorce est fort unie, mince, & d'un beau violet obscur ; le
dedans est rempli d'une chair fort tendre, qui rend un suc violet, &
contient quantité de semences noires comme chagrinées : quand
ce fruit est meur, le pedicule s'allonge deux fois autant que lors
qu'il ne soustient que la fleur ; son goust est insipide, c'est pourquoy je n'en ay jamais veu de gastez par les petits animaux
comme les fruits des autres especes.

Cette plante fleurit presque toute l'année, mais particulierement dans les mois de Mars & d'Avril : il y en a quantité au quartier du Port-de-paix, dans l'Isle S. Domingue.

LXXXVIII.

Clematitis Indica, flore minimo pallido.

Fleur de la passion, à petite fleur pasle.

LEs sarments de celle-cy sont fort deliez & fort souples : ils portent à chaque nœud une feüille, un tenon, & deux fleurs ordinairement, & quelque fois trois.

Ses feüilles sont membraneuses, lisses, vert-chargé par dessus,

& garnies par deſſous de quelques coſtes & nervures : elles ſont de differents contours ; les unes ont une maniere d'avancement émouſſé deçà & delà ; quelques unes n'en ont que d'un coſté, & les autres n'en ont point du tout : les plus grandes ont environ deux pouces de long, & un pouce & demi de large : elles ſont preſque de figure ovale, excepté les avancemens qui ſont en façon d'oreillettes : leur pedicule eſt fort court, & chacun eſt garni de deux petits tourrillons.

Le pedicule des fleurs eſt menu, & long d'environ un pouce; les fleurs ont la meſme ſtructure que les precedentes, & ne ſont pas plus grandes que l'ongle du pouce : leur couleur eſt vert-paſle, & elles n'ont aucune odeur.

Les fruits ſont tout à fait ronds, & de la groſſeur d'une bale de piſtolet : du commencement ils ſont vert-luiſants, mais en ſuite ils deviennent violet-foncé, comme la couleur de l'*Indigo*, leur écorce eſt fort tendre, & ils ſont remplis d'un ſuc de meſme couleur, & de pluſieurs petites ſemences, noires & chagrinées & faites en façon d'un cœur applati.

J'en ay trouvé en pluſieurs endroits de l'Iſle S. Domingue, où j'en ay remarqué deux autres eſpeces aſſez ſemblables. La premiere differe de celle que nous venons de décrire par ſes feüilles qui ſont fort veluës, LXXXVIII. A. & l'autre à les feüilles coupées, pour ainſi dire en fer de lance, longues d'environ deux pouces & demi, ſur un & demi de large ; ſes fleurs ſont un peu plus grandes, mais de meſme couleur, & de meſme odeur; ſes fruits ſont ſemblables à nos jujubes, & ils ſont de la couleur des fruits de la premiere de ces trois eſpeces, & ils renferment des ſemences à peu prés ſemblables. LXXXIX.

Cette derniere eſpece eſt le *Murucuia miri* de Piſon, liv. 4. chap. 74. où traitant de ſes qualitez, il dit qu'elles ſont ſi grandes qu'elles ſurpaſſent meſme celles de la *Sarſe-pareille*, en emportant les obſtructions & provoquant les urines & les ſueurs ; car toute l'herbe entiere, qui a peu de ſaveur, eſtant legerement pilée, & priſe avec du vin où avec de l'eau, fait ſortir promptement & ſans danger l'arriere-faix, & toutes les ſuites des accouchemens : elle fortifie auſſi les viſceres ; & Piſon l'ayant appris des Braſiliens de la Riviere de S. François, conſeilla aux Hollandois, & aux Portugais de la mettre en uſage ; ce qu'ils firent avec ſuccez.

Enfin les feüilles pilées, macerées dans de l'eau boüillante, & appliquées au fondement, ſont d'un tres-grand ſecours pour les hémorrhoïdes.

LXXXIX

Clematitis indica alia, flore minore pallido.

Fr. C. P. m. b. r. d.

Clematitis indica, polianthos odoratissima.

X C.
Clematitis Indica, polyanthos odoratissima.
Fleur de la Passion, à plusieurs fleurs parfumées.

Elle pousse quantité de sarments fort menus & branchus, sur les hayes & sur les buissons, comme toutes celles de son espece : ces sarments sont verts & entrecoupez par des nœuds, presque de deux en deux pouces. Il y a à chacun un tenon fort delié : & une feüille : les feüilles sont attachées alternativement à un pedicule fort court & tortu, avec deux petits boutons vis-à-vis l'un de l'autre : elles ont prés de trois pouces de long, & un peu plus d'un pouce de large vers le pedicule où elles sont arrondies ; en-suite elles diminüent peu à peu jusques au bout, qui est aussi un peu arrondi, & qui finit pourtant par un petit bec pointu : elles ont le dessous d'un vert clair un peu cotonné, & soustenu par quelques costes un peu relevées, mais leur dessus est d'un vert fort chargé, & comme gravé par quelques lignes qui répondent aux costes de dessous.

Ces mesmes sarments sont fort branchus vers les extremitez, & ils ont à chaque nœud, outre le tenon & la feüille, cinq à six petites fleurs de la largeur de longle & d'une odeur fort agreable : leur pedicule est fort court, & elles sont composées de mesme façon que les precedentes, excepté qu'elles n'ont point de colonne ; mais le bouton qui porte les clous, est assis immediatement sur une petite base ronde, rouge & toute couverte de petits poils blancs & fort menus : ce petit bouton est vert ; & les rayons qui sont à l'entour de la base qui le supporte sont jaunastres, fort menus & frisez au commencement, mais le bout en est un peu plus épais : les trois clous qui sont attachez sur le sommet du bouton, sont aussi verts & fort menus ; & les petits bras qui sont au dessous, sont un peu larges & blancs, ayant leurs testes fort petites & blanchastres. Le tout est assis dans le fonds d'une seule feüille un peu creuse au milieu, & divisée tout à lentour, en cinq petites découpûres pointuës, en façon d'une étoile.

Les fleurs étant passées, ce petit bouton devient un fruit rond, & de la grosseur presque d'une bale de pistolet : il est vert du commencement, & devient en suite violet foncé : son écorce est fort unie, mince, & enferme plusieurs petites semences comme celles des autres, mais tant soit peu rudes.

Elle fleurit en Decembre, & les fruits sont meurs en Fevrier & Mars. Il s'en trouve le long du chemin qui va du Port-de-paix à la grande Orterie, dans l'Isle S. Domingue.

XCI.

Clematis pentaphylla, pediculis alatis, fructu racemoso, tricocco & coccineo.

Clematis en quinte-feüille, à queües aiflées.

SEs tiges rampent sur les arbres de la mesme façon que les sarments de nos vignes de treille : leur bois est souple & facile à plier : elles ont des sarments gros comme le bras, qui sont triangulaires avec les angles arrondis : leur écorce est d'un gris fort chargé, & ils jettent quantité d'autres sarments plus deliez, noüeux & triangulaires aussi, mais couverts d'une écorce lisse, verte & meslée de tant soit peu de rouge ; ces sarments ont à chaque nœud, cinq feüilles & un tenon comme celuy des vignes : ces feüilles sont attachées au mesme pedicule, qui est long d'environ quatre pouces, & qui est articulé presque au milieu de sa longueur : chacune de ces parties est aislée de part & d'autre, a peu prés comme le bois des flèches, dont se servent les Turcs : la partie superieure contient trois de ces feüilles à son extremité disposées en façon de trefle, les deux autres sont attachées à l'articulation ou à l'extremité de la partie inferieure, & sont opposées l'une à l'autre. La longueur de ces feüilles est d'environ quatre pouces, sur un pouce & demy de large : elles ont presque la figure de celles de nos lauriers, avec quelques dentelures sur les bords, assez grandes, & plus ou moins pointuës : elles sont lisses, & de consistence presque de velin : leur couleur est d'un vert fort chargé, & le dessous est soûtenu par une nervûre, & par quelques costes rouges.

Du mesme nœud d'où sortent les feüilles & le tenon, il en sort quelquefois une branche fort menuë, longue, d'environ demi-pied, & couverte de petites fleurs blanches, semblables en grosseur & en figure à celles de nos vignes, qui produisent en suite une grape de fruits fort agreables : ces fruits ont presque la figure d'une poire relevée de trois éminences arrondies, qui aboutissant à la base du fruit, forment une espece de nombril enfoncé, du milieu duquel s'esleve une petite pointe. Ils ont environ un pouce & demy de long, & prés d'un pouce d'épaisseur vers leur

Clematis pentaphylla, pediculis alatis, fructu racemoso, tricocco et coccineo.

Fr. Carolus Plumier Minimus Botanicus Regius delineavit.

Clematitis anguloso folio, aceris fructu.

Fr. Carolus Plumier Minimus Botanicus Regius delineavit.

base; ils sont fort unis & verts du commencement, mais étant meurs, ils sont de couleur d'écarlate: ils s'ouvrent en trois cellules, dont chacune contient une espece de féve de la figure d'un petit rein, longue de demi-pouce, & large de trois ou quatre lignes, dont la consistence est à peu prés comme celle de nos féves, quand elles sont encore vertes: leur goust est un peu astringent, & leur couleur est d'un noir de jayet poli, mais elles sont moitié couvertes d'une chair douçastre fort tendre, & fort blanche, divisée comme en deux lobes.

Cette plante est assez frequente dans nos Isles, particulierement à la Martinique, ou quelques-uns la nomment *Liane à dent de scie*, c'est le *Cururu-ape* de Marcgrave liv. 1. chap. 11. & de Pison liv. 4. chap. 88. où il dit que l'eau dans laquelle on a jetté son fruit pilé, envvre & tuë les poissons: il rapporte aussi que les feüilles vertes pilées & appliquées mondifient & guerissent les playes.

XCII.

Clematis folio anguloso, aceris fructu.

Clematis à feüilles anguleuses, & à fruit d'érable.

CEtte plante jette des sarments fort longs, un peu plus gros qu'une plume a écrire, souples & difficiles à rompre, qui en poussent encore d'autres plus deliez, fort longs aussi; raboteux, & de couleur tané-clair, & entrecoupez par des nœuds enflez, & assez éloignez les uns des autres: il y a à chacun de ces nœuds deux feüilles opposées l'une à l'autre, & soustenuës par des pedicules assez longs: leur contenu est presque quarré, & elles sont grandes environ comme la paume de la main, & quelquefois davantage, tendres & lisses, avec quelques avances qui rendent leur contour anguleux: leur dessus est vert-chargé, mais le dessous est vert-clair, & soûtenu par une nervûre, & par quelque costes assez élevées.

Il sort tout joignant les pedicules des feüilles, un autre pedicule tant soit peu plus gros, & d'environ un demi-pied de long, soustenant dans son extremité deux autres pedicules plus courts, dont chacun porte un espece de bouquet de six ou sept fleurs jaunes & sans odeur, soustenuës sur des pedicules articulez d'environ un pouce de long: elles sont composées de cinq feüilles presque rondes, grandes environ comme l'ongle du petit doigt, un peu creuses comme les feüilles du *Cochlearia*, & dentelées tout au tour : elles sont attachées par un pedicule fort court & fort menu, à une teste de la grosseur d'un pois, verte & goderonnée, qui pousse de son fonds trois à quatre filets fort courts, un peu épais, chargez chacun d'une petite teste jaune, ronde, & de la grosseur de la teste d'une épingle.

Ses fruits sont de mesme grandeur & figure que ceux de l'*érable*, ordinaire ; c'est à dire que leur teste est un peu plus grosse qu'un pois chiche, dont l'écorce est assez dure & enferme dans deux cellules, deux semences presque de la grosseur de la semence d'*orobe*, d'un goust fade : ces testes ont quelques éminences en façon de creste, & sont ornées de deux où trois aisles faites de mesme façon que celles des fruits de l'*érable*, la couleur de ces aisles est d'un tané clair, entremeslé de tant soit peu de rouge.

Les feüilles des plus jeunes plantes, & mesme les plus jeunes feüilles ont les bords couverts de poils blancs & fort deliez, qu'elles quittent en suite quand elles ont acquis leur grandeur naturelle. Je l'ay veüe en fleur presque pendant tout le temps que j'ay resté dans l'Isle S. Domingue, où on la trouve en plusieurs endroits.

XCIII.

Clematis baccifera, glabra & villosa, rotundo & umbilicato folio.

Clematis à bayes, lisse & veluë.

Cette plante couvre toutes les hayes par ses sarments qui sont menus, souples, ronds, unis, & qui poussent alternatiment à chaque nœud (qui sont assez proche les uns des autres) une feüille & rarement deux : ces feüilles sont presque rondes, & quelquefois de la figure d'un cœur émoussé : elles ne sont pas attachées à leurs pedicules immediatement par le bord, mais un peu plus par dessous le dos ; leur grandeur est indeterminée, il y en a qui sont grandes comme la paume de la main, & d'autres beaucoup moindres : elles ont quelques nervûres tant soit peu eslevées qui sortant de l'insertion du pedicule s'étendent deçà & delà par la feüille, enfin elles ont beaucoup de rapport aux feüilles de l'*Aristoloche ronde*, tant par leur figure que par leur consistence.

On en trouve de deux especes ; l'une est tout à fait lisse, & c'est la plus frequente ; l'autre a ses feüilles cotoneuses & blanchastres,

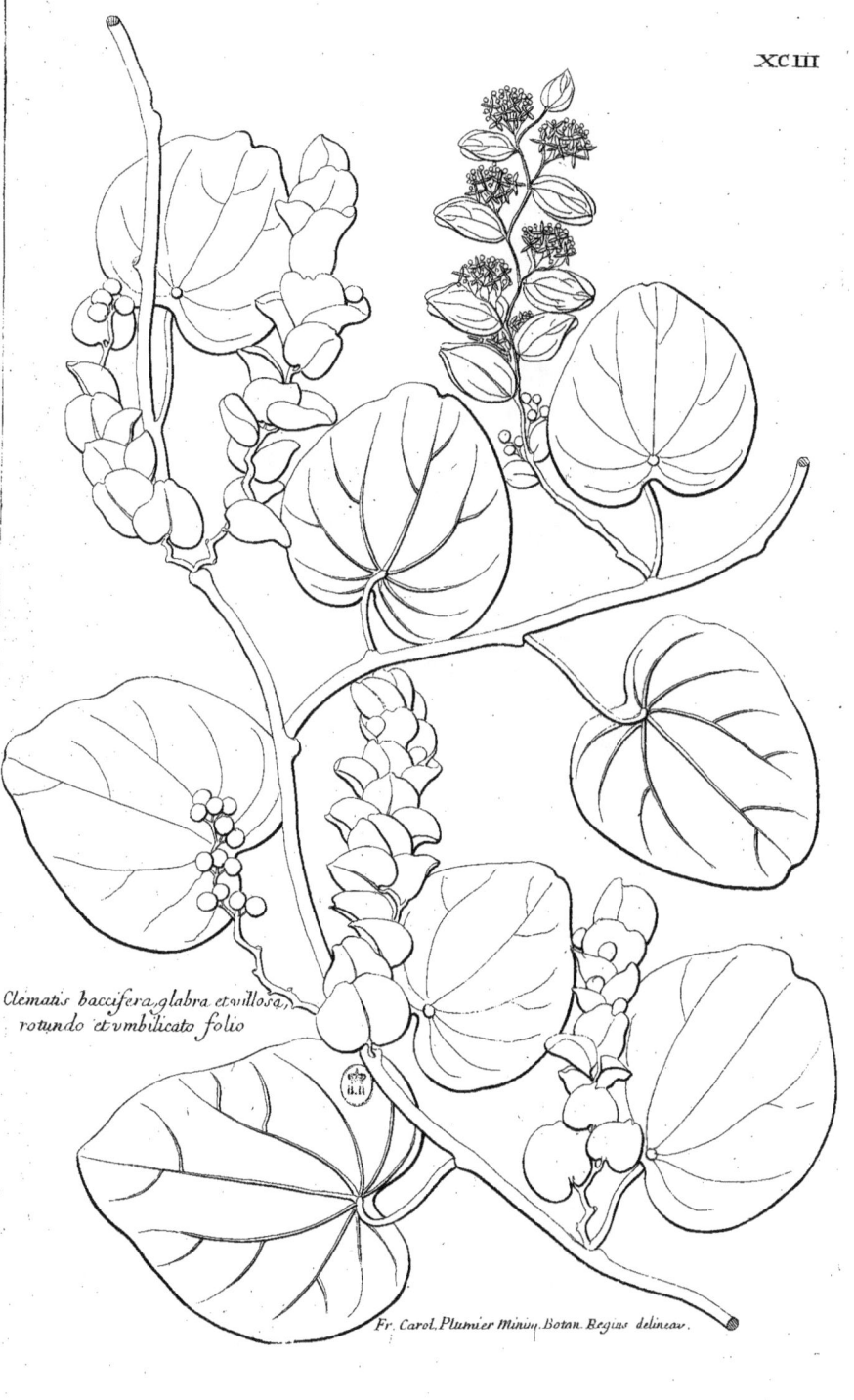

mais elle est plus rare : on peut y ajoûter une troisiéme espece que j'ay souvent remarquée dans l'Isle S. Domingue, dont les feüilles sont attachées immediatement à leurs pedicules par le bord.

Les unes & les autres poussent de branches fort menuës du mesme endroit d'où sortent les feüilles : elles ont environ demi-pied de long, & sont couvertes de feüilles beaucoup plus petites que les premieres qui s'entrecouvrent souvent les unes les autres, & composent comme la cheûte d'un feston. Du fond de chacune de ces feüilles, il en sort une petite grape de fleurs blanches fort menuës, & composées de quatre petites feüilles pointuës : aprés qu'elles sont passées, il y vient des bayes rouges comme du corail, & grosses comme la semence de l'*orobe* ; on les prendroit pour des bayes de nos *chevre-feüilles*, car elles en ont la grosseur, la couleur & la consistence, & elles pendent en-bas en façon de petites grapes.

On appelle cette plante dans nos Antilles, & particulierement dans la Martinique *(Liane à serpent,)* à cause de la grande vertu qu'elle a pour guerir les morsures des serpents, & par ce que le contour de sa feüille represente le plan de la teste de ces animaux. C'est le *Caapeba des Brasiliens*, *l'erva di nostra Senora*, *Herbe de Nostre-Dame*, *Cipo de Cobras, des Portugais*, de Marcgrave liv. 1. chap. 13. où il dit que les feüilles de cette plante sont un singulier remede, contre la morsure des bestes venimeuses, tant pour les hommes que pour toute sorte d'animaux ; si on en pile les feüilles & si on les applique sur la morsure, sans qu'on soit obligé de recourir à d'autres remedes. Sa racine est excellente suivant cet auteur, contre le calcul ou la gravelle, & c'est cette racine qu'un Portugais donnoit avec grand succez.

Pison la nomme de mesme dans son liv. 4. chap. 44. où il rapporte & enseigne les usages qu'il en a fait, & qu'on en peut faire. Il apprend que cette racine coupée par petits morceaux, & mise à infuser dans une liqueur convenable, luy communique sa vertu, qu'elle ne donne point de méchant goust au vin, ni à la biere dans laquelle on la met infuser, & que les malades s'en servent avec succez, au lieu de leur boisson ordinaire, à cause qu'elle emporte les obstructions des reins, des ureteres & de la vessie, chassant fort les matieres graveleuses ; & enfin que les Portugais la preferent à tout autre remede. Il dit encore que cette plante leur est en grande recommandation, non seulement pour les vertus dont nous venons de parler, mais encore à cause de ses facultez, qui sont si opposées aux venins ; & il assure aussi que le suc qu'on exprime des feüilles fraîches guerit la morsure des serpents, & que la racine pilée avec les feüilles & prise dans du vin, détruit la force du poison qu'on auroit avalé.

XCIV.
Clematis quadrifolia, flore digitalis luteo, claviculis aduncis.

Clematis à quatre feüilles, à fleur jaune de digitale.

Cette plante s'attache sur les rochers, ou sur les troncs des arbres de la mesme maniere que nos lierres : elle pousse des sarments fort menus, & de couleur cendré, entrecoupez par des nœuds assez prés les uns des autres, à chacun desquels il y a deux pedicules fort menus, & longs d'environ un pouce, opposez les uns aux autres : chaque pedicule porte deux feüilles d'environ un pouce & demy de long, & d'un pouce de large, appuyées chacune sur un autre pedicule beaucoup plus court, & qui n'a qu'environ deux ou trois lignes de long : elles sont arrondies par le bas, & pointuës par le haut, membraneuses, unies, d'un vert-gay par dessus, mais un peu plus clair par dessous avec une nervûre, & quelques petites costes traversieres, courbées vers le bord.

Il sort un tenon fort court d'entre les pedicules de ces feüilles, qui se fend en deux ou trois autres, crochus & pointus : & c'est par ceux-cy, que la plante s'attache contre les troncs des arbres. Je n'ay pu trouver aucune de ces plantes en fleur, ni en fruit dans la Martinique, quelque diligence que j'aye faite : mais étant arrivé à S. Domingue vers le mois de Novembre, j'en vis quelques arbrisseaux chargez, d'où pendoient quantité de longues gousses : & au mois de May suivant, je vis quelques arbres tous couverts de leurs fleurs.

Elles sont faites presque comme les fleurs de nos digitales, mais tant soit peu plus grandes & plus ouvertes par le bord, qui est taillé en cinq découpûres rondes : elles sont jaunes, sans odeur, & sortent du fonds d'une petite coupe, dont le bord est aussi taillé en cinq pointes, & qui est soustenuë par un pedicule fort menu d'un peu plus d'un pouce de long, articulé par un petit nœud vers le bas, & attaché joignant le pedicule des feüilles.

Les gousses qui viennent en-suite, ont environ deux pieds de long sur environ demi-pouce de large ; elles sont fort applaties, & finissent par un bout fort pointu : elles sont de couleur tané étant

meures

Clematis quadri folia, flore digitalis luteo, claviculis aduncis, siliquis longissimis, semine alato.

Fr. Carolus Plumier Minimus Botanic. Regius delineav.

Apocynum majus, scandens, siliqua oblonga, tumida et glabra.

Fr. Carolus Plumier minimus Botanicus Regius delineavit

meures, & s'ouvrent dans ce temps-là en trois longues lames, & font voir deux rangs de semences rondes, presque comme des lentilles, ayant à chaque bout une membrane blanche fort deliée en façon de deux aislerons: ces semences sont attachées tout le long & des deux costez de la lame du milieu, & sont mises les unes sur les autres en façon d'écailles.

On appelle cette plante *Liane au chat*, dans la Martinique, à cause de ses petits tenons crochus & pointus, comme les griffes d'un chat, & on l'appelle *Fleur de May*, à S. Domingue, à cause de ce qu'elle fleurit dans le mois de May, où pour-lors elle sert d'ornement aux arbres qu'elle couvre.

XCV.

Apocynum majus scandens, siliqua oblonga, tumida, & glabra.

Grand Apocynum montant, à gousses lisses, longues & enflées.

CEtte plante pousse des ceps comme ceux de nostre vigne, ils produisent des sarments assez gros & noüeux, dont l'écorce est fort épaisse, entrefenduë de quantité de rides, & de couleur vert-cendré: ils produisent des branches de la grosseur d'une plume a écrire, & qui rampent sur les hayes & sur les arbres: Leurs nœuds sont assez esloignez les uns des autres, & poussent chacun deux feüilles opposées d'environ demi-pied de long, & de trois pouces de large vers le milieu, pointuës au bout, & découpées en façon de cœur vers le pedicule qui est tortu, & qui a environ un pouce de long: elles sont tendres, unies, & leur couleur est vert-gay, ayant par dessous une nervûre, & des costes courbées vers le bord.

Au mesme endroit d'où sortent les feüilles, il y a comme une ombelle de plusieurs fleurs, d'une seule feüille découpée en cinq pointes en façon d'une étoile: elles ont environ demi-pouce de diametre, & sont un peu concaves au milieu; leur couleur est rouge-brun: elles n'ont aucune odeur, & sortent comme d'une petite coupe composée de cinq feüilles vertes, appuyées sur des pedicules fort courts, qui sont tous attachez sur un appuy commun, un peu plus gros, mais fort court.

Ces fleurs avortent presque toutes: celles qui restent produisent chacune une gousse attachée à cet appuy commun: ces gousses ressemblent fort bien à certaines petites calebasses, dont les chasseurs se servent pour tenir de la poudre ; elles ont environ demi-pied de long, & deux pouces de grosseur vers le milieu, qui est l'endroit le plus gros : elles sont toutes unies & rondes, ayant pourtant une petite areste dans leur longueur, par laquelle : elles s'ouvrent étant meûres : leur écorce est solide comme un cuir endurci ; du commencement elle est verte, en suite elle devient grisastre : sa substance interieure est une chair fort blanche, & pleine de laict, elle enferme un petit corps de plusieurs semences, placées les unes sur les autres comme des écailles ; ce corps est envelopé d'une membrane blanche & fort deliée : ces semences sont applaties comme de petites lames, leur figure est ovale : elles sont longues d'environ cinq à six lignes sur trois de large, & finissent comme par un petit manche orné d'un panache, qui est composé de quantité de petits filets argentez & deliez comme de la soye tresfine, & qui s'épanoüit & se dilate de la mesme façon que ces panaches que nous appellons *aigretes*: ces semences sont de couleur roussastre, lors qu'elles sont meures ; & pour lors la gousse s'ouvrant, elles se détachent l'une de l'autre, & sortent hors de la gousse.

Cette plante est pleine d'un suc blanc comme du laict, & d'un goust douçastre & adstringent, d'où vient que quelques-uns la nomment *Liane laicteuse* : il s'en trouve en plusieurs endroits dans nos Isles, où je les ay veuës en fleur aux mois de Juin & de Juillet, & j'en ay cueilly des gousses meûres en Mars & en Avril.

Marcgrave parle d'une plante liv. 1. ch. 10. qu'il nomme *Ibati des Brasiliens*, qui quoy qu'elle ait son fruit plein de verruës, ne laisse pas d'estre de la mesme espece.

XCVI.

Apocynum scandens, flore nerii albo.

Apocynum montant, à fleur de laurier-rose, blanche.

CEtte plante pousse quantité de sarments sur les arbres, & sur les hayes, de la grosseur d'une plume a écrire, unis, souples, & vert-cendrez : les nœuds sont fort esloignez les uns des autres, il y a à chacun deux feüilles opposées d'environ trois pouces de long, & d'un pouce & demy de large ; elles sont presque ovales, plus étroites pourtant vers le pedicule, & arrondies vers le bout avec une petite pointe : elles sont lisses, solides, & épaisses comme du velin : leur dessous est vert-clair, avec une nervûre

XCVI

Apocynum scandens, flore nerij, albo.

Fr. Carolus Plumier Minimus Botanicus Regius delineavit.

Bryonia racemosa, folijs ficulneis.

Fr. Carolus Plumier Minimus Botanicus Regius delineavit.

DES PLANTES DE L'AMERIQUE. 83

tout au long, qui diſtribuë de part & d'autre quelques coſtes tra-
verſieres paralleles, mais courbées vers le bord : le deſſus eſt vert-
chargé,& leur pedicule a environ demi-pouce de long : quand on
les arrache, elles jettent un ſuc fort blanc d'un gouſt adſtringent.

Les fleurs ſortent de l'endroit meſme d'où naiſſent les feüilles :
il y en a quelquefois trois ou quatre enſemble, mais le plus ſouvent il n'y en a qu'une : leur pedicule a trois ou quatre lignes de
long,& ſoûtient une petite coupe verte, longue de trois ou quatre
lignes, fort étroite en-bas, & diviſée par le haut en cinq pointes :
la fleur qui ſort du dedans de cette coupe eſt fort blanche, & ſans
odeur ; elle eſt faite de la meſme façon que les fleurs de nos lau-
riers-roſes, qu'on appelle en latin *nerion* ou *rhododendron* ; elle eſt
pourtant un peu plus grande, & le fond interieur de ſon tuyau
eſt jaune-paſle, mais la partie exterieure du meſme tuyau eſt tant
ſoit peu rouge : outre cela ſes découpûres ont un coſté arrondi, &
l'autre taillé en façon d'un bec pointu.

Les fruits de cette plante ſont deux gouſſes qui font la figure
de deux petites cornes rondes, & aiguës, droites, longues d'environ demi-pied, & épaiſſes d'une ligne & demy, attachées toutes deux enſemble au meſme pedicule, & preſque paralleles entre
elles : elles ſont fort unies, de couleur verdaſtre, pleines de quantité de petites ſemences, & d'un petit poil fin, & delié comme de
la ſoye, de couleur chaſtain.

Cette plante fleurit & porte ſes gouſſes meures en divers mois
de l'année ; elle aime particulierement les marais qui ſont proche
de la mer. J'en ay rencontré ſouvent au quartier de Leogane dans
l'Iſle S. Domingue,& à la Martinique,le long de la Riviere du Lamentin.

XCVII.

Bryonia racemoſa, foliis ficulneis.

Coluvrée à grapes, à feüilles de figuier.

LA racine de cette plante eſt ſemblable par ſa figure à celle
de nos groſſes raves ; elle eſt de meſme conſiſtence, & blanche en dedans, griſaſtre en dehors, mais elle a dans le centre une
nervûre comme ligneuſe.

Elle pouſſe quantité de ſarments de quatre à cinq lignes de
groſſeur, anguleux, verds, noüeux & aiſez a rompre. Il y a à chaque nœud une feüille, & un tenon, comme celuy de nos vignes :

L ij

les feüilles sont presque de la mesme grandeur, forme & aspreté que celles de nos figuiers, quoy qu'elles ne soient pas si épaisses ni si fragiles; bien souvent la mesme plante en porte, qui sont encore plus découpées que celles des figuiers, & d'autres qui ne le sont pas tant : les unes & les autres ont quelques petites dentelûres tout au tour.

 Il sort des nœuds qui sont aux extremitez des sarments, des branches assez longues & menuës, qui ont des rameaux alternatifs beaucoup plus courts, plus menus & assez esloignez les uns des autres : chacun de ces rameaux porte deux sortes de fleurs alternatives, dont les unes sont steriles, & les autres fertiles. Les steriles sont de petites coupes posées sur un pedicule de deux ou trois lignes de long, & grosses aussi d'environ trois lignes de diamétre, avec un petit pilon en dedans; leur bord est entouré de cinq petites feüilles d'un jaune-pasle un peu pointuës, fenduës au bout, & recourbées en dehors. Les fertiles sont beaucoup plus petites; elles sont situées sur le commencement du fruit, qui devient en-suite de la mesme figure & grosseur que nos olives : ces fruits sont attachez à des pedicules minces, qui se recourbant en haut, font que les fruits regardent aussi le mesme costé. Leur peau est fort deliée & unie, verte du commencement, mais en suite elle devient rouge comme du corail : il y a dans ces fruits un peu de chair mucilagineuse, d'un suc blanchastre & amer, qui enferme deux ou trois semences presque de la grosseur, & figure de celles de nos melons; tous ces fruits ensemble composent une espece de grape, fort agreable à voir, particulierement lors qu'ils sont meûrs.

 J'en ay veu en fleurs & en fruits dans les mois de May, & de Juin, en divers endroits de l'Isle S. Domingue.

XCVIII.

Bryonia fructu alato, foliis auriculatis.

Coluvrée à fruit aislé, à feüilles oreillonées.

SA racine est quelque fois grosse & faite comme l'œuf d'un oye; d'autrefois elle est longue de quatre à cinq pouces, épaisse environ de deux, & arrondie par les deux bouts, en façon d'un petit boudin : elle est de consistence de rave, sans aucune nervûre; son écorce est fort mince de couleur-cendré, un peu ridée & raboteuse par plusieurs petites bossettes : sa chair est fort blanche, tendre & d'un goust de féve : elle ne pousse qu'un sarment fort me-

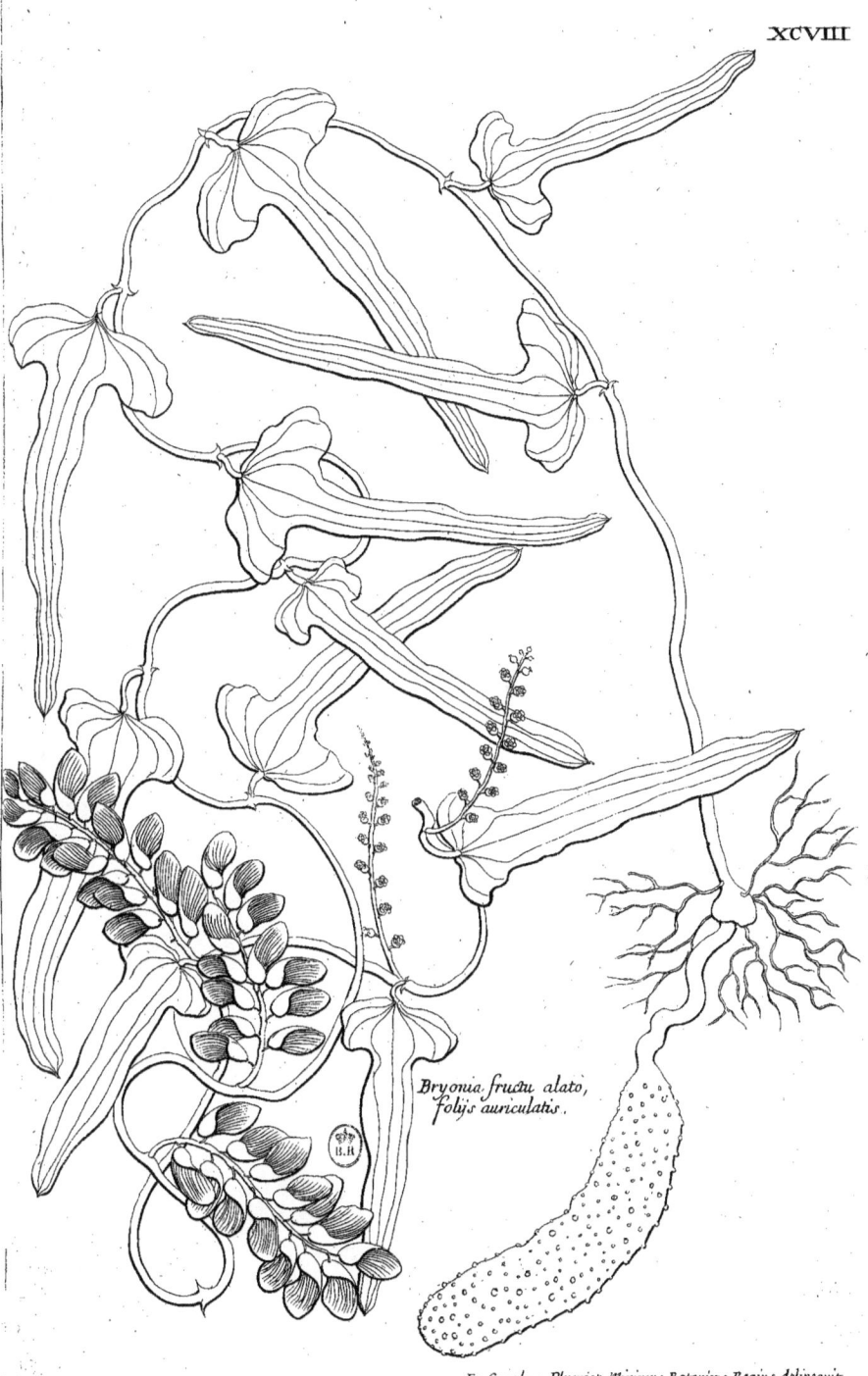

Bryonia fructu alato, folijs auriculatis.

Fr. Carolus Plumier Minimus Botanicus Regius delineavit.

Cucumis triphyllus, fructu variegato.

Fr. C. Plumier mini. B.R.D.   I. Lud. Rollet sculp.

DES PLANTES DE L'AMERIQUE. 85

nu, vert, lisse, noüeux, qui rampe fort au long sur les hayes, & qui est plus épais dans son commencement, où il est aussi accompagné de plusieurs petites racines fibreuses & grisastres.

Il y a à chaque nœud deux petits aiguillons fort tendres, du milieu desquels sort une feüille aussi assez tendre, appuyée sur un pedicule de trois lignes de long : ces feüilles sont longues d'environ trois pouces ; leur base est élargie par deux avances en façon d'oreillettes, & elle a prés d'un pouce de large, mais le corps de la feüille est fort étroit & finit en pointe : le dessous est blanchastre, tant soit peu velu, & soustenu par trois petites nervûres qui en parcourent la longueur, & le dessus est tout à fait lisse, & d'un vert fort gay.

Dans les endroits d'où sortent les feüilles, il en sort aussi un petit rameau de trois à quatre pouces de long, chargé de fort petites fleurs composées d'une coupe grosse comme la teste d'une épingle, & surmontée par cinq petites feüilles blanches : ces fleurs sont suivies par une grape de fruits, dont la figure approche de celle de la moitié du fruit de l'Erable, de six à sept lignes de long sur trois de large : leur aisle est fort mince ; ils sont comme argentez du commencement, en suite ils deviennent fauves, & ils renferment une semence semblable à une petite lentille, & d'un goust de legume.

J'ay trouvé cette plante à l'entour du Port-de-Paix dans l'Isle S. Domingue.

XCIX.
Cucumis triphyllus, fructu variegato.
Coucombre à feüilles en trident, à fruit bigarré.

SA racine est assez semblable à celle d'une rave, épaisse d'un pouce, longue de prés d'un pied, fourchuë & terminée par d'autres petites racines qu'elle pousse : son écorce est grisastre & raboteuse, à cause de plusieurs petites verrües dont elle est couverte.

Ses sarments grimpent sur les faistes des arbres les plus élevez, quoy qu'ils n'ayent que deux ou trois lignes de grosseur : ils sont ronds, fort souples, vers-cendré, & aussi raboteux que la racine : ils ont à chaque nœud, qui sont éloignez d'environ demi-pied les uns des autres, un tenon long & menu comme celuy des vignes, & trois feüilles attachées à un mesme pedicule : ces feüil-

L iij

les font fort tendres, unies, & d'un vert-chargé: celle du milieu est assez semblable à la feüille du laurier, mais celles des costez sont presque taillées en demy-cœur: les unes & les autres ont environ trois pouces de long, & un pouce de large.

Les fleurs naissent trois à quatre ensemble vers les extrémitez des sarments, tantost sur de petites branches, tantost dans l'endroit mesme d'où sortent les feüilles: elles sont faites de mesme que celles de nos coucombres, mais d'un beau vermillon: les unes sont steriles, & les autres fertiles: les fertiles produisent un fruit semblable à un petit coucombre, un peu plus gros que le fruit du coucombre sauvage: il est tout uni & vert par dehors, mais rayé en long par quelques bandelettes blanchastres: sa chair est rouge & fort douce, de mesme consistence que celle de nos coucombres, & ses semences sont faites & disposées de mesme.

J'ay trouvé cette plante au quartier de Leogane dans l'Isle S. Domingue, où je la vis en fleur & en fruit, dans le mois de Janvier.

C.

Colocynthis flore albo, fimbriato, fructu oblongo.

Coloquinthe à fleur blanche, frangée.

SEs sarments sont fort menus, lisses, verts, anguleux & souples: les nœuds sont environ à deux pouces de distance l'un de l'autre, & chacun d'eux a un tenon fort mince & fort long, une feüille, & bien souvent une fleur.

Les feüilles n'ont pas plus d'un pouce d'étenduë; elles sont taillées a peu prés comme les feüilles de la pomme-de-Merveille, que G. Bauhin appelle *Balsamina rotundifolia repens vel mas*: elles sont un peu rudes, & attachées à des pedicules d'un pouce de long; elles ont par dessus quelques petites taches grisastres, & quantité de petits points quasi imperceptibles.

Ses fleurs sont fort blanches, de mesme grandeur & forme que celles de nos Calebasses, en Latin *Cucurbita Lagenaria, flore albo, folio molli*, de G. Bauhin, avec cette difference pourtant qu'elles sont toutes frangées par le bord: il y en a de steriles aussi bien que de fertiles, comme dans toutes les plantes de ce genre.

Le fruit est de la figure d'une poire allongée, long de quatre à cinq pouces, & gros d'environ un pouce & demy: son écorce est assez mince, tendre, & unie par dehors, verdastre & marquée

Colocynthis flore albo, fimbriato, fructu oblongo.

Fr. Carolus Plumier Minimus Botanicus Regius delineavit.

Lupulus folio trifido, fructu tricocco et hispido.

Fr. Carolus Plumier Minimus Botanicus Regius delineav.

en long par quelques lignes d'un verd un peu plus clair, mais sa chair est fort blanche & fort amere, enfermant quantité de semences un peu longues, étroites & de couleur minime.

J'ay trouvé cette plante dans les bois de l'Isle S. Domingue en allant du Port-de-paix au Moustique: je la vis en fleur dans le mois de Decembre, & j'en cueillis les fruits dans le mois d'Avril suivant: elle a grand rapport par sa fleur à la plante que Breinius appelle *planta scandens, hederaceis foliis, zeilanica*, dans les observations des sçavants d'Allemagne, aux années 4. & 5. observation 137. quoy que ses feüilles soient un peu plus petites, & n'ayent pas tout à fait la mesme entaillûre.

C I.

Lupulus folio trifido, fructu tricocco, & hispido.

Houblon à feüilles en trident, & à fruit piquant.

CEtte espece de houblon rampe & monte sur les hayes & sur les arbres de la mesme façon que le houblon commun, mais ses sarments sont plus petits; ils sont verts & velus: ses nœuds sont aussi assez éloignez les uns des autres, & à chacun d'eux il y a une feüille attachée sur un long pedicule: ces feüilles sont presque de la grandeur de la main ouverte, fenduës en trois découpûres assez profondes, & taillées vers le pedicule en forme de cœur: ces découpûres sont pointuës, & ont environ deux pouces de large, elles sont dentelées fort legerement, & leur couleur est vert-obscur, mais leur dessous est velu, & comme ridé par quantité de petites costes.

Du mesme endroit d'où sortent les pedicules des feüilles, il en sort un autre pedicule (& quelquefois mesme deux à trois) fort long & fort menu, qui porte en son extremité une espece de bourse composée de deux feüilles faites presque en cœur d'environ un pouce & demy d'étenduë, & decoupées en trois pointes par le bout: elles sont veluës & chargées de quelque costes d'un bout à l'autre, accompagnées aussi a leur base de deux autres feüilles petites & étroites: il sort du fond de cette bourse trois petits pedicules, dont celuy du milieu est toûjours le plus long: chacun d'eux porte un fruit de la grosseur d'un pois chiche, fait de la mesme façon que le fruit de l'*Heliotropium tricoccum*, de G. Bauhin, en François *Tournesol*; & ce fruit est entouré de neuf petites feüilles étroites & pointuës, qui y sont comme collées par dessus: elles sont auſſi dentelées tout au tour, & couvertes de quelques petits poils blanchaſtres & piquants comme ceux de nos *orties* ordinaires, qui font ſouffrir une demangeaiſon fort importune quand on les touche, entrant dans les doigts, d'où on ne les peut tirer que fort difficilement : ces fruits ont auſſi à leur bout un petit ſtile ſurmonté d'une petite teſte en façon d'un nombril : ils ſont verts du commencement, en ſuite ils deviennent fauves : on trouve dans chaque cellule une ſemence ronde, & blanche, couverte d'une petite membrane noire & fort deliée.

Je n'ay pas peû obſerver les fleurs de cette plante, quoy que je l'aye trouvée en pluſieurs endroits de la Martinique, au quartier du Fort S. Pierre, particulierement dans le jardin des R.P. Jeſuites.

CII.

Convolvulus luteus, polyanthos.

Liſeron, à pluſieurs fleurs Jaunes.

SEs ſarments ſont fort menus, & ils ont à chaque nœud une feüille faite en façon d'un cœur, pointuë par le bout, de quatre à cinq pouces de long, & de trois à quatre pouces de large; ces feüilles ont le pedicule fort long & greſle, elles ſont auſſi, fort tendres, liſſes, d'un vert-foncé, & comme ondées à l'entour, avec une nervûre, & quelques coſtes par deſſous.

Il ſort des meſmes nœuds un autre pedicule fort long, & un peu plus gros que celuy des feüilles, particulierement vers le bout, qui ſoûtient un bouquet de fleurs ſemblables à celles de nos liſerons ou clochettes, de couleur jaune éclatant, ayant dans leur fond cinq petits filets avec leur teſtes un peu longues & blanches, & ces filets entortillent un ſtile un peu plus long, dont la teſte eſt verte & fenduë.

Les capſules ſont rondes & groſſes preſque comme le bout du petit doigt, compoſées d'une membrane ſolide rouge-brun, qui enferme deux ou trois ſemences de la groſſeur d'un pois ordinaire, couvertes d'un velouté roux & luiſant.

J'en ay trouvé quantité dans la Martinique, & dans l'Iſle S. Domingue, où j'ay remarqué qu'elle y venoit plus grande, mais celle qui croiſt à la Martinique, a les pedicules qui ſupportent le bouquet des fleurs, accompagnez dans leur longueur de deux manieres d'aiſles friſées : elle fleurit en Janvier & en Fevrier.

Convolvulus luteus, polyanthos.

Fr. Carolus Plumier Minimus Botanicus Regius delineavit.

Convolvulus coccineus, folio anguloso

Convolvulus marinus catharticus folio rotundo, flore purpureo.

Fr. Carolus Plumier Minimus Botanicus Regius delineavit.

CIII.

Convolvulus coccineus, folio anguloso.

Liseron à fleurs d'écarlate, & à feüilles anguleuses.

Es sarments de cette espece sont fort menus, ronds & grisastres; ses feüilles sont fort tendres, de la figure d'un cœur, avec quelques avances tout au tour, qui les rendent anguleuses; elles sont lisses, d'un fort beau vert, d'environ quatre à cinq pouces d'étenduë, & attachées à des pedicules assez longs.

Dans le mesme endroit d'où sortent ces pedicules, il en sort un autre aussi-long & menu, qui se divise en plusieurs autres beaucoup plus courts, plus menus, & qui portent des fleurs de couleur de pourpre fort éclatant: chaque fleur est comme un tuyau de prés d'un pouce & demy de long, & gros environ comme une plume a écrire, mais un peu plus menu en son commencement: ce tuyau se dilate ensuite, en façon d'un petit entonnoir de neuf à dix lignes de diamétre, decoupé à l'entour fort legerement par cinq entaillûres rondes, à chacune desquelles aboutit un rayon pointu: du fond de ce tuyau sortent quelques filets fort minces, & blancs colorez legerement de rouge.

Les capsules des semences sont rondes & grosses comme des pois chiches: elles s'ouvrent en quatre, & contiennent en chaque quartier une semence noirastre presque aussi grosse qu'un orobe.

J'en ay trouvé en plusieurs endroits de l'Isle S. Domingue, particulierement vers le Port-de-paix: elle fleurit en Decembre & en Janvier.

CIV.

Convolvulus marinus catharticus, folio rotundo, flore purpureo.

Liseron marin purgatif, à feüilles rondes & à fleurs pourprées.

Es racines de cette plante sont des sarments fort longs qui tracent & occupent une grande étenduë dans les lieux sablonneux le long des costes ou anses de mer: ces sarments sont de la grosseur d'un pouce, de consistence quasi de bois, blancs en dedans & pleins de laict, couverts en dehors d'une écorce noire, & toute gersée : ceux-cy en poussent d'autres plus menus que le petit doigt, & qui rampent fort loin sur le sable, jettant à leurs nœuds , quelques petites racines fibreuses & blanches : ils portent aussi dans toute leur longueur, quantité de feüilles attachées à des pedicules assez longs & épais, marquez de deux petites taches rouges vers la feüille.

Ces feüilles sont presque rondes, & comme pliées en dedans, lisses & fort épaisses, d'environ quatre pouces de grandeur, ayant par dessous une nervûre en long, & plusieurs costes paralleles qui les traversent obliquement, & qui se courbent vers le bord : elles sont d'un fort beau vert, tant dessus que dessous, & jettent du laict quand on les coupe aussi-bien que toute la plante.

Les mesmes tiges poussent aussi des pedicules fort longs, qui portent trois ou quatre fleurs, & quelquefois une seule, de mesme façon que celles de nos liserons, mais un peu plus grandes, pourprées tant dedans que dehors, ayant prés de trois pouces de diamétre & cinq ou six filets blancs en dedans, dont le plus long soûtient une petite boule blanche divisée en quatre quartiers ; & les autres ont une pointe blanche un peu longue.

Ses semences sont veloutées de noir, assez semblables à de petites noisettes : il y en a toûjours trois ou quatre dans des bourses composées de trois à quatre feüilles membraneuses de couleur-tané.

Je n'ay jamais veu cette plante que le long des sables de la mer, c'est pourquoy on l'appelle vulgairement *patate de mer*, à cause qu'elle ressemble fort, tant par son étenduë que par ses fleurs, à la plante qu'on nomme *patate*, qui n'est autre qu'une espece de liseron, dont la racine est bonne à manger, & fort commune dans toutes nos Isles.

Les Caraïbes l'appellent *Camoulroulré* : c'est le *Convolvulus marinus, seu soldanella : liseron de mer, ou soldanelle*, de G. Marcgrave liv. 1. chap. 24. c'est aussi le *salsa do praya*, des Portugais, de G. Pison liv. 4. chap. 69. où traitant de ses vertus, il dit que les sarments & les feüilles fraisches sont d'une chaleur temperée, & ont la vertu de ramollir, & que pour cela elles sont fort utiles pour faire des bains, & qu'elles servent aussi à fortifier le corps dans les maladies froides : enfin la décoction des sarments & des racines seches, prise par la bouche, peut servir au mesme usage : les feüilles fraisches appliquées sur les cautéres y apportent du soulagement.

J'ay pourtant appris par des personnes experimentées, que son suc épaissi estoit fort purgatif : aussi c'est une veritable espece de

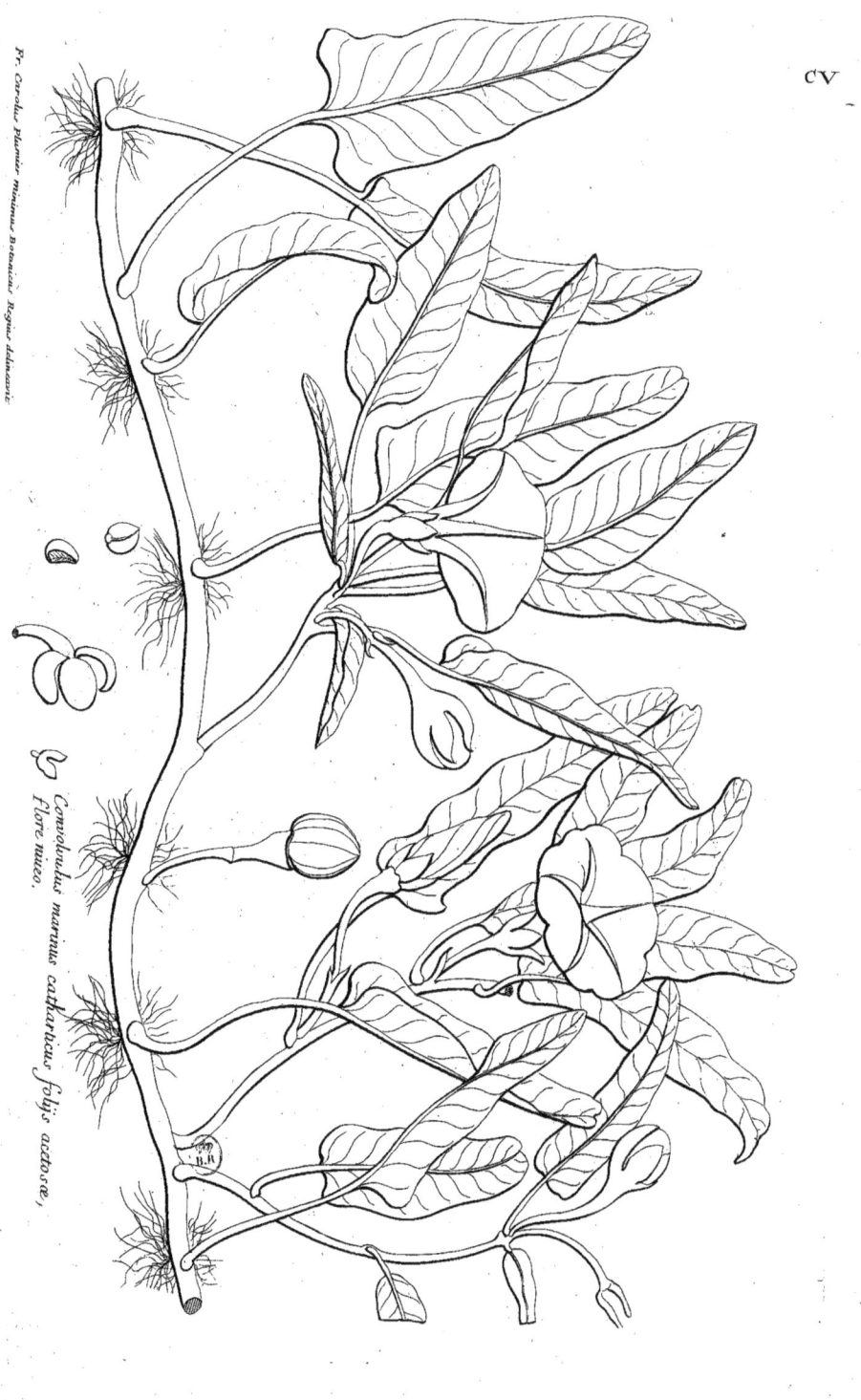

Convolvulus marinus catharticus folijs acetosæ, flore niveo.

Fr. Carolus Plumier minimus Botanicus, Regius delineavit.

105

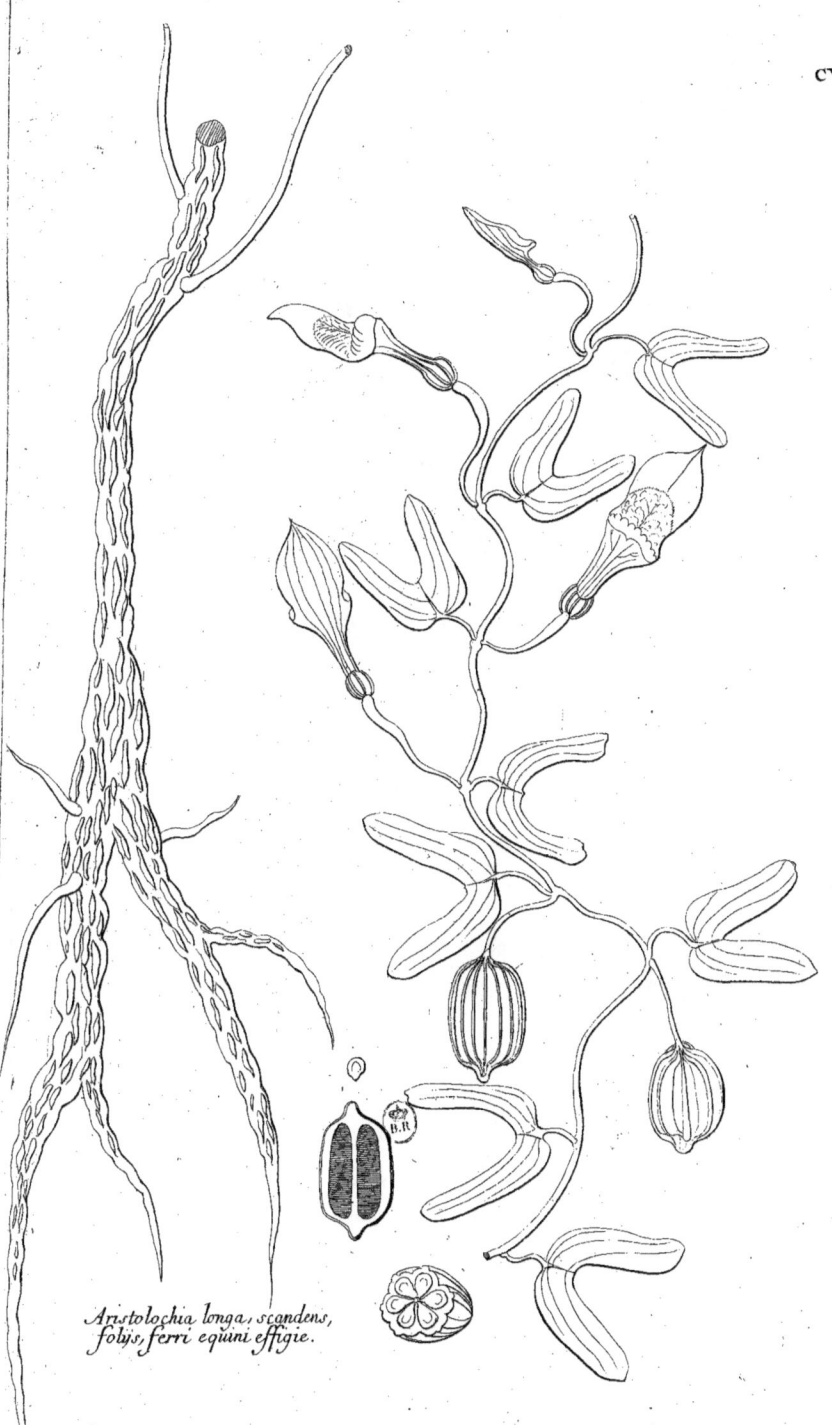

Aristolochia longa, scandens, folijs, ferri equini effigie.

Fr. Carolus Plum'er Minimus Botanicus Regius delineavit.

scamonée, & l'on peut donner ce suc en mesme dose que celuy de la scamonée ordinaire ; c'est-à-dire depuis dix jusques à douze & quatorze grains : on peut la corriger à la vapeur du souffre, avec le crême de tartre, où avec les coins ordinaires ; & au defaut de ce fruit, on peut se servir de la chair du fruit de la goyave, ou le mesler avec quelques amandes, ou quelques semences froides.

C V.

Convolvulus marinus, catharticus, foliis acetosæ, flore niveo.

Liseron marin purgatif, à feüilles d'ozeille, & à fleurs blanches.

CEtte plante est de mesme nature, & rampe de la mesme façon & dans les mesmes lieux que la precedente : ses feüilles sont de mesme grandeur & figure que celles de l'ozeille commune : elles sont pourtant un peu plus épaisses, plus tendres, & d'un vert plus gay, pliées en dedans, avec une nervûre, & quelques costes traversieres.

Ses fleurs sont de mesme que celles de la precedente : mais elles sont un peu plus petites, & de blanc de laict, avec le fond rouge-foncé : ses semences ont aussi la mesme figure, & sont veloutées de noir : quoyque un peu plus petites, enfin toute la plante jette un laict fort blanc comme la premiere, & son suc épaissi est aussi purgatif.

Je n'ay jamais veu cette plante que dans un seul endroit, le long de l'Anse du diamant à la Martinique, du costé de l'Est. Je la trouvay en fleur au mois de Janvier, & j'eûs beaucoup de peine à y appercevoir quelques semences, aprés avoir cherché long-temps.

C V I.

Aristolochia longa, scandens, foliis, ferri equini effigie.

Aristoloche longue, montante, à feüilles en fer-de-cheval.

LA premiere fois que je découvris cette plante, je crus avoir rencontré la *Contrahierva*, dont Nard Anthoine Reche

M ij

parlé dans son 8. liv. ch. 58. à cause de la ressemblance de ses feüilles; mais quelque temps aprés ayant trouvé la plante en fleur, je connus que c'estoit une espece d'Aristoloche longue, sur-tout en ayant gousté la racine qui est fort amere, celle de la *Contrahierva*, estant douce, suivant le rapport du mesme auteur.

Cette racine a plus d'un pied de long, & prés d'un pouce d'épaisseur: elle est enfoncée droit dans la terre, & finit par quelques sousdivisions: son écorce est grosse & noire en dehors, & toute découpée en long par de longues fentes; le dedans est jaunastre, & d'un goust fort amer: les tiges qu'elle pousse sont fort menuës, lisses, rondes, & rampent fort avant sur les hayes: elles sont entrecoupées de plusieurs nœuds, à chacun desquels il y a une feüille taillée presque comme un fer de cheval, dont les deux bouts sont émoussez: ces feüilles ont un peu plus d'un pouce d'étenduë, & leur pedicule a environ un demy pouce de long: elles sont lisses, membraneuses, d'un beau vert par dessus, un peu pasles par dessous, & chargées en long de deux ou trois nervûres qui partent d'une petite coste qui est un allongement du pedicule.

Les fleurs sont presque de la mesme figure que celles de nos aristoloches, mais beaucoup plus élargies dans leurs ouvertures, ayant aussi la langue pointuë, & plus étenduë: elles sont jaune-pasles & venées de rouge-brun.

Le fruit est gros comme un œuf de pigeon, ayant une pointe émoussée vers le bout d'en-bas: il est divisé en six angles arrondis, dont le dos est surchargé d'une areste ronde & eslevée; il est aussi divisé en dedans en six cellules pleines de semences noires, plattes, fort minces, arrondies par un bout & pointuës par l'autre, rangées de plat les unes sur les autres.

J'en ay trouvé en plusieurs endroits de l'Isle S. Domingue, surtout au Port-de-paix, où je l'ay veuë en fleur en Novembre & en Decembre, & en fruit en Février & en Mars.

CVII.

Phaseolus siliquis latis, hispidis, & rugosis, fructu nigro.

Phaseole à gousses larges, veluës, & froncées.

Cette plante rampe sur les arbres de la mesme façon que nos phaseoles: ses feüilles sont faites de mesme maniere & de mesme grandeur: elles sont pourtant un peu plus solides: quand elle a attrapé le haut des arbres, elle pousse certains filaments trés-

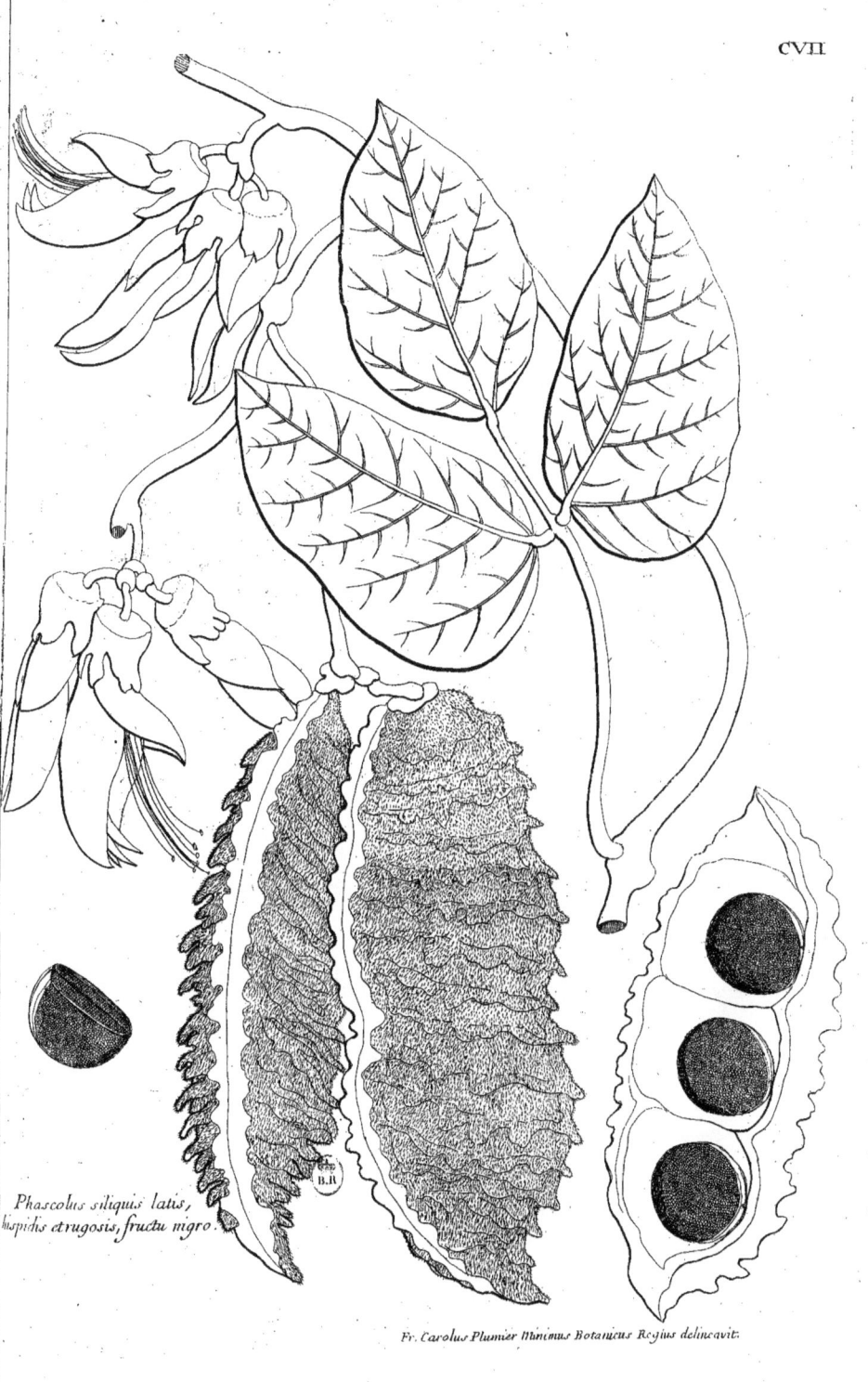

Phaseolus siliquis latis, hispidis et rugosis, fructu nigro.

Fr. Carolus Plumier Minimus Botanicus Regius delineavit.

DES PLANTES DE L'AMERIQUE. 93

longs, de la grosseur d'une des plus grosses cordes de viole, qui pendent en bas, & ont à leur bout un grouppe de fleurs, tantost jaunes, tantost pasles: ces fleurs sont composées d'une coupe verte, un peu plus grosse qu'une noisette, ayant le bord taillé par quelques découpûres; elles sont attachées à un pedicule fort court: il sort cinq feüilles du fond de cette coupe, dont la plus courte est creuse & s'éleve un peu en haut, poussant comme de son sein les autres quatre qui sont pointuës, d'environ deux pouces de long, & de huit à neuf lignes de large: de ces quatre feüilles il y en a deux par les costez qui couvrent presque les deux autres, de façon qu'elles ne montrent que leur extremité: du milieu de ces feüilles il en sort aussi plusieurs filets un peu plus longs que les feüilles, fort menus & fort blancs, ayant chacun une pointe jaune, excepté le plus long dont la pointe est blanche.

La plusparts de ces fleurs avortent, de sorte qu'il n'y en aura qu'environ deux ou trois qui portent des fruits ou des gousses d'environ un demi-pied de long, de deux pouces de largeur, & de prés d'un pouce d'épaisseur, un peu enflées aux endroits où sont les graines, arrondies vers le pedicule, & pointuës au bout: elles sont toutes ridées par certains plis assez eslevez qui les traversent, & sont couvertes (excepté le dos qui est nud & lisse) de petits poils fort menus & fort penetrans, qui donnent bien de l'embarras quand on les manie, car ils s'attachent si fort aux doigts qu'on a peine à s'en défaire: elles sont vertes du commencement, & en-suite elles deviennent noirastres ou fauves.

Il y a au dedans deux ou trois haricots attachez chacun dans sa cellule par une petite membrane noire & frangée, & qui est fort adherante au fruit mesme: ce haricot, ou ce fruit est tout à fait rond, mais comme applati, de prés d'un pouce de diametre, & de quatre à cinq lignes d'épaisseur; son écorce est dure, quoyqu'assez mince; elle est noire, luisante, & grenée à la façon du chagrin, entourée comme par un anneau tout lisse; sa chair est blanche & solide, mais d'un goust fade.

Les Caraïbes mangent ces haricots, & se servent du suc des feüilles pour teindre en noir les filets de leurs hamacs (qui sont des lits d'une piece de toile de cotton qu'on suspend en l'air par les deux bouts) nos François les appellent *grands pois à grater*, à cause de la grande demengeaison que causent leurs petits poils: c'est le *Mucuna des Brasiliens* de G. Marcgrave liv. 1. ch. 10. c'est enfin le *phaseolus Nigritarum, phaseole des Négres*, de Clusius dans son liv. 3. des plantes exotiques chap. 11.

M iij

CVIII.
Phaseolus amplo flore peltato, siliquis nigris, & angulosis.
Phaseole à grandes fleurs rondes.

SEs feüilles sont aussi disposées de trois à trois sur chaque pedicule, de mesme que celles des phaseoles ordinaires; elles sont fort tendres; celle du milieu est plus grande, & un peu plus arrondie que celles des costez, qui sont quasi ovales; mais les unes & les autres sont un peu pointuës. La plus grande a environ quatre pouces de longueur sur trois de large : leur pedicule est fort long & enflé par les deux bouts : du mesme endroit d'où sort ce pedicule, il en sort aussi une petite branche fort courte, qui porte en son extremité quelques fleurs dont la feüille principale est ronde, à la façon d'un petit bouclier, mais un peu échancrée par le haut, d'environ deux pouces & demy de diametre; elle est fort blanche, mais chargée d'un petit écusson couleur d'azur, avec quelques lignes, qui partant du milieu, vont se terminer obliquement vers le bord : les deux autres feüilles qui sont situées dans le sein de celle-cy, composent une espece de bourse ou ventre rouge au commencement, blanc vers le milieu, bleu par le bord, & rayé en long par quelques lignes.

Ses gousses sont fort droites, de demi-pied de long sur cinq lignes de large, & un peu plus de trois lignes d'épaisseur : elles finissent par une pointe un peu longue & fort aiguë : elles ont quatre arestes dans leur longueur un peu élevées & ondées : deux de ses costez sont tout à fait plats, & les deux autres arrondis par le dos : les cellules du dedans sont toutes separées par une membrane fort blanche, & ont chacune une semence un peu plus grosse qu'un pois, de figure presque cylindrique, un peu enflée vers le milieu, ayant la face de devant applatie, & celle de derriere, arrondie : ces semences sont de couleur tané-obscur, & les gousses deviennent presque noires.

J'ay trouvé cette plante en fleur au mois de Decembre, proche le passage des trois rivieres, au Port-de-Paix de l'Isle S. Domingue, & j'en ay cueilly les fruits meûrs aux mois de Février & de Mars.

FIN.

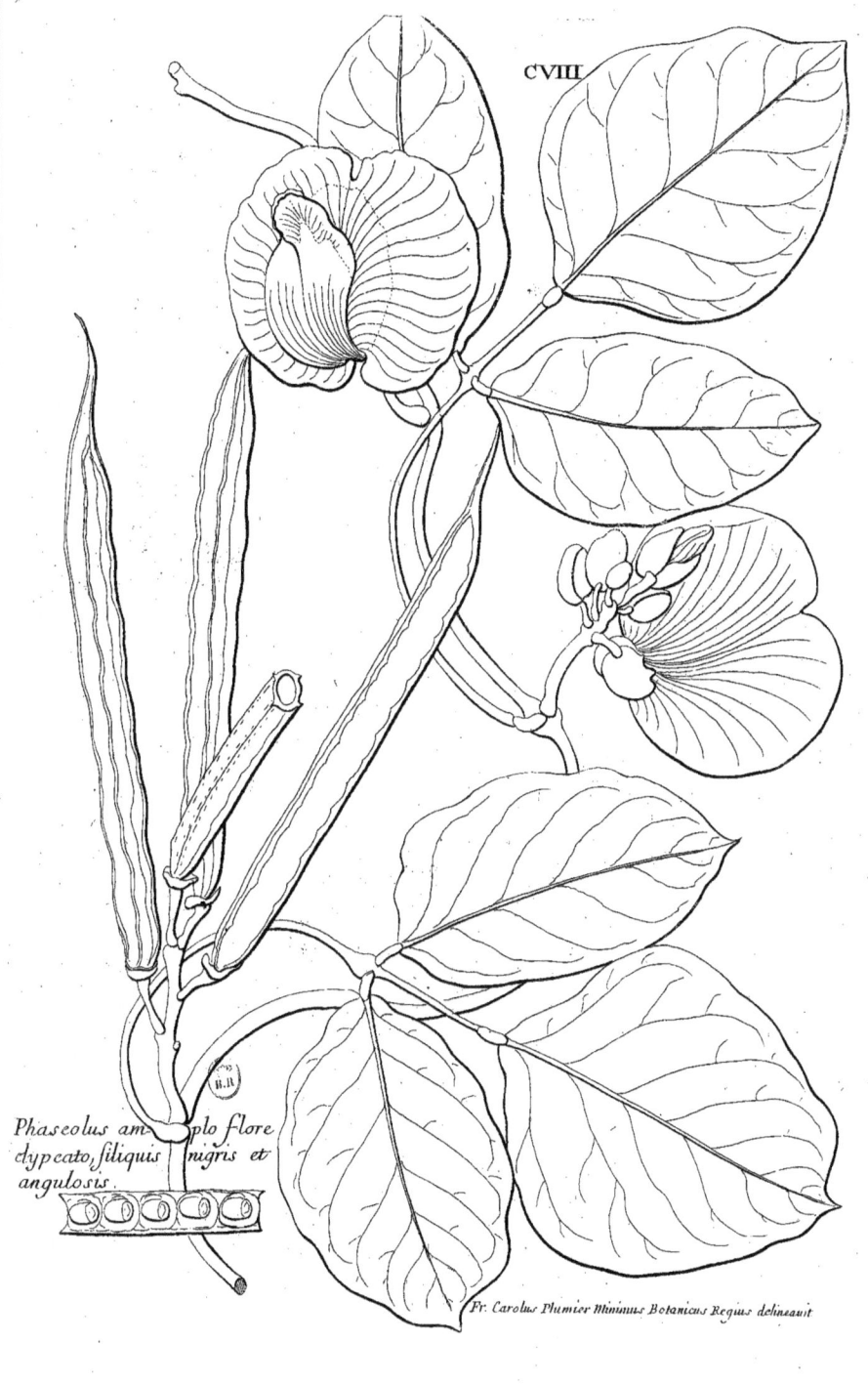

CVIII

Phaseolus amplo flore clypeato, siliquis nigris et angulosis.

Fr. Carolus Plumier Minimus Botanicus Regius delineavit.

INDEX PLANTARUM.

A

Adiantum saxosum floridum.   29. XLIII.
Adiantum nigro simile, albissimo pulvere conspersum.   30. XLIV.
Adiantum nigrum Americanum, pulvere candidissimo aspersum, Breynii.   31.
Adiantum nigrum, ramosum & bacciferum.   31. XLV.
Adiantum ramosum, foliis trapezis dentatis.   31. XLVI.
Adiantum nigrum ramosum, pulverulentum & falcatum.   32. XLVII.
Adiantum nigrum, pinnulis lonchitidis serratis minus.   32. XLVIII.
Adiantum ramosum radiatum.   33. XLIX.
Adiantum muscosum, lichenis petræi facie.   34. L. a.
Adiantum minus, foliis in summitate retusis.   34. L. b.
Aguaxima Brasiliensium, Pisonis.   *56.*
Aninga-iba.   *46.*
Apocynum majus scandens, siliqua oblonga, tumida & glabra.   81. XCV.
Apocynum scandens, flore nerii albo.   82. XCVI.
Aristolochia longa, scandens, foliis ferri equini effigie.   91. CVI.
Arum hederaceum, amplis foliis perforatis.   40. LVI. LVII.
Arum hederaceum, triphyllum & auritum.   41. LI. e. LVIII.
Arum hederaceum, foliis bissectis, rigidis & sulcatis.   43. LI. f. LIX.
Arum arborescens, sagittariæ foliis.   44. LI. g. LX.
Arum Brasilianum arborescens, folio sagittaria, paradisi Batavi, in prodromo.   *45.*
Arum caulescens, cannæ Indicæ foliis.   45. LI. h. LXI.
Arum, foliis rigidis, angustis & acuminatis.   47. LXII.
Avença major Marcgravii.   *33.*

B

Bryonia racemosa, foliis ficulneis.   83. XCVII.
Bryonia fructu alato, foliis auriculatis.   84. XCVIII.
Buyo, Nardi Antonii Rechi.   *60.*

C

Caapeba Brasiliensium, Marcgravii.   *79.*
Clematitis Indica poliphylla major, flore clavato, fructu colocynthidis.   62. LXXIX.
Clematitis Indica alia, poliphylla, flore crispato.   66. LXXXI.
Clematitis Indica, fructu citriformi, foliis oblongis.   64. LXXX.
Clematitis Indica, flore clavato, suaverubente, folio bicorni.   68. LXXXIII.
Clematitis Indica, folio hederaceo, major, fructu olivæ formi.   70. LXXXIV.
Clematitis Indica latifolia, flore clavato, fructu maliformi.   67. LXXXII.
Clematitis Indica, hirsuta, fœtida.   71. LXXXVI.
Clematitis Indica, flore puniceo, folio lunato.   72. LXXXVII.
Clematitis Indica, flore minimo pallido.   73. LXXXVIII.
Clematitis Indica, folio angusto, trifido, fructu olivæ formi.   70. LXXXV.
Clematitis Indica alia, flore minore pallido.   74. LXXXIX.
Clematitis Indica, polyanthos odoratissima.   75. XC.
Clematis pentaphylla, pediculis alatis, fructu racemoso, &c.   76. XCI.

Index Plantarum.

Clematis folio anguloso, aceris fructu.	77. XCII.
Clematis baccifera, glabra & villosa, rotundo & umbilicato folio.	78. XCIII.
Clematis quadrifolia, flore digitatis luteo, claviculis aduncis.	80. XCIV.
Clematis Malabarensis, foliis vitis, colore dracunculi Casparis Bauhini.	*41.*
Colocasia hederacea, sterilis & laciniata.	38. LI. b. LIII.
Colocasia hederacea, sterilis, latifolia.	37. LI. a. LII.
Colocasia hederacea, sterilis, angustifolia.	39. LI. C. LIV.
Colocasia hederacea, sterilis, minor, folio cordato.	39. LI. d. LV.
Colocynthis flore albo, fimbriato, fructu oblongo.	86. C.
Convolvulus aureus polyanthos.	88. CII.
Convolvulus coccineus, folio anguloso.	89. CIII.
Convolvulus marinus, catharticus, folio rotundo, flore purpureo.	89. CIV.
Convolvulus marinus, catharticus, foliis acetosæ, flore niveo.	91. CV.
Convolvulus marinus, seu soldanella Marcgravii.	*90.*
Cucumis triphyllus, fructu variegato.	85. XCIX.
Cururu-ape Marcgravii.	*77.*

D

Dracontium amplis foliis cordatis, radice nodosa rubra.	48. LI. i. LXIII.
Dracontium hederaceum polyphyllum.	49. LXIV. LXV.

F

Filix arborescens, pinnulis dentatis.	1. 2. i. II.
Filix arborescens latifolia, aculeata.	3. III.
Filix latifolia ramosa, cauliculis nigris & spinosis.	3. IV.
Filix latifolia laciniata, & ad lacinias molliter aculeata.	4. V.
Filix latifolia, nodosa.	4. VI.
Filix palustris aurea, foliis linguæ cervinæ.	5. VII.
Filix latifolia, ad margines pulverulenta.	6. VIII.
Filix latifolia non ramosa, nigris tuberculis pulverulenta.	6. IX.
Filix latifolia non ramosa, rotundius crenata.	7. X.
Filix non ramosa, scolopendrioides.	7. XI.
Filix latifolia caudata, pinnulis lonchitidis dentatis.	9. XIII.
Filix scandens, latifolia, serrata.	8. XII.
Filix pinnulis lonchitidis, obtusis non dentatis, ad oras pulverulentis.	10. XIV.
Filix latifolia non ramosa, foliis gladiformibus serratis.	10. XV.
Filix non ramosa, latius dentata, major & minor.	11. XVI. XVII.
Filix non ramosa, longissimis, angustis, & ad basim auriculatis foliis	12. XVIII.
Filix altera, longissimis, angustis & ad basim foliosis foliis.	12. XIX.
Filix furcata, pinnulis longiusculis, non dentatis.	13. XX.
Filix ramosa, pinnulis rostratis.	14. XXI.
Filix ramosa, pinnulis longiusculis, partim auriculatis.	14. XXII.
Filix ramosa villosa major, crenis rotundis dentata.	15. XXIII.
Filix villosa minor, pinnulis profunde dentatis.	16. XXIV.
Filix pinnulis cristatis.	16. XXV. A.
Filix pulverulenta, pinnulis obtuse dentatis.	17. XXV. B.
Filix Indica, polypodii facie, Mentzelii.	*25.*

H

Hedera murucuia species, Marcgravii.	*72.*
Hemionitis maxima, quinquefolia.	22. XXXI.
Hemionitis maxima, trifolia.	22. XXXII.
Hemionitis aurea, hirsuta.	23. XXXIII.
Hemionitis profunde laciniata, ad oras pulverulenta.	24. XXXIV.

Jaborandi

INDEX PLANTARUM.

I
Aborandi Pisonis & Marcgravii. .... 59.

L
Lignum colubrinum Acostæ. .... 41.
Lingua cervina, longo, lato, serratoque folio. .... 27. XXXIX.
Lingua cervina, foliis acutis & ad oras summitatum pulverulentis. .... 28. XL.
Lingua cervina, longissimis & angustissimis foliis. .... 28. XLI.
Lonchitis hirsuta florida. .... 18. XXVI.
Lonchitis glabra major. .... 18. XXVII.
Lonchitis glabra minor. .... 19. XXVIII.
Lonchitis auriculata & serrata. .... 20. XXIX. a.
Lonchitis juxta nervum pulverulenta. .... 20. XXIX. b.
Lonchitis ramosa, limbo pulverulento. .... 21. XXX.
Lupulus folio trifido, fructu tricocco & hispido. .... 87. CI.

M
Alva d'Isco, Pisonis. .... 56.
Murucuia guacu, Marcgravii, & Pisonis. .... 65. 66.
Murucuia miri Pisonis. .... 74.
Muscus squammosus erectus. .... 35.
Muscus squammosus repens. .... 36.

N
Handi Pisonis. .... 59.

P
Haseolus Nigritarum, Clusii. .... 93.
Phaseolus, siliquis latis, hispidis, & rugosis, fructu nigro. .... 92. CVII.
Phaseolus, amplo flore peltato, siliquis nigris & angulosis. .... 94. CVIII.
Phyllitis scandens, cauliculis squammosis. .... 29. XLII.
Planta scandens, hederaceis foliis, zeilanica, Breynii. .... 87.
Polypodium majus, aureum. .... 25. XXXV.
Polypodium, radice tenui & repente. .... 25. XXXVI.
Polypodium nigrum, tenuius sectum. .... 26. XXXVII.
Polypodium, foliis linguæ cervinæ majus. .... 26. XXXVIII.
Polypodium Indicum primum, scolopendriæ facie, Breynii. .... 27.
Polytrichum saxatile, dentatum. .... 35. L. C.
Polytrichum Terterii. .... 33.

S
Aururus hederaceus, cauliculis maculosis major. .... 50. LXVI.
Saururus hederaceus, cauliculis maculosis minor. .... 51. LXVII.
Saururus hederaceus, triphyllus. .... 52. LXVIII.
Saururus repens, folio orbiculari, nummulariæ facie. .... 52. LXIX.
Saururus repens lanceolatus, ad nodos villosus. .... 60. LXXVIII.
Saururus humilis, folio carnoso subrotundo. .... 53. LXX.
Saururus alius, humilis, folio carnoso acuminato. .... 54. LXXI.
Saururus minor, procumbens, botryitis folio crasso cordato. .... 54. LXXII.
Saururus arborescens, foliis amplis cordatis, non umbilicatis. .... 55. LXXIII.
Saururus arborescens, foliis amplis, rotundis & umbilicatis. .... 56. LXXIV.
Saururus botryitis major arborescens, foliis plantagineis. .... 57. LXXV.
Saururus frutescens, foliis plantagineis, fructu breviore. .... 58. LXXVI.
Saururus arborescens, fructu adunco. .... 58. LXXVII.
Soldanella Marcgravii. .... 90.

TABLE DES PLANTES.

A

*A*Guaxima du Bresil, de Pison. 56.
Alberi del Felce, de Gonzale Oviedo. 2.
Aninga-iba de Pison. 46.
Apocynum montant, à fleur de laurier rose, blanche. 82. XCVI.
Grand apocynum montant à gousses lisses, longues & enflées. 81. XCV.
Aristoloche longue, montante, à feüilles en fer de cheval. 91. CVI.
Arum arbre, à Feüilles de sagittaire. 44. LI. g. LX.
Arum arbre du Bresil, à feüilles de sagittaire. Paradis d'Hollande, prodr. 45.
Arum montant, à grandes feüilles percées. 40. LVI. LVII.
Arum à tige, & à feüilles de la canne d'Inde. 45. LI. h. LXI.
Arum montant, à feüilles, fermes, froncies & fenduës. 43. LI. f. LIX.
Arum montant, en trefle & à oreillons. 41. LI. e. LVIII.
Arum à feüilles fermes, étroites, & pointuës. 47. LXII.

B

*B*ois des couleuvres, du R. P. du Tertre. 41.
Bois des couleuvres, d'Acosta. 41.
Buyo, de Nard Antoine Reche. 69.

C

*C*Aapeba du Bresil de Marcgrave. 79.
Camoulroulvé des Caraïbes. 90.
Capillaire de roche, fleurissant. 29. XLIII.
Capillaire semblable au noir, couvert d'une poussiere tres-blanche. 30. XLIV.
Capillaire noir, branchu, portant des bayes. 31. XLV.
Capillaire branchu, à feüilles trapezes, dentelées. 31. XLVI.
Capillaire noir branchu, poudreux & à feüilles en faucille. 32. XLVII.
Petit Capillaire noir, à pinnules dentelées de lonchitis. 32. XLVIII.
Capillaire branchu, radié. 33. XLIX.
Capillaire en mousse, semblable à l'hepatique de roche. 34. L. a.
Petit Capillaire, à bours refoulez. 34. L. b.
Cipo di Cobras. 79.
Clematis en quintefeüille, à queües aislées 76. XCI.
Clematis à quatre feüilles, à fleur jaune de digitale. 80. XCIV.
Clematis à bayes, lisse & veluë. 78. XCIII.
Clematis à feüilles anguleuses, & a fruit d'érable. 77. XCII.
Coucombre à feüilles en trident à fruit bigarré. 85. XCIX.
Collet de Nostre-Dame. 57.
Colocasia montante, sterile, & decoupée. 38. LI. b. LIII.
Colocasia montante, sterile, à larges feüilles. 37. LI. a. LII.
Colocasia montante, sterile, & à feüilles étroites. 39. LI. c. LIV.
Petite Colocasia montante, & à feüilles en cœur. 39. LI. d. LV.
Coloquinte à fleur blanche frangée. 86. c.
Couluvrée à grapes, à feüilles de figuier. 83. XCVII.
Couluvrée à fruit aislé, à feüilles oreillonnées. 84. XCVIII.
Herbe à la courcsse. 55.
Cururu-ape de Marcgrave. 77.

E

Erva di noſtra ſenora. 79.

F

Grande Fleur de la paſſion, à feüilles refenduës, à fruit de coloquinte. 62. LXXIX.
Autre fleur de la paſſion, à feüilles refenduës, à fleur friſée. 66. LXXXI.
Fleur de la paſſion, à larges feüilles, à fruit à pomme. 67. LXXXII.
Fleur de la paſſion, à citrons. 64. LXXX.
Fleur de la paſſion, veluë & puante. 71. LXXXVI.
Fleur de la paſſion, à feüilles cornuës. 68. LXXXIII.
Grande Fleur de la paſſion, à feüilles de lierre. 70. LXXXIV.
Fleur de la paſſion à feüilles en trident. 70. LXXXV.
Fleur de la paſſion, couleur d'écarlate, à feüilles en croiſſant. 72. LXXXVII.
Fleur de la paſſion à petite fleur paſle. 73. LXXXVIII.
Autre fleur de la paſſion à petite fleur paſle. 74. LXXXIX.
Fleur de la paſſion à pluſieurs fleurs parfumées. 75. XC.
Fleur de May. 81.
Fougere Arbre, à pinnules dentelées. 1. 2. I. II.
Fougere arbre, épineuſe, à larges feüilles. 3. III.
Grande Fougere branchuë, noire & épineuſe. 3. IV.
Fougere à larges feüilles decoûpées, garnie d'une pointe tendre aux decoûpûres. 4. V.
Grande Fougere, noüeuſe. 4. VI.
Fougere des mareſts, dorée, à feüilles de langue de cerf. 5. VII.
Grande Fougere, à bord poudreux. 6. VIII.
Grande Fougere non branchuë, parſemée de verruës noires. 6. IX.
Grande Fougere à ſimples jets, à crenelûres arrondies. 7. X.
Fougere ſans branches, à feüilles comme la ſcolopendre. 7. XI.
Grande Fougere montante, dentelée. 8. XII.
Grande Fougere à longue queüe, à pinnules de lonchitis. 9. XIII.
Fougere à pinnules de lonchitis, emouſſées, poudreuſes par le bord, & ſans dentelûres. 10. XIV.
Grande Fougere ſans branches, à feüilles dentelées & en façon de couteau. 10. XV.
Grande Fougere ſans branches, à larges dentelûres. 11. XVI.
Petite Fougere ſans branches, à larges dentelûres. 11. XVII.
Fougere ſans branches, à feüilles tres-longues, étroites & oreillées à la baſe. 12. XVIII.
Autre Fougere à feüilles tres-longues, étroites, & refeüilluës. 12. XIX.
Fougere fourchuë, à longues pinnules, non dentelées. 13. XX.
Fougere branchuë, à pinnules en bec. 14. XXI.
Fougere branchuë, à longues pinnules, quelques-unes à oreillon. 14. XXII.
Fougere branchuë & veluë, à dentelûres arrondies. 15. XXIII.
Petite Fougere veluë, à longues dentelûres. 16. XXIV.
Fougere à pinnules creſtées. 16. XXV. a.
Fougere poudreuſe, à dentelûres emouſſées. 17. XXV. b.
Fougere des Indes ſemblable au polypode, de Mentzelius. 25.

H

Hamama-ligra des Caraïbes. 6.
Grande Hemionite à cinq feüilles. 22. XXXI.
Grande Hemionite à trois feüilles. 22. XXXII.
Hemionite dorée & veluë. 23. XXIII.
Hemionite fort decoupée, bordée de pouſſiere. 24. XXIV.
Herbe de Noſtre-Dame. 79.

TABLE DES PLANTES.

Herbe à la couresse. 55.
Houblon à feüilles en trident, & à fruit velu. 87. CI.

I

Jaborandi de Pison. 59. de Marcgrave. 60.
Jbaii de Marcgrave. 82.

L

Langue de cerf à feüilles longues, larges & dentelées. 27. XXXIX.
Langue de cerf aiguë, à pointes poudreuses sur le bord. 28. XL.
Langue de cerf, tres-longue, & tres-étroite. 28. LXI.
Lianes. 61.
Liane brûlante. 38.
Liane à dent de scie. 77.
Liane à serpent. 79.
Liane laicteuse. 82.
Liane au Chat. 81.
Liseron à fleur d'écarlate, à feüilles anguleuses. 89. CIII.
Liseron à plusieurs fleurs jaunes. 88. CII.
Liseron marin purgatif, à feüilles rondes, & à fleurs pourprées. 89. CIV.
Liseron marin purgatif, à feüilles d'ozeille, à fleur blanche. 91. CV.
Lonchitis veluë, & fleurissante. 18. XXVI.
Lonchitis dentelée, & oreillée. 20. XXIX. a.
Lonchitis branchuë, à bord poudreux. 21. XXX.
Grande Lonchitis, lisse. 18. XXVII.
Petite Lonchitis, lisse. 19. XXVIII.
Lonchitis poudreuse, le long de la nervûre. 20. XXIX. b.

M

Malva d'Isco, de Pison. 56.
Meregovia des Caraïbes. 72.
Mousse droite, écaillée. 35.
Mousse rampante, écaillée. 36.
Mucuna du Bresil, de Marcgrave. 93.
Murucuia guacu de Pison. 66.
Murucuia guacu de Marcgrave. 65.
Murucuia miri de Pison. 74.

N

Nhandi de Pison. 59.

P

Patates de mer. 90.
Perroquet. 47.
Phaseol à gousses larges, veluës & froncies. 92. CVII.
Phaseol des Negres, de Clusius. 93.
Phaseol à grandes fleurs rondes. 94. CVIII.
Phyllitis montante, à tiges écaillées. 29. XLII.
Grands pois à grater. 93.
Poivre long. 58.
Polypode à racine menuë, & traçante. 25. XXXVI.
Grand polypode doré. 25. XXXV.

TABLE DES PLANTES.

Polypode noir, fort decoupé.
Grand polypode à feüilles de langue-de-cerf. 26. XXXVII.
Polytrich de roche, dentelée. 26. XXXVIII.
Polytrich du Tertre. 35. L. C.
Pommes de Liane. 33.
Pourpier de bois. 65.
54.

Q

Queüe de lezard, arbre, à grandes feüilles en cœur.
Queüe de lezard, arbre, à grandes feüilles rondes. 55. LXXIII.
Queüe de lezard, arbre, à fruit crochu. 56. LXXIV.
Queüe de lezard, arbre, à grapes, & à feüilles de plantain. 58. LXXVII.
Queüe de lezard, arbrisseau, à feüilles de plantain. 57. LXXV.
Grande Queüe de lezard, rampante & tachetée. 58.
Petite Queüe de lezard, rampante & tacherée. 50. LXVI.
Queüe de lezard, rampante, à trois feüilles. 51. LXVII.
Queüe de lezard rampante, à feüilles rondes, semblable à la numulaire. 52. LXVIII. LXIX.
Petite Queüe de lezard, à feüilles arrondies, & charnuës. 53. LXX.
Autre petite Queüe de lezard, à feüilles pointuës, & charnuës. 54. LXXI.
Petite queüe de lezard, à feüilles grasses, & en cœur. 54. LXXII.
Queüe de lezard rampante, à feüilles en fer de lance, & à nœuds velus. 60. LXXVIII.

S

Salso do praya des Portugais. 90.
Scolopendre du Tertre. 6.
Grande serpentaire à grandes feüilles en cœur, à racine rouge & noueüse. 48. LI. i. LXIII.
Grande Serpentaire, montante, à plusieurs feüilles. 49. LXIV. LXV.
Schine fausse. 48.

TABLE DES MATIERES.

Appetit : fruit bon à donner de l'appetit. 66.
Ardeur : pour abbatre les ardeurs de l'Estomac. 66.
Arriere faix : pour faire sortir l'arriere faix. 74.
Bains propres à fortifier le corps contre les maladies froides. 90.
Bestes : contre la morsure des bestes venimeuses, tant pour les hommes que pour les bestes. 41. 79.
Blessures : pour les blessures. 56.
Calcul : contre le calcul ou gravier. 60.
Catharre : contre le catharre de la teste. 60.
Caustique : plante extremement caustique. 38.
Cendres propres à faire du sel, pour du verre. 2.
Cordial : syrop cordial, pour soulager les febricitans. 66.
Dents : contre les douleurs des dents. 60.
Desalterer, pour desalterer, & pour donner de l'appetit. 66.
Douleur : contre les douleurs des dents. 60. contre les douleurs, & maladies articulaires, inveterées, & recentes. 46.
Enivrer : pour enivrer les poissons. 77.
Esprits, pour rétablir les esprits. 66.
Estomac : contre le mal d'estomac. 58.
Febricitans : syrop cordial, pour soulager les febricitans. 66.
Froid : bains propres à fortifier le corps, contre les maladies froides. 59. 90.
Gonorrhées : contre les Gonorrhées. 60.
Gravier : contre le gravier, où calcul. 60.
Hemorrhoïdes : contre les Hemorrhoïdes. 74.
Inflammation : contre l'inflammation des reins, & des hypochondres. 46.
Lavements : plante bonne pour les lavements. 56.
Maladie : contre les maladies articulaires. 46. contre les maladies froides.
Mondifier : & guerir les playes, & les ulceres. 77.
Morsure : contre la morsure des viperes, & bestes venimeuses, tant pour les hommes, que pour les bestes. 41. 79.
Obstruction : contre les obstructions des reins, des hypochondres, des ureteres, & de la vescie. 46. 79.
Panacée : racine panacée, c'est à dire bonne contre toute sorte de maux. 59.
Pituite : pour attirer la pituite à la bouche. 60.
Plante extrémement caustique. 38.
Playe : pour mondifier, & guerir les playes, & les ulceres. 77.
Poison : contre les poisons, & venins. 56. 79. 80.
Purger : plante bonne à purger. 90.
Racine panacée, c'est à dire bonne, contre toute sorte de maux. 59.
Ramollir : feüilles propres pour ramollir. 90.
Reins : contre les obstructions des reins. 79.
Sel de Fougere, propre à faire du verre. 2.
Suppression : contre les suppressions d'urine. 60.
Sueur : pour provoquer les sueurs. 74.
Syrop : syrop cordial, pour soulager les febricitans. 66.
Venin : contre les poisons, & venins. 56. 79. 80.
Venimeux : contre la morsure des bestes venimeuses. 41. 79.
Verre : cendres propres à faire du sel, pour le verre. 2.
Vescie : contre les obstructions de la vescie. 79.
Vipere : contre la morsure des viperes. 41. 79.
Viscere : pour fortifier les visceres. 74.
Ulcere : pour mondifier, & guerir les ulceres, & les playes 77.
Uretere : contre les obstructions des ureteres. 79.
Urine : contre les suppressions d'urine, Pour provoquer les urines. 74.

A PARIS,
DE L'IMPRIMERIE ROYALE.
Par les soins de JEAN ANISSON, Directeur de ladite Imprimerie.

M. DC. XCIII.

www.ingramcontent.com/pod-product-compliance
Lightning Source LLC
Chambersburg PA
CBHW070626160426
43194CB00009B/1376